KB269157

율곡평전
나라를 걱정한 철인

금장태 지음

머리말

우리 역사는 너무 많은 시련을 겪으면서 힘겹게 꾸려왔던 것으로 보인다. 그래도 나라가 어둠의 골짜기에 빠져들었을 때마다 탁월한 인걸들이 출현하여 횃불을 높이 들고 길을 비쳐주어 그나마 벼랑 아래로 굴러 떨어지지 않고 잠시 숨을 돌려가며 길을 찾아 헤치고 왔던 것 같다. 율곡은 바로 우리 역사가 파탄의 위기에 놓였을 때 횃불을 들어 위험을 경고해주고 나가야 할 길을 비쳐주었던 선각자의 한 사람이라 생각한다.

율곡은 퇴계와 더불어 조선시대를 대표하는 도학(주자학)의 높은 봉우리를 이루었던 학자이다. 그는 성리설의 철학적 논변에서 명석한 이론을 정립하였지만, 결코 관념적 이론에 매몰되었던 인물이 아니다. 인간심성에 대한 성리설의 철학적 분석이 무엇을 위한 것인지 가장 분명하게 보여준 인물이다. 그의 철학을 한마디로 집약한다면 근원의 이치와 현실의 당면과제를 연결시켜 해석하는 '체용일원(體用一源)' 내지 '본말일체(本末一體)'의 '일원론'이요, 그의 용어를 빌리면 '이통기국(理通氣局)'의 철학이다. 보편적 이치의 빛으로 시대와 사회의 구체적 현실이 가야할 길을 밝혀야 한다는 말로 이해할 수도 있다.

율곡은 탁월한 학자로서 예리한 칼날 같이 문제를 명쾌하게 분석하며, 능숙한 장인의 솜씨로 정교하게 체계화하는데 그 천재성을 유감없이 발휘하였다. 그의 글은 언제나 문제점이 어디에 있는지 바른 길을 어떻게 찾는지 맑은 물속을 들여다보듯이 투명하게 드러내준다. 그러나 그의 천재성이 맑은 거울처럼 온갖 문제를 또렷하게 비쳐준다 하더라도, 그 천재성에서 빛이 나오는 것은 아니다. 그가 자신의 시대와 세상을 비쳐주었던 밝은 빛은 나라의 병통을 샅샅이 살피고, 치료의 방법을 정성스럽게 제시하며, 나라가 가야할 방향의 이상을 제시하는데 기울였던 헌신적 열정과 불타는 신념에서 나오는 것이라 하겠다. 바로 이 점에서 율곡은 결코 성리학자로 한정지을 수도 없고 경세사상가로 드러내기만 해서도 안된다고 생각한다. 그는 성리학의 토대 위에서 경세론의 현실인식과 사회적 이상을 추구하였다. 이런 의미에서 그는 성리학과 경세론이라는 두 날개로 조선시대의 하늘 위로 높이 날아올랐던 붕새(鵬)로서 보고 싶다.

그렇다고 율곡을 높이 받들어 올리려는 눈길로 보려는 것은 결코 아니다. 율곡의 일상생활과 공적 활동 속에서 번민하고 행복해하는 인간적 모습을 더듬어 보고, 꿈꾸는 이상과 현실 속의 좌절을 어떻게 극복해가는지 묻고 싶다. 율곡을 찾아가는 길에서 나는 율곡을 4백여년전 옛 사람으로 만났던 것 같지가 않다. 오히려 우리 시대에 함께 살면서 우리가 안고 있는 이 시대의 문제를 먼저 고민하고 깊이 통찰하는 철인(哲人)을 찾아가는 마음으로 만날 수 있었던 것이 하나의 큰 즐거움이었다.

우리 역사 속에서 큰 불빛을 비쳐주었던 유학자들이 많지만 나로서는 퇴계와 율곡과 다산 이 세분이 가장 넓게 또 가장 밝게 어둠을 밝혀주었던 사상가로 생각해 왔다. 그래서 한국유교를 공부하면서 이 세분의 사상에 대해 힘을 기울여 보겠다는 생각을 해온지는 오래되었다. 그러나 심지(心志)의 뿌리가 약해서 침잠하여 집중된 공부를 하지 못하고 관심이 산만하게 떠돌다 보니 어느 한 분의 사상에 대해서도 자신 있게 얻은 것이 없다. 그나마 여러 계기로 퇴계와 다산에 관해서는 거친 연구성과를 몇 권의 책으로 엮어내기도 했고, 소루하지만 퇴계와 다산의 평전에 해당하는 책으로 『퇴계의 삶과 철학』(1998) 및 『실천적 유학자 정약용』(2005)을 간행하였던 일이 있다.

마음 속으로 율곡의 평전을 써서 나의 원래 구상을 마무리 지어보고 싶었지만 오래도록 겉돌기만 하고 쉽게 착수할 용기를 내지 못한 채 세월만 보내고 말았다. 그러다가 끝내 손도 못 대보고 말지나 않을까 걱정이 되어, 무모하게 시작하여 한 해를 넘겨서야 겨우 탈고를 하였다. 그렇지만 율곡평전을 집필하는 도중이나 집필을 끝내고 나서도 여전히, 율곡이 보여주는 광경, 곧 진리(道)를 드러내는 그 형형한 눈빛과 무너져 가는 나라를 바르게 끌어올리려고 애태우던 그 뜨거운 열정이 안개 속으로 보일 듯 말 듯 하여 선명하게 붙잡히지 않고, 구두 위로 가려운 발을 긁듯 답답하기만 하여, 스스로 안타깝고 아쉬움을 지울 수가 없다. 부족하기 그지 없지만 그래도 나로서는 큰 짐을 하나 벗어놓은 것 같아 홀가분하기도 하다.

이 책의 간행을 흔쾌히 받아주고 집필과정에서도 격려를 아끼지 않으신 지식과교양 윤석원 사장님께 감사하는 마음이 크고, 교정의 수고를 맡아준 아내 素汀의 도움에 고마운 마음을 전하고 싶다.

2011년 4월 10일

정청당(靜淸堂)에서 금장태

1부
가족적 배경과 성장

栗谷評傳

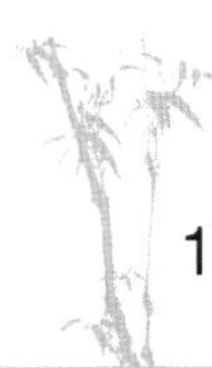

1. 출생과 가족배경

1) 출생에 얽힌 이야기

율곡(栗谷)은 덕수(豊德郡 德水縣) 이(李)씨요, 이름은 이(珥), 자(字)는 숙헌(叔獻)이며, 호는 율곡 이외에도 석담(石潭)·우재(愚齋) 등을 쓰기도 했다. 부친 이원수(李元秀)와 모친 평산 신씨(平山 申氏) 사임당(師任堂) 사이에 네 아들과 세 딸 가운데 셋째 아들로 강릉 북평촌(北坪村) 외가에서 1536년(중종 31년) 12월 26일(음력)에 태어났다. 사임당은 율곡을 잉태할 때 꿈에 동해 바다에 나갔더니 한 선녀가 옥동자를 안고 있다가 자기 품에 안겨주는 태몽을 꾸었다 한다. 또 태어나기 전날 밤 사임당은 큰 바다에서 흑룡(黑龍)이 날아와 침실의 처마밑에 서리고 있는 꿈을 꾸고서, 깨어나 율곡을 낳았다고 한다. 그래서 사임당이 율곡을 낳은 방을 '몽룡실(夢龍室)'이라 하고, 그의 아이 시절 이름이 '현룡'(見龍)이었다〈「栗谷年譜」(이하 「연보」로 줄임)〉. '흑룡'은 물의 정기(水精)라 하거니와, 동해바다의 정기를 타고 난 것이니 우리 역사에 우뚝한 인걸의 탄생에 얽힌 태몽으로도 잘 어울리는 이야기다.

율곡이 태어난 강릉의 외가인 북평촌은 강릉 최씨(江陵 崔氏)의 세거지(世居地)였다. 율곡의 외갓집이 된 유래를 보면, 원래 최응현(崔應賢)이 이 북평촌의 집을 그의 사위 이사온(李思溫)에게 전해주었고, 이사온은 그의 사위로 율곡의 외조부인 신명화(申明和)에게 전해주었다. 신명화가 이 집의 주인이었을 때가 바로 율곡의 외갓집이었다. 그 뒤 신명화는 이 집을 그의 넷째 사위인 권화(權和)에게 전해주었다. 잇달아 사위에서 사위로 전해주었던 이 집을 권화는 아들 권처균(權處均)에게 전해주었는데, 권처균이 이 집의 주인이 되었을 때 자신의 호를 '오죽헌(烏竹軒)'이라 일컬으면서 그 후로 율곡의 외갓집이었던 북평촌 집은 '오죽헌'이라는 이름으로 전해져 내려오게 되었던 것이다.

2) 친가의 가계와 형제 자매

율곡의 가계를 보면 그는 고려때 중랑장(中郎將)을 지낸 시조 이돈수(李敦守)의 13대손이다. 고조 이추(李抽)는 지온양군사(知溫陽郡事)를 지냈고, 증조 이의석(李宜碩)은 경주판관(慶州判官: 從5品)을 지냈으며, 조부 이천(李蔵)은 벼슬이 없었고, 부친은 사헌부 감찰(司憲府監察: 正6品)까지 올랐다. 별달리 높은 벼슬은 없었으나 관직을 대체로 이어온 집안이었다. 세거지(世居地)는 파주 율곡촌(현: 파주군 파평면 율곡리)이었으나, 서울 수진방(壽進坊: 현 종로구 수송동·청진동 지역)에 본가가 있었다. 조부는 일찍 세상을 떠났고 조모 홍씨(南陽 洪氏)가 율곡이 어릴 때 서울에서 살고 계셨던 것 같다. 율곡은 외가에 대해서는 매우 많은 기록을 남겼지만 친가에 대해서는 기록을 남긴 것을 찾아보기가 어렵다. 어머니 사임당에 대한 기록은 자세하고 절실하지만, 심지어 아버지 이원수에 대한 기록조차 거의 보이지 않는다. 유교사회에서 친족 중심 의식이 매우 강한 것과 달리, 그에게서는 친가의 가계에 대한 의식이 매우 미약하다는 특이함을 보여준다. 그만큼 그는 외가의 그늘에서 살았고, 친가의 가계에 별로 관심을 두지 않았던 사실을 엿볼 수 있다. 노곡(魯谷: 위치 미상)을 지나다가 돌아가신 이모부인 홍호(洪浩)를 애도하여 이종사촌형 홍사준(洪士俊)에게 지어준 시(「過魯谷, 悼表叔洪上舍[浩], 贈表兄[士俊]」)가 있는데, 여기서 외숙과 외사촌 홍씨는 조모의 친정 집안인 진외가(陳外家) 사람들로 보이고, 이들과 왕래한 희미한 자취가 남아 있을 뿐이다.

율곡의 부친 이원수에 대해 「율곡연보」에는 "성격이 착실하고 꾸밈이 없으며, 너그럽고 겸손하여, 옛 사람의 기풍이 있었다"고 아름답게 서술하였지만, 전해오는 단편적 일화들은 성격이 유약하고 큰 뜻을 품은 것이 없어 선비다운 기상을 지니지 못했던 평범한 인물로 보인다. 율곡 자신이 서술한 말로는 "부친은 성품이 호탕하여 세간살이를 돌아보지 않았으므로 가정 형편이 매우 어려웠다"는 한 구절이 보인다. 이 말은 호걸스러운 인물이었다는 뜻이라기 보다는 가정에는 관심이 없이 밖에 나가 사람들과 어울려 놀기를 좋아했다는 방탕한 일면을 보여주는 것이 아닌지 모르겠다. 이원수의 행적은 주로 부인 사임당과 관련된 이야기들이니, 사임당에 관한 기술에서 보겠다. 이원수가 수운판관(水運判官: 京畿監營에 소속, 從5品)을 지냈고, 뒤에 사헌부 감찰(監察)에 올랐다고 하는데, 과거에 급제한 일이 있는지, 누구의 천거를 받아 벼슬에 나간 것인지 아무런 기록이 없다.

율곡은 일곱남매의 다섯째로 태어났다. 차례대로 보면, 그의 위로 큰형 이선(李璿), 큰누님 매창(梅窓: 趙大男의 처)과, 둘째형 이번(李璠), 둘째누님(尹涉의 처)이 있고, 아래로 누이동생(洪天祐의 처)과 아우 이우(李瑀)가 있다.

큰형 이선은 율곡보다 12세가 많았는데, 여러번 과거에 응시하였으나 41세때 비로소 소과(小科)에 합격하여 성균관에 입학했고, 47세때(1570) 처음으로 남부 참봉(南部參奉)의 벼슬을 받았으나, 그 해에 병으로 죽고 말았다. 율곡은 큰형이 죽자 제문(「祭伯氏文」)을 지어 통곡하였고, 큰형의 후덕한 성품을 칭송하여, "평생동안 바깥으로 꾸밈이 없었고 남과 더불어 거스린 일이 없었으니, 어려서부터 어른이 되도록 미워하고 시새우는 사람이 없었다〈「伯氏參奉公墓誌銘」〉"고 하였다. 그는 특히 큰 형수 선산 곽씨(善山 郭氏)를 공경하여 회덕(懷德: 현 대전시 회덕동)에서 해주로 이사오게 하여 함께 모시고 살았고, 또 서울에 올라와서도 모셨다. 율곡은 큰 형수에 대해, "동쪽으로 가든 서쪽으로 가든 오직 나의 말이라면 거역하지 않았으니, 이것이 부인으로서는 어려운 일이다"라 했는데, 큰 형수도 홀로 된 이후에 자식들과 함께 율곡에게 전적으로 의지하고 살았음을 알 수 있다. 율곡은 큰 형수가 46세의 나이로 죽자 애통하는 제문(「祭伯嫂郭氏文」)을 짓기도 하였다.

문인들의 기록에 의하면 둘째형 이번은 벼슬에 나가지도 못했으며, 물정에 어둡고 어리석은 분이었다고 한다. 그래서 무슨 일이 있으면 번번이 율곡을 불러서 시켰는데, 율곡은 이미 벼슬이 높았지만 종이를 자르는 일이나 차를 올리는 일 등 형이 시키는 대로 몸소 하여 게을리

함이 없었다 한다. 곁에서 제자들이 보기가 민망하여 스승에게 공손함이 지나치니 자제들이 대신하게 하도록 청했던 일이 있었다. 이때 율곡은 "부모나 형이 나에게 분부하는데 내가 어찌 감히 다른 자제로 수고로운 일을 대신시키겠는가. 부모나 형의 앞에서는 지나친 공손이 예법이다. 뜻밖에 부여된 벼슬은 천성(天性)이 아니니, 지위가 높고 낮음은 논할 것이 아니다. 더구나 세월이 유수와 같은데, 형이 작고한 뒤에는 비록 예를 행하려 해도 행할 수 있겠는가〈李有慶;「栗谷遺事」〉" 라 대답하였다 한다. 이렇게 형을 공경하는 예법을 지극히 하여 형제간의 화합에 마음을 기울였으니, 둘째형도 아우 율곡을 가볍게 여겼던 것이 아니라 너무 격의 없이 생각하여 아우의 체통을 지켜주려고 배려할 줄을 몰랐던 것으로 보인다. 둘째 형은 아우의 문장을 너무 좋아하여 율곡이 바깥에 나갔다 돌아오면 언제나 그날 무슨 글을 지었는지를 물어서, 그 글을 베껴두었다. 그래서 율곡의 시문(詩文)이 유실되지 않고 많이 남아 전해질 수 있었다고 한다〈尹宣擧;「魯西記聞」〉.

아우 이우는 호가 옥산(玉山)이요 율곡보다 6세가 아래였으며, 26세에 소과에 합격하여 뒤에 여러 고을 현감(縣監)을 지내고, 군자감정(軍資監正, 正3品)에까지 올랐다. 율곡은 아우를 무척 사랑하고 아우도 잘 따라 아우를 '지기(知己)'의 벗으로 삼았으며, 율곡이 해주 석담(石潭)에 살 때에는 틈이 날 때에 술상을 차려놓고 아우를 불러와 거문고를 타게 하고 시를 화답하며 즐겼다 한다. 이우는 모친 사임당의 예능을 이어받아 거문고·글씨·시·그림(琴書詩畵)에 뛰어났던 인물이다.

큰누님 매창은 율곡보다 7세가 위였으며, 모친 사임당을 이어받아 여성으로 탁월하게 학식이 높고 시·글씨·그림·자수에 뛰어난 재능을 발휘했다. 임진왜란때 자식들을 데리고 원주로 피난을 갔다가 모자가 함께 왜적의 칼에 목숨을 잃고 말았다. 매창은 매우 현명하여 율곡도 큰누님 매창에게 자문하였던 일이 있었다고 한다. 율곡이 병조판서로 재임할 때 함경도 변경에 여진족이 노략질을 하자 군사를 동원해서 막아야 하는데, 정부에는 군사도 없고 군량미도 부족하여 어려움이 컸을 때, 매창은 율곡에게 서자들이 곡식을 바치면 벼슬길에 나올 수 있게 해주어, 서자들의 차별받는 처지도 개선되고 나라의 군량미도 해결될 수 있을 것임을 조언하였다. 그래서 율곡은 서자와 종을 모집하여 군사로 삼고, 곡식과 말을 바치는 종은 천인을 면하여 양민이 되도록 할 것을 조정에 건의하였다는 것이다. 둘째누님은 황해도 황주(黃州)에 살았는데, 율곡이 원접사(遠接使)로 지나가는 길이나 황해도 관찰사로 나가 있을 때 자주 찾아 뵈었던 일이 있다. 누이동생에 대해서는 별로 알려진 것이 없다.

율곡은 형제에 대한 우애가 각별하게 깊었다. 그래서 고향을 찾아갈 때마다 어릴 적에 형제들이 함께 지내던 시절을 간절히 그리워하는 시를 남기기도 했다. 고향 율곡촌을 찾아갔다가 남긴 형제를 그리워하는 시 두 수를 찾아볼 수 있다.

"우리 형제 일찍이 여기서 놀 적에 　　　　弟兄曾駐馬,
친구들도 떼지어 따라 다녔지. 　　　　　朋友亦隨羣,
…이제오니 옛 자취 되고 말았구나. 　　　…至今成舊跡,
다래덩굴 오솔길 황혼에 홀로 섰네. 　　　蘿逕獨黃昏.

「過上山洞, 忽憶舊事, 因感有作」

외로운 마을 고목에 의지해 있고,

작은 냇물 거친 물굽이로 흘러드네.

…이별의 시름 이제 더욱 짙어지니,

내 얼굴 주름살 펼 길 없구나.

孤村依老樹,

細澗下荒灣,

…別愁今轉極,

無境解吾顔.

「過越溪棧, 宿村舍, 有懷兄弟」

3) 모친 사임당 신씨

　율곡에게는 아버지의 영향을 찾아보기는 어렵지만 그의 평생에는 어머니와 외조모로부터 받은 사랑의 흔적이 깊이 젖어있다. 그의 모친 사임당은 조선시대 사대부집안의 여성으로는 매우 드물게 학식이 깊고 시와 그림과 자수의 예능에도 두루 뛰어났던 인물이다[1]. 사임당의 행적도 율곡이 어머니의 평생을 서술한 「선비행장」(先妣行狀)에 매우 소상하게 기록되어 있다[2].

　사임당(師任堂, 1504~1551)은 신명화(申命和)와 용인 이씨(龍仁 李氏) 부인 사이의 다섯 딸 가운데 둘째 딸로 태어났다. 어렸을 때 부친으로

---

1 조선시대 사대부 집안의 여성으로 학식이 높았던 인물로는 율곡의 모친 사임당과 더불어 퇴계학파의 거장인 이현일(葛菴 李玄逸, 1627~1704)의 모친인 안동장씨부인이 한시(漢詩)작품과 더불어 『규곤시의방』(閨壼是議方: 음식디미방)의 조리법 저술을 남기고 있으며, 18세기 율곡학파의 유학자 임성주(鹿門 任聖周)의 여동생인 임윤지당(任允摯堂, 1721~1791)은 성리설에 관한 논설을 비롯하여 다양한 저술을 포함한 문집(『윤지당유고』, 2권1책)을 남긴 경우가 알려져 있는 정도이다.

2 사임당의 행적을 서술한 것으로는 이은상의 『(보유)사임당과 율곡』(성문각, 1994)이 충실하고, 사임당을 교육사상적 관심에서 해설한 것으로 손인수의 『신사임당의 생애와 교훈』(박영사, 1976)이 있다.

부터 경전(經傳)을 배워 능통했다. 시도 잘 짓고 글씨도 잘 썼으며, 바느질과 자수까지 정묘하였다. 무엇보다 그림에 뛰어났다. 7세 때에 안견(安堅)의 그림을 모방하여 산수도(山水圖)를 그린 것이 아주 절묘하였다 하며, 또한 포도를 그린 것은 세상에 시늉을 낼 수 있는 사람이 없다고 한다. 남편 이원수도 찾아온 친구들에게 아내 사임당의 그림을 자랑하기도 하였다. 그리고 풀벌레·화초·대나무·매화·난초·산수 등 정밀한 관찰과 섬세한 솜씨의 그림들이 알려진 것만도 40폭 정도 남아 있는데, 모두 숙종임금을 비롯한 송시열(宋時烈)·권상하(權尙夏) 등 수십명의 찬탄하는 글이 전해지고 있다.

사임당은 천성이 온화하고 효성스러우며, 말 수가 적고 거동이 조용하며, 일 처리도 자상하였으니, 부친 신명화는 다섯 딸 가운데서도 둘째딸 사임당을 특히 사랑하였었나 보다. 그래서 신명화는 사임당이 19세에 시집을 가게 되자, 사위 이원수에게, "내가 딸이 많은데 다른 딸은 시집을 가도 서운하질 않지만, 그대의 처만은 내 곁을 떠나보내고 싶지 않네"라 하고, 출가후에도 친정에 붙들어 두었다고 한다.

사임당은 혼인한지 얼마 안 되어 부친이 세상을 떠나니 상(喪)을 마치고 나서 21세때(1524) 비로소 서울로 올라와 신부의 예로써 홀로된 늙은 시어머니 홍씨(洪氏)를 뵈었다. 이때 서울 수진방(壽進坊)에 살았는데, 셋째 며느리인 사임당이 가난한 살림을 도맡아 절약하며 어른을 공양하고 자식들을 양육하면서, 무슨 일이나 반드시 시어머니에게 고하여 처리하였고, 시어머니 앞에서는 계집종도 꾸짖는 일이 없었으며, 말씀은 언제나 따뜻하고 안색은 언제나 온화하였다하니, 부덕을 잘 갖추었음을 말한다.

어느 날 친척들이 모인 잔치 자리에서 여자들이 모두 이야기하며 웃음소리가 큰데 사임당은 말없이 그 속에 앉아 있었다. 시어머니 홍씨가 "새며느리는 왜 말을 않느냐"고 묻자, 사임당은 무릎을 꿇고, "여자는 문밖을 나가 본 적이 없어서 전혀 본 것이 없는데 무슨 말씀을 하오리까"라 대답하니, 온 좌중의 부인네들이 모두 부끄러워했다고 한다.

사임당은 서울에 올라온 이후 항상 강릉의 노모를 그리워하여 밤중에 조용해지면 눈물을 흘리며 울었고, 어떤 때는 새벽까지 잠을 이루지 못하였다. 그 그리움을 토로하여, "밤마다 달을 보고 비노니/ 살아계실제 뵈올 수 있게 하소서(夜夜祈向月, 願得見生前)"라 읊은 시의 구절이 남아 있다. 어느 날 심공(沈公)이라는 분의 계집종이 찾아와 거문고를 뜯자, 사임당은 눈물을 흘리며, "거문고 소리가 그리움이 있는 사람을 느껍게 한다"고 하였던 것도, 그 가슴 속에 노모에 대한 그리움이 얼마나 깊이 맺혀 있는지를 엿볼 수 있게 한다.

사임당은 서울에 올라온 뒤에도 강릉으로 근친(覲親) 가서 머물기도 했고, 경기도 파주로 내려가 살거나, 강원도 봉평(蓬坪)[3]에서도 몇년을 살았다. 강릉에 가 있는 동안 율곡을 낳았고, 율곡이 여섯 살 되던 해(1541) 다시 서울로 돌아왔다. 사임당이 강릉으로 근친을 갔다가 돌아올 때는 노모와 울면서 작별하고, 대관령 중턱에 이르러 고향집을 바라보고 노모를 생각하면서 지었던 시가 전한다.

---

3 율곡이 태어나기 전에 부친과 모친 사임당이 한 때 살았던 봉평은 현재 平昌郡 蓬坪面 白玉浦里로, 속칭 '判官垈'라 하는데, '判官垈'는 율곡의 부친 李元秀가 水運判官을 지냈으니, 그 집터임을 말해주는 것이겠지만, 무슨 연고로 봉평에 가서 몇해를 살았는지 확인할 길이 없다. 봉평이 강릉과 비교적 가까우니 사임당의 친정과 연고가 있는 곳이 아닐지 의심스럽다.

<table>
<tr><td>백발 어머님 강릉에 두고</td><td>慈親鶴髮在臨瀛,</td></tr>
<tr><td>서울 향해 홀로 가는 이 마음</td><td>身向長安獨去情,</td></tr>
<tr><td>고개 돌려 북촌(北村: 北坪村) 바라보니</td><td>回首北村時一望,</td></tr>
<tr><td>흰 구름 날아 내리는 저녁 산만 푸르네.</td><td>白雲飛下暮山靑.</td></tr>
</table>

사임당이 47세때(1550) 여름에 남편 이원수는 수운판관(水運判官)의 벼슬에 임명되었고, 이듬해 봄에는 삼청동(三淸洞)으로 이사를 했다. 그해 여름 남편이 세곡(稅穀)을 운반하는 일로 평안도에 갔는데, 큰아들(李璿)과 셋째아들(율곡)을 데리고 갔다. 세곡 운반을 마치고 5월17일 배가 서강(西江)에 막 도착했는데, 사임당은 며칠전 병이 나서 앓다가 그날 새벽 48세를 일생으로 세상을 떠났다. 이 때 배안에서는 그동안 가지고 다니던 짐 속의 유기그릇이 모두 빨갛게 변색하여 사람들이 모두 괴이한 일이라고 했는데, 조금 후 사임당이 돌아가셨다는 기별이 왔다고 한다〈「先妣行狀」〉.

사임당의 현숙하고 지혜로움이 뛰어난데 비해 남편 이원수는 너무 평범한 인물이었던 것 같다. 그래서 사임당은 남편의 개인적 처신이나 사회활동에 대해서도 자주 충고하였다고 한다. 남편 이원수가 학문에 뜻이 없자, 사임당은 결혼초에 십년동안 서울과 강릉에 따로 떨어져 살면서 남편이 학문을 성취하기를 권유하였던 일이 있었다. 그러나 이원수는 아내에 대한 사랑에 깊이 빠져서 사흘동안을 매일 떠났다가는 그날로 되돌아 왔다. 사임당은 이 모습을 보고는 바느질 그릇에서 가위를 들고, "만일 당신이 이같이 나약하고 무능력한 남자로 그친다면, 나는 세상에 희망이 없는 몸이라, 어찌 오래 더 살기를 바라겠습니까.

이 가위로 머리를 자르고 여승이 되어 산으로 가든지, 그렇지 않으면 자결이라도 해서 내 일생을 마치는 편이 더 좋을 것입니다"라고 강권하여, 이원수도 어쩔 수 없이 3년 동안이나마 아내와 떨어져 있었다고 한다〈이은상,『사임당과 율곡』, 69쪽〉.

당시 남편 이원수의 당숙되는 사람으로 이기(李芑)는 명종때 문정왕후(文定王后) 아래서 윤원형(尹元衡)과 결탁하여 권력을 농단하고 을사사화(乙巳士禍, 1545)를 일으키는 주동적 역할을 하여 많은 선비를 희생시켰으며 영의정에까지 올랐지만, 세상에서는 윤원형과 이기를 이흉(二凶)으로 일컬어 지탄하였다. 그러나 이원수는 벼슬자리를 얻어볼 욕심으로 매일같이 당숙인 이기의 집에 출입하였는데, 사임당은 이 사실을 알고 남편에게 "그가 아무리 우리와 같은 집안이라 할지라도 옳지 못한 사람인 것을 알면, 그 집에 발을 들여놓지 않아야 합니다. 그가 어진 선비들을 모해해서 악한 일을 많이 하고, 다만 자기 권세만 탐하는 사람이니, 그 권세는 결코 오래 가지 못할 것입니다"라고 강경하게 말렸다 한다. 그래서 이원수는 이기의 집에 출입을 삼갔고, 그 때문에 뒷날 화를 당하지 않았으니, 사임당은 남편을 바른 길로 이끌어가는 덕을 보여준 것이다.

사임당은 병약한 자신의 처지를 돌아보면서 어느 날 남편에게, "내가 죽은 뒤에라도 당신은 다시 장가들지 마십시오. 우리가 자녀를 일곱 남매나 두었으니 구할 것이 없지 않습니까"라고 당부하였다 한다. 조선시대의 관습으로는 여자들은 남편이 죽은 뒤에 개가(改嫁)하지 않는 것을 절개로 삼았는데, 남자들은 아내가 죽은 뒤에 재취(再娶)하는 것을 당연하게 여겼다. 그런데도 사임당이 이렇게 요구한 것은 매우 특이한 일로 보인다. 이때 남편 이원수는 공자와 증자가 아내를 쫓아 냈다는 것이 어떤 예법인지를 되물었다고 한다. 사임당은 이에 공자 가 아내를 쫓아냈다는 것은 사실이 아니며, 증자가 아내를 쫓아냈다 는 것은 부모의 봉양을 위해 부득이한 일이었음을 해명하고, 주자의 경우에는 아내가 죽었을 때 맏아들이 아직 장가가지 않아서 살림할 사람이 없었지만 다시 장가들지 않았다는 사실을 일일이 들어 설명해 주었다. 사임당이 옛 성현의 행적에 대해 얼마나 면밀한 지식을 가지 고 있는지, 그리고 평소에 독서의 폭이 얼마나 넓었던지를 보여주는 것이기도 하다. 그러나 사임당이 죽고 난 뒤에 이원수는 첩을 맞아들 여, 자식들에게 큰 어려움을 끼쳤던 것으로 보인다〈이은상, 『사임당과 율곡』, 54~56쪽〉.

4) 외가(外家)

율곡은 태어나기 오래전에 외조부가 죽었지만, 매우 공경하는 마음 으로 외조부의 행적을 기록한 행장을 지었다. 그의 외조부 신명화(申 命和, 1476~1522)는 천성이 순박하고 지조가 굳센 분으로 예법이 아니 면 행동하지 않았다고 한다. 연산군 시절에 부친 상(喪)을 당했는데 나라에서는 단상(短喪)하라는 법령이 엄격했지만, 그는 끝까지 예법을 지켜 3년상을 마쳤으며, 중종 때 윤은보(尹殷輔)와 남효의(南孝義) 등이 현량(賢良)으로 천거하려 했지만 굳이 사양하였다고 한다.

외조부는 딸만 다섯이 있었다. 어느 날 부인이 뒷간에 갔다 오다가 실족하여 넘어질 듯하였을 때, 여러 딸들이 달려가 붙잡아 주고서 금방 모두 빙긋이 웃는 것을 보고, "부모가 기운이 허약해졌으면 마땅히 걱정해야지 도리어 웃는단 말이냐"라고 꾸짖었다. 이에 딸들이 부끄러워하며 사죄했다고 한다. 평소에 자식들을 가르침이 엄격했음을 엿볼 수 있는 대목이다. 어느 날 그의 장인이 친구와 약속을 했다가 못가게 되자 사위인 율곡의 외조부에게 편지를 쓰게 하면서, 몸이 아프다는 핑계를 대라고 하자, 정색을 하고 실지에 없는 것을 말할 수 없다고 끝까지 쓰지 않았다 한다. 얼마나 신의를 존중하고 강직한 성품인지를 잘 보여주는 일화다.

또한 외조부는 율곡의 모친인 둘째 딸을 시집보내려 할 무렵 '나라에서 처녀를 뽑아 가기로 했다'는 헛소문이 퍼져서 사대부의 집안에서도 예법을 지키지 못하고 딸을 시집보낸 경우가 많았지만, 그는 제대로 예법에 따라 차분하게 납폐(納幣)를 했던 일도 예법을 지킴이 얼마나 철저했는지를 보여주며, 이것이 바로 외가의 가풍이었음을 알 수 있다〈「外祖考進士申公行狀」〉.

율곡은 외가에서 태어나 여섯 살 때까지 외조모의 극진한 사랑을 받고 자랐으며, 장성한 이후에도 외가에 자주 출입하였으니, 외조모 용인 이씨부인(龍仁李氏夫人, 1480~1569)에게는 매우 깊은 애정을 가졌다. 그는 외조모의 행적을 기록한 행장을 남겼는데, 율곡은 외조모가 성품이 온화하고 유순하며 마음가짐이 순수하고 차분하였다고 하였다.

외조부는 영월(寧越)군수를 지낸 신숙권(申叔權)과 남양 홍씨(南陽洪氏)부인 사이에 태어나, 어려서 『삼강행실(三綱行實)』을 읽어서 인륜의 대의(人義)를 깨달았다고 한다. 외조부 신명화가 염병에 걸려 거의 죽게 되자, 외조모는 하늘에 빌고 손가락을 잘라 함께 죽기를 맹세하였는데, 꿈에 신인(神人)이 낫게 하리라'고 알려주었고, 곁에서 병구완을 하던 둘째딸인 사임당도 하늘에서 영약(靈藥)을 내려주는 꿈을 꾸었는데, 이튿날 병이 나았다고 한다. 이 일이 조정에 알려져 정문(旌門)을 세우도록 명하였다. 외조부는 그 이듬 해 서울서 돌아가셨고, 외조모는 강릉에 계속 사시다가 세상을 떠났는데, 딸만 다섯이 있고 아들이 없어서 둘째딸 사임당의 셋째아들인 율곡으로 하여금 외조부모의 제사를 맡게 하여 외손봉사(外孫奉祀)를 받았다〈「外祖妣李氏墓誌銘」〉.

율곡은 33세때(1568) 이조 좌랑(吏曹佐郞)에 제수되었으나, 외조모의 병환이 위독하다는 소식을 듣고는 자신을 양육해 준 은혜를 생각하여, 사직 상소를 올리고 강릉으로 달려가 외조모를 보살피며 간병(看病)하였던 일이 있었다. 사간원(司諫院)에서는 외조(外祖)를 위해 보살피러 돌아간다는 조항이 법전에 없는데, 마음대로 직무를 버렸으니, 파직시키기를 요청하였으나, 선조임금은 "아무리 '외조'라 하더라도 인정의 도리가 간절하면 어찌 가보지 않을 수 있겠느냐. 효행의 일로 파직시킨다는 것은 너무 과한듯하다"고 하며 파직을 허락하지 않았다〈「연보」〉. 이듬해는 외조모를 봉양하기 위해 사직하겠다고 상소를 하였으나, 임금은 조정에 있더라도 오가면서 돌봐 드릴 수 있다고 하며, 이조(吏曹)에, "외조모를 찾아가 뵙는 일은 비록 법전에 있는 규례는 아니지만 특별히 다녀오도록 하는 것이 좋겠다"고 명하였으니, 율곡의 외조모에 대한 극진한 사랑과 공경심이 임금도 감동시켰음을 말해주는 것이다.

5) 서모 권씨

율곡의 모친 사임당이 세상을 떠난 뒤 부친 이원수는 곧 첩을 들였으니 율곡에게는 서모 권씨(權氏)이다. 서모 권씨는 성질이 몹시 패악(悖惡)하였다 한다. 그러나 율곡은 서모를 지성으로 받들었다. 서모 권씨는 평소에 조금만 자기 비위에 거슬리면 뜰에 나가 빈 항아리 속에 머리를 박고 엉엉 울어서 그 소리가 크게 울리게 하여 이웃사람들까지 놀랐다 하며, 걸핏하면 노끈으로 목을 매어 자살하는 시늉을 해서 집안 사람들이 놀라게 하였다 한다.

어느날 누가 홍시를 한 쟁반 선물로 가져왔는데, 때마침 율곡은 손님과 같이 앉았다가 손님이 시장할까 하여, 한 개를 손님에게 주고 자신도 한 개를 집어놓고서 서모에게 들여 보냈던 일이 있었다. 서모는 홍시가 두 개 비어 있는 자리를 보고는 "그렇게 먹고 싶었으면 무엇하러 들여 보냈느냐"고 큰소리로 꾸짖었다고 한다. 그래서 율곡은 손님에게 주었던 홍시와 자기가 가졌던 홍시를 빨리 도로 가지고 들어가서 서모에게, "찾아 온 손님이 시장한 기색이 보이기에 지레 주었던 것인데, 제가 과연 잘못하였습니다"라고 사죄하자, 비로소 서모도 노여움을 풀었다는 것이다. 서모 권씨는 술을 좋아하기 때문에, 율곡은 새벽에 일찍 일어나 몸소 술잔을 들고 몇 잔 따라 드리어 봉양하는 예법을 지켰다고 한다. 이렇게 평생토록 패악한 서모를 극진하게 모셨으니, 이 서모도 감복하여 마침내 어진 사람이 되었고, 율곡이 죽자 율곡의 덕을 생각하며 3년동안 소복을 입었다고 전한다〈이은상, 『사임당과 율곡』, 105~107쪽〉.

서모에 대한 이야기는 율곡이 예법을 극진하게 지킨 것이라는 이야기 보다는 인간적으로 포용하는 덕이 컸음을 말해주는 것으로 이해되며, 율곡이 가정의 화합을 위해 얼마나 참고 견디며 노심초사하였던지를 넉넉히 짐작해볼 수 있다. 율곡에게는 평범하기만 한 아버지와 너무나 탁월한 어머니가 대조될 뿐만 아니라, 지극히 현숙하고 자애로운 어머니와 극도로 패악한 서모가 극적으로 대조되면서, 마치 뜨거운 불과 차가운 물로 번갈아 쇠를 단련하듯이 율곡의 인격과 정신을 단련해주는 배경이 되었던 것으로 보이기도 한다.

2. 유년에서 소년시절까지

율곡은 49세에 세상을 떠났지만, 정확하게 계산해보면 47년하고 21일간의 짧은 생애를 살았으니, 그의 일생을 시기로 나누어보면, 크게 (1) 출생에서 18세까지 소년기와 (2) 19세이후 29세까지의 청년기와 (3) 30세이후 49세로 생애를 마칠 때까지의 중년기의 세 시기로 구분해볼 수 있다. 그의 일생에는 사실상 노년기가 없고, 중년의 후반이 바로 만년기에 해당할 뿐이다. (1) 소년기에는 배움을 닦아가던 시기로 일찍부터 그의 천재성이 드러나기 시작하였다. (2) 청년기에는 금강산에 입산하여 불교에 깊이 빠져들었다가 도학(道學)으로 돌아와서 학문연마에 정진하였고, 퇴계를 찾아가 학문의 길을 물었던 탐색의 시기로, 이 시기에 과거시험에서 번번이 장원으로 합격하기도 하였다. (3) 중년기는 그의 생애에서 가장 빛나던 활동의 시기로 조정에서 정치를 논하는 중심에 자리잡았으며, 해주(海州)에 내려가 제자들을 가르치는 강학(講學)활동을 하고, 그의 중요저작들이 대부분 이 시기에 저술되었으며, 또 친우 성혼(牛溪 成渾)과 성리설의 토론을 활발하게 전개하여 독자적

이론을 제시하였던 시기이다.

먼저 율곡의 유년기와 소년기를 살펴보면, 그는 강릉 외가에서 태어난 이후 여섯살 때(1541) 서울로 올라올 때까지 외가에서 유년시절을 보냈다. 그의 천재적 자질은 세살 때 말을 배우면서 곧바로 글을 읽을 줄을 알았다는 사실에서부터 여러 일화가 전하고 있다. 세살 때의 어느 날 외조모가 석류를 가지고 시험삼아, "이것이 무엇과 같으냐"고 물었는데, 세 살의 어린 율곡은 "이른 바 '석류 껍질은 부서진 붉은 진주 싸고 있네(石榴皮裏碎紅珠) '라는 것입니다"라고 율시(律詩)의 한 구절을 끌어와 대답하여, 주위의 여러 사람들이 매우 기특하게 여겼다 한다〈「연보」〉. 이 때 어린 율곡은 평소에 귀담아 듣고 기억해두었던 옛 시의 귀절인 "은행 껍질 푸른 옥구슬 머금었고/ 석류 껍질 부서진 붉은 진주 싸고 있네(銀杏殼含團碧玉, 石榴皮裏碎紅珠)"의 두 구절로 대답했다고도 한다〈이은상, 『사임당과 율곡』, 96쪽〉.

네살 때 인근의 스승에게 나아가 『사략(史略) 』첫권을 배웠다. 이때 스승이 "제위왕초불치제후개래벌(齊威王初不治諸侯皆來伐)"라는 대목에서, "제위왕초불치제후, 개래벌(제나라 위왕이 처음에 제후를 다스리지 못하니, 모두 와서 쳤다)"이라 구절을 잘못 끊어 읽자, 어린 율곡이 말없이 살펴보다가 한참 만에 "'개(皆)'자가 제후(諸侯)의 밑에 있으니, 문장의 흐름으로 보면 마땅히 '불치(不治)' 아래에서 끊어 읽어야 할 것 같습니다"라고 하여, "제위왕초불치, 제후개래벌(제나라 위왕이 처음에 다스리지를 못하자 제후들이 모두 와서 쳤다)"고 읽어야 하는 것으로 바로잡았다고 한다. 네 살의 어린아이로는 너무 총명하니 모두들 탄복하지 않을 수 없었을 것이다〈「연보」〉.

어린 시절부터 그는 효성스러운 덕과 어진 품성을 지녔다. 그가 다섯 살 때 모친의 병이 위독했던 일이 있었다. 온 집안이 경황이 없어 허둥지둥 할 때, 그는 몰래 외조부의 사당에 들어가 어머니의 병을 낫게 해달라고 기도하고 있었다. 식구들이 그를 찾아다니다가 뒤늦게 사당에서 발견하고서는 어린아이답지 않게 생각이 깊은 그의 행동에 놀라워 하면서 그를 위로하여 끌어안고 돌아왔었던 일이 있었다고 한다〈「연보」〉. 그는 조상의 신령에 기도하는 옛 사람의 행적을 글에서 유심히 살폈고, 읽은 그대로 스스로 실행하였던 것으로 보인다. 이미 글과 자신이 별개가 아니라 글과 자신을 일치시킬 만큼 글을 깊이 읽고 있음을 드러내주고 있는 것이다.

또한 다섯 살 때 하루는 큰 비가 내려 마을 앞 시냇물이 불어 넘쳤는데, 어떤 사람이 내를 건너오다가 물에 빠져 위태로운 경우에 놓였던 일이 있었다. 이 광경을 구경하던 마을 사람들은 모두 손뼉을 치면서 웃었는데, 어린 율곡은 혼자 기둥을 끌어안고 안타까워하다가 그 사람이 위험에서 빠져나온 뒤에야 그쳤다고 한다〈「연보」〉. 어려서부터 다른 사람의 불행을 걱정하는 마음이 극진하였던 것은 그의 천성이 남달리 착했음을 보여준다.

여섯 살 때 어머니를 따라 강릉에서 서울로 올라와 수진방(壽進坊)에 있던 본집으로 돌아왔다. 율곡은 유년시절 간혹 바깥으로 스승을 찾아가 글을 배우기도 하였으나, 주로 어머니한테서 글을 배웠다. 일찍부터 천재성이 드러나 별달리 애쓰지 않고도 학문이 날로 성취되었으며, 일곱 살때는 문리(文理)가 통해서 『사서(四書)』를 비롯한 여러 경전과 역사서 등에 저절로 통달했다고 한다. 일곱 살때 그는 당시 가까운 이

웃에 살고 있었던 진복창(陳復昌)의 인물을 논하여, 「진복창전(陳復昌傳)」을 지었다. 그 내용에 "군자(君子)는 마음속에 덕을 쌓는 까닭에 그 마음이 늘 태연하고, 소인(小人)은 마음속에 욕심을 쌓는 까닭에 그 마음이 늘 불안하다. 내가 진복창의 사람됨을 보니, 속으로는 불평불만을 품고 겉으로는 태연한 척 하려고 한다. 그 사람이 뜻을 얻게 된다면 나중에 닥칠 걱정이 어찌 한이 있으랴"라고 하였다〈「연보」〉. 일곱 살 소년이 옛 역사 속의 귀감이 되는 존경할 만한 인물의 전기를 지어보는 것이 아니라, 당시에 조정의 관료로 활동하던 사람을 소인배로 논평한 글을 지었다는 것도 매우 특이한 일이다. 진복창은 그후 몇 년 뒤 을사사화(乙巳士禍, 1445)때 윤원형(尹元衡)의 심복으로 많은 선비들을 희생시켰던 간교한 인물임이 드러났다. 율곡이 일곱 살의 어린 나이에 진복창의 인물을 소인배로 논하였다는 것은 그가 사람됨을 꿰뚫어 보는 탁월한 지인지감(知人之鑑)이 있었음을 말하려는 것이기도 하지만, 또 그가 어릴 때부터 전혀 어린아이답지 않게 성숙한 도학자처럼 매우 엄격한 비판의식을 드러내었다는 사실을 보여주고 있는 것이기도 하다.

그는 어릴 때 서울에 살면서 선대의 고향인 파주 율곡촌을 왕래하였다. 이곳 인근 임진강변 언덕 위에는 그의 5대조인 이명신(李明晨)이 세운 정자로 화석정(花石亭)이 있다. 율곡은 화석정의 풍광을 사랑하여 즐겨 찾아다녔고, 그가 손수 심은 회(檜)나무 아홉그루가 있었는데, 뒷날 모두 베어졌다고 한다〈金平黙; 『重菴集』, '花石亭, 次栗谷先生韻'〉. 그는 여덟 살 때 가을에 임진강 강변 언덕 위에 있는 율곡촌의 정자인 화석정에 올라 시를 한 수 지었던 적이 있다.

<table>
<tr><td>숲 속 정자에 가을은 어느덧 저무는데,</td><td>林亭秋己晩,</td></tr>
<tr><td>시인의 상념은 끝없이 일어나누나.</td><td>騷客意無窮,</td></tr>
<tr><td>멀리 흐르는 물 하늘에 닿아 푸르고,</td><td>遠水連天碧,</td></tr>
<tr><td>서리맞은 단풍은 햇볕 향해 붉었네.</td><td>霜楓向日紅,</td></tr>
<tr><td>산은 둥근 달을 토해내고,</td><td>山吐孤輪月,</td></tr>
<tr><td>강은 만리를 부는 바람을 머금었도다.</td><td>江含萬里風,</td></tr>
<tr><td>하늘가의 저 기러기 어디로 가는지,</td><td>塞鴻何處去,</td></tr>
<tr><td>저무는 구름 속에서 울음소리 끊어지네.</td><td>聲斷暮雲中.</td></tr>
</table>

「花石亭」

늦은 가을 강변 정자에 올랐던 여덟 살 어린 시인의 눈에는 3~4구에서 위로 하늘과 아래로 강이 파랗게 하나로 맞닿았고, 위로 햇빛과 아래로 단풍이 붉게 하나로 빛나는 일체화된 우주가 푸른 빛과 붉은 빛이라는 선명한 색깔을 띠고 떠올라 왔다. 이어서 5~6구에서 고요한 산 위로 둥근 달이 떠오르고 잔잔한 강물 위로 만리를 불어가는 바람이 일어나니, 고요함 속에 활동이 일어나 고요함과 활동이 서로 연결되어 생동하는 세계가 펼쳐진다. 끝의 7~8구에서는 아득한 북쪽 변경에서 남으로 날아가는 철새 기러기가 가는 방향을 물으며, 저녁 하늘 구름 속에서 기러기 울음소리가 사라지는 광경에서 인생이 추구하는 방향과 허망하게 사라지는 생사(生死)에 대한 아쉬움을 읽고 있다. 한 폭의 그림을 그리듯 가을 강변의 풍경을 읊으면서 이미 소년다운 천진함의 자취를 찾기는 어렵다. 너무 원숙한 노년의 시상(詩想)을 드러내고 있으니 비록 모방의 습작이라는 인상은 남지만, 그 문장의 아름다움은 이미 노숙한 경지를 터득하고 있음을 분명하게 보여준다.

율곡의 친우인 최립(簡易 崔岦)은 그의 문장을 논하면서, "율곡은 어릴 때부터 글을 지었는데, 별로 힘들이지 않고서도 문장이 천연적으로 나와서 평정하고 명쾌하였으니, 이른바 '옷감과 곡식같은 문장(布帛菽粟之文)'이다"라 하였다〈李景臨;「年譜草藁」〉. 그만큼 율곡의 문장이 기교를 부리지 않고 자연스러우면서도 명쾌하고 절실함을 칭찬한 말이다. 또한 17세기초의 이식(澤堂 李植)은 율곡이 학문과 문장에서 보인 천재적 조숙함에 대해, "나면서부터 신이(神異)하여 큰 뜻을 가졌으며, 총명하고 지혜로움이 있었다. 일곱 살에 이미 경서에 통하고 글을 지었으며, 문장의 기교를 일삼지 않았으나 문장이 일찍 성숙하여 이름이 사방에 알려졌다"고 언급하였다〈李植;「澤堂雜藁」〉. 한마디로 율곡의 소년시절 행적에 대한 단편적 기록은 그의 천재적 자질을 분명하게 드러내고 있는 것이다.

율곡이 어릴 때의 꿈 이야기가 하나 전해진다. 그가 꿈에 상제(上帝)를 뵈었는데, 금빛 글씨가 쓰인 족자 하나를 내려주시어 열어 보았더니, "용이 돌아간 새벽 골짜기 구름은 아직 젖었고/ 사향노루 지나간 봄날의 산에 풀은 스스로 향기롭네(龍歸曉洞雲猶濕, 麝過春山草自香)"라는 싯귀가 적혀 있었다 한다. 꿈 이야기를 들은 모두들 특이한 상서로움이라 하였는데, 그가 죽은 뒤에서야 식자(識者)들은 비로소 그 꿈이 상서롭지 못한 것임을 알았다고 한다. '용이 돌아가고 사향노루가 지나갔다'는 것은 모두 죽음의 조짐이고, '구름이 젖고 풀이 향기롭다'는 것은 은택과 높은 명성만이 남아 있음을 가리킨 것이라 하였다〈尹拯獻;「長貧胡撰」〉. 해석이야 끌어다 붙이기 나름이겠지만, 너무 일찍부터 천재성을 드러내었던 것이 그가 단명하였던 사실과 쉽게 연결되어 이해되고 있음을 엿볼 수 있다.

아홉 살 때『이륜행실록(二倫行實錄)』을 읽다가 당나라때 장공예(張公藝)라는 인물이 한 집안 9대가 함께 살았다는 대목에 깊이 감동을 받아서, "9대가 한 집에 산다는 것은 아마 형편상 어려움이 있을 것이나, 형제간에 갈려 살 수는 없는 일이다"라 하고, 형제가 부모를 모시고 함께 사는 그림을 직접 그려 놓고 감상하였다고 한다. 또한 명현(名賢)과 장상(將相)의 사실을 모아 그 이름과 행적을 기록하고 분류하여 살펴보면서 사모하는 자료로 삼았다고 한다〈「연보」〉. 그는 소년시절에 이미 형제간의 우애와 한 집안의 화합이 소중함을 깨달았고, 옛 사람의 행적에서 본받아야할 귀감을 찾아 자신의 덕을 닦아가는 배움의 자세를 스스로 세우고 있었던 사실을 보여준다.

11세때 부친의 병환이 위중하자, 그는 팔뚝을 찔러 피를 내어 마시게 하는 극진한 효행을 실천하였으며, 사당에 들어가서 조상신께 "저는 나이도 젊고 재주도 많으니, 능히 귀신을 섬길 수 있거니와 아버지로 말하면 나이가 늙어서 저의 재주 많은 것만 못할 것입니다"라고 고하여 아버지 대신에 죽기를 빌었다고 한다〈「연보초고」〉. 이것은 주공(周公)이 문왕(文王)을 위해 대신 죽기를 빌었던『서경』금등(金縢)편의 옛 일을 따른 것으로, 그의 효성이 극진함을 엿볼 수 있게 한다. 그가 사당에서 아버지 대신 죽기를 빌었던 다음날 그의 아버지가 소생하여 말하기를, "꿈에 백발노인이 이 아이(율곡)를 가리키며, '이는 바로 우리나라의 큰 선비(東國大儒)이니, 그 이름은 옥(玉) 가에 귀(耳)를 붙인 글자다'라 말씀하셨다"고 했다〈「연보초고」〉. 율곡의 아명(兒名)은 '현룡

(見龍)'이었는데, 그래서 이때부터 이름을 '이(珥)'로 지었다고 한다. 지극한 효성에 신명의 응답이 있었다는 설화같은 이야기다.

율곡은 13세때(1548) 진사 초시(進士初試)에 합격하였다. 이 때 승정원(承政院: 銀臺)의 승지(承旨)들이 어린 합격자들을 불러 보았는데, 같은 나이로 합격한 다른 소년이 한 사람 있었으나, 그 소년과는 달리 조금도 자랑하는 태도가 없이 평상시와 다름이 없었다. 그래서 사람들은 그가 큰 인물이 될 그릇인 줄을 알 수 있었다고 한다. 이 무렵부터 그의 문장이 날로 성취되어 소문이 자자하였으나, 오직 학문에만 전념하고 과거시험 공부를 좋게 여기지 않았다〈「연보」〉. 또한 그는 학문에 마음을 기울이면서부터 주자(朱子)의 유상(遺像)을 그려 간직하고, 밤중에 반드시 일어나 의관을 정제한 다음 주자의 유상 앞에서 그날에 있었던 언행에 대해 스스로 고하였으며, 행실이 만일 적중하였다면 주자의 행적에 합치하였다고 고하고, 만일 어긋난 점이 있었다면 자신을 자책하였다. 이처럼 그는 주자의 '도'를 독실하게 행하는 데 하루도 빈틈이 없었다고 한다〈崔有海; 『絣坡集』〉. 이미 소년시절 그의 학문은 주자를 모범이요 기준으로 삼아 진지하게 실천하는 모습을 보여주고 있다.

16세때(1551) 봄에 삼청동(三淸洞)으로 이사를 하였다. 이때 율곡은 수운판관(水運判官)이었던 부친을 따라 평안도로 갔다가 돌아오는데, 5월17일 배가 서강(西江: 楊花津)에 도착했을 때, 그날 새벽에 모친이 돌아가셨다는 부음(訃音)을 받았다. 모친은 자신의 병이 회복되기 어려움을 알고 남편과 자식들이 가 있는 포구의 객사(水店)로 눈물을 흘리며 편지를 써서 보냈는데도 아무도 그 뜻을 몰랐다고 한다. 모친은 돌아가시기 2,3일 전에 병석에 누웠고, 돌아가시기 전날 모시고 있던 자식들에게 "내가 살지 못하겠다"고 하였으나, 밤중이 되자 평소와 같이 편히 잠들어서 자식들은 모두 병환이 나은 줄로 알았는데 이튿날 새벽에 48세의 젊은 나이로 세상을 떠나고 말았다〈「先妣行狀」〉.

모친의 장례는 파주 두문리(斗文里) 자운산(紫雲山) 기슭에 묘를 썼고, 거상(居喪)기간 동안 상례와 제사는 『주자가례(朱子家禮)』를 따라 정성을 다하였다. 탈상할 때까지 여묘(廬墓)살이 하면서 상복(喪経)을 벗지 않았으며, 몸소 제수(祭需)를 장만하였다. 제기(祭器)를 닦고 씻는 일도 종과 하인에게 맡기지 않고 손수 했다고 한다. 이듬해 여름에 탈상하였지만 심상(心喪)을 더 하여 18세때 가을에 삼년상을 마치고 관례(冠禮)를 하였다〈「연보」〉.

관례를 하면서 자(字)를 숙헌(叔獻)이라 받았다. 그의 자에 얽힌 일화가 하나 있다. 그의 친우인 이제신(清江 李濟臣)의 「소설(小說)」에, "군수 이경(李敬)이 젊어서 자(字)를 숙헌(叔獻)이라 했는데, 꿈에 신인(神人)이 말하기를 '이는 바로 네가 존중할 사람의 자이니, 너는 속히 고쳐라'고 하여, 그래서 자를 숙온(叔溫)으로 고쳤는데, 뒷날 같은 해 과거급제자의 명단이 나온 다음에야 숙헌이 율곡의 자임을 알았다고 한다〈「연보초고」〉. 율곡의 이름과 자에 얽힌 신이(神異)한 이야기들은 사실여부를 떠나서 그가 뒷날 한 시대를 대표하는 탁월한 인물로 높여지면서 붙여진 설화라 할 수 있을 것이다.

모친의 죽음은 그에게 엄청난 충격이었다. 거상을 마치고 나서도 마음의 갈피를 잡지 못해 방황하고 있었던 것 같다. 18세때 지었던 시에서도 뜻을 잃고 있는 모습이 보인다.

땅 형세는 무수한 산들 자잘하게 벌여 있고,

샘 원류는 수많은 골짜기로 갈라져 흐르네.

숨어 사는 은자의 아침 저녁 일이란,

한가한 구름 맞았다 보냈다 하는 것 뿐이네.

地勢千山小,

泉源萬壑分,

高人獨昏曉,

迎送只閒雲.

「偶興」

우뚝 솟은 기개가 전혀 보이지 않고, 하나로 거두어져 흐르는 힘차게 흘러가는 기상도 없이, 모두 고만고만하게 펼쳐져 있을 뿐이다. 세상에 뜻을 버리고 숨어서 하루하루 구름만 바라보며 상념에 젖어있는 모습이다. 모친을 잃은 슬픔에서 헤어나오지 못해 밤낮 없이 부르짖으며 울었다 한다. 이렇게 방황하다가 18세때 어느날 봉은사(奉恩寺)에 가서 불서(佛書)를 뒤져 보다가 불교에서 말하는 삶과 죽음에 관한 이론에 깊이 감명을 받았고, 또 불교의 학문이 간결하고도 오묘함을 좋아하여 시험삼아 한 번 속세를 떠나 불법을 연구해 볼 생각을 하기에 이르렀던 것이다〈「율곡행장」〉.

3. 혼인과 가정생활

    율곡은 22세때(1557) 9월에 성주목사(星州牧使) 노경린(盧慶麟, 1516~1568)의 딸을 부인으로 맞아 혼인을 하였다. 부인(1541~1592)은 곡산(谷山) 노씨로 17세에 시집왔으니 율곡보다 다섯 살이 어렸다. 장인 노경린과 장모 안동 김씨 부인 사이에는 딸만 셋이 있었는데 큰 딸이 율곡의 부인이다.

    율곡과 노씨 부인 사이에도 아들이 없었다. 딸이 있었다는 기록도 없다. 노씨 부인이 남편을 섬기는 정성은 지극하였던 것 같다. 율곡이 죽자 3년상을 치루고 나서도 초하루와 보름날에는 반드시 곡하며 제전(祭奠)을 올렸다 한다. 임진왜란(1592)이 일어나자 집안 사람들이 피란을 가자고 청했으나, 부인은 "내가 혼자된 지 이미 8년이다. 목숨이 아직 붙어있긴 하나 어찌 구차하게 살겠는가"라 하고, 율곡의 묘소 곁에 와서 꼼짝않고 있다가 그해 5월 12일에 결국 묘소 앞에서 순절(殉節)하였다. 이 사실이 조정에 알려지자 나라에서 정려(旌閭)를 세우도록 하였다〈「연보」(世系圖)〉.

율곡은 노씨 부인에게서 정실의 아들을 두지 못하였지만, 그가 39세 때 측실(側室: 첩)에서 서자(庶子)로 큰 아들 이경림(李景臨)이 태어 났고, 이어서 서자로 둘째 아들 이경정(李景鼎)이 태어났다. 서녀(庶女)가 하나 있었는데 뒷날 김집(愼獨齋 金集)의 첩실이 되었다. 첩을 두는 것은 그 당시의 자연스러운 풍속이니 율곡도 이 풍속을 따랐던 것으로 보인다. 다만 그는 적자가 없다고 양자(養子)를 들여 후사를 잇게 하지는 않았다. 적자와 서자의 차별이 심한 시대에서 서자로 후손을 잇게 하였다는 사실은 그 자신의 확고한 태도가 없이는 어려운 일이었을 것으로 보인다.

그는 처가와 교류가 깊었으며, 특히 장인과의 사이가 매우 친밀하였다. 그의 장인 노경린은 성격이 준엄하여 남을 칭찬하는 일이 매우 드물었지만, 오직 젊은 사위인 율곡을 매우 사랑하고 소중히 여겨 스승이나 친구 사이처럼 대우하여 일이 있을 때마다 반드시 상의하였다〈「연보」〉. 노경린은 경상도 성주목사로 있을 때 학문을 장려하여 서원을 세웠는데, 퇴계가 이 서원을 천곡서원(川谷書院)으로 이름을 지어주었다. 또한 평안도 숙천부사(肅川府使)로 있을 때도 학풍을 일으키고 선정을 베풀었다. 율곡은 23세때 성주로 장인을 찾아뵙기도 하였고, 숙천에 초당(草堂)을 짓고 자주 왕래하였으니, 그가 장인을 매우 따랐던 것 같다. 그가 장인을 뵈러 숙천에 가서 머물 때 그곳 초당에 손수 밤나무를 심었는데, 뒷날도 그 초당터에는 그가 심은 밤나무가 많았다고 한다. 율곡이 죽고 50년쯤 지난 뒤(1732) 숙천의 선비들이 고을 남쪽 7리쯤 되는 덕수동(德水洞)에 덕수서원(德水書院)을 세우고 율곡을 제향하였다고 한다〈「院享錄」〉. 율곡이 젊었을 때 장인을 찾아가 숙천에 왕래하며 잠시 머물었다는 사실만으로도 그는 이 지방 선비들의 정신적 지주가 되고 있음을 보여준다.

그는 31세때 숙천부사인 장인을 대신하여 평안병사(平安兵使) 김수문(金秀文)에게 변경을 노략질하는 여진족을 물리치기 위한 군사동원의 시기와 방법을 건의하는 편지를 올렸던 일이 있다. 이 편지에서는 전략으로 시기(時)와 형세(勢)를 이용하는 것이 중요함을 역설하면서, 적과 아군의 상황과 겨울철 공격이 시기와 형세에 불리한 점을 세 가지로 제시하였다. 또한 공격해야 한다면 다음해 봄 파종후에 공격할 것을 제시하면서 병법을 활용한 지략을 면밀하게 검토하여, "저들의 계략을 미리 알아차리고, 이를 도로 이용해야 하며, 출발하려다가 출발하지 않음으로써 저놈들로 하여금 방비가 해이해지게 한 후에 비로소 토벌함이 최상의 방법임"을 강조하고, "우리는 이미 약함을 보였으니 몰래 방비를 해놓고 놈들이 오기를 기다려 기회를 타서 요격한다면 또한 병가(兵家)의 유인하는 계책임"을 제시하였다. 또한 "군사를 선발하는 방법은 정예(精銳)함을 힘쓰고 많음을 힘쓰지 않는 것이니, 군사가 많기만 하고 정예하지 못하면 패배를 부르는 길임"을 지적하여, 조급하게 노약자까지 무리하게 징발하는데 따른 혼란한 실상을 간곡하게 호소하였다〈「代肅川府使, 上平安兵使金秀文」〉. 김수문은 그 2년 뒤(1568)에 여진족의 침략을 막아내다가 전사하고 말았으니, 과연 김수문이 이때 율곡의 건의를 어떻게 받아들였는지는 확인할 수 없다. 다만 이 편지에서 율곡이 용병의 전술과 전략을 얼마나 폭넓고 치밀하게 파악하고 있는지를 잘 보여주며, 또 이러한 편지를 자기 대신 율곡에게 작성하게 하였던 그의 장인이 얼마나 그를 신임하고 있었는지를 넉넉히 짐작할 수 있다.

율곡이 33세때(1568) 장인이 돌아가셨다. 그의 장인이 운명하기 전에 집안 사람이 후사(後事)를 물었더니, "숙헌(叔獻: 율곡의 字)이 있으니 반드시 잘 처리할 것이다"라 하여, 후사를 전적으로 자신의 큰 사위인 율곡에게 맡겼다. 뒤에 그는 장모 김씨 부인께, "적자(嫡子)가 없고 다만 두 첩자(妾子)가 있을 뿐이니, 재산을 나누는데 적서(嫡庶)를 따져서 나누는 법을 쓸 필요가 없이 똑같이 나눠 주는 것이 좋습니다"라 제안하여, 그의 너그러운 판단에 모두 감동하여 따랐다〈「연보」〉. 그는 장인을 위해 묘갈명(「宗簿寺正盧公墓碣銘」)을 지었는데, "비록 선을 좋아하고 선비를 사랑하였지만, 도량이 좁아 남을 허여해줌이 적었으며, 또한 때를 따라 남을 덩달아 알랑대지도 아니하였다. 이 때문에 조정에서는 벼슬하는 동안 밀어주고 끌어주는 사람이 없었고, 한번 엎어진 뒤로는 끝내 손을 끌어 서로 구해주는 사람을 만나지 못하였으니, 아! 이것도 또한 천명인 것이다"라 하여, 그 인물의 강직함과 외롭게 살아간 생애를 서술하였다.

율곡의 가정생활에 대한 기록은 매우 드물다. 그는 가정에 머물고 있을 때에도 옛 예법을 지켰다 한다. 그래서 음식을 먹을 때에도 남녀가 나누어 따로 앉았으며, 음식은 고르게 나누도록 했고, 앉는 자리의 순서도 반드시 나이에 따라 정하여 질서가 정연하였다. 종들이 먹는 음식도 반드시 물에 씻어 깨끗이 하게 하였고, 자제들에게 그 일을 감독하게 하였다 한다. 또한 집안의 여인들의 생활도 마치 관청처럼 엄숙하여, 한 방에 모여서 식사를 하거나, 가야금을 뜯고 노래하며 노는 자리에서도 언제나 예절이 지켜졌었다 한다〈李植;『澤堂雜稿』〉. 그만큼 가정의 법도가 엄중하게 서 있어 어지럽게 뒤섞이거나 나태하게 풀어져 있는 일이 없었음을 말한다.

그는 일찍부터 벼슬에 높이 올라갔는데도 불구하고 일상적으로 그의 가정은 매우 곤궁하였음을 엿볼 수 있다. 그가 부제학(副題學)으로서 파평(坡平)에 물러나 쉬고 있을 때 최황(海城君 崔滉)이 지나는 길에 그를 찾아 뵈었던 일이 있었다. 밥상을 받았는데 반찬이 너무도 초라하여 최황은 젓가락을 대지 못하고서, "어떻게 이런 빈한한 생활을 참아내십니까"라고 물었더니, 율곡은, "느지감치 먹으면 맛없는 줄을 모른다오"라 대답하더라는 것이다〈崔滉;「滄浪寓言」〉. 율곡의 가정생활이 매우 빈한함에도 그 비곤함을 불편하게 여기지 않았다는 것이니, 그가 빈곤한 가운데서도 거친 음식과 거친 의복을 부끄럽게 여기지 않고 편안하게 지내면서 '도'를 찾아가는 즐거움을 알았다는 그야말로 '안빈낙도(安貧樂道)'의 생활모습을 보여주고 있는 것이다.

또한 허봉(荷谷 許篈)이 율곡과 함께 화석정(花石亭)에 올랐던 일이 있는데, 그때 율곡촌에 있던 율곡의 집은 새로 지은 것으로 아직 가옥의 모양도 제대로 갖추지 못하고 있었다 한다. 이때 율곡이 율곡촌으로 내려온 목적은 본래 전원(田園)을 널리 개간한 다음에 종족(宗族)을 전부 모아 함께 살 계책을 시행하려 한 것이었다고 한다. 그런데 일은 뜻대로 되지 않고, 집안의 생업은 아주 쇠락하여 끼니로 죽도 제대로 잇지 못하고 있는 가련한 모습이었다고 한다. 허봉은 율곡의 생활상을 이렇게 전하면서, "지금 시대에 이와 같은 사람도 있는데, 그로 하여금 궁벽한 골짜기 속에서 빈한한 생활을 하도록 하니, 세상살이가 알 만하다"고 탄식했다〈許篈;『朝天錄』〉.

율곡은 임금의 신임을 받고 나라의 경영을 담당했던 인물이지만, '나라의 경영'만 어려운 것이 아니라, 농토를 개간하여 한 집안의 살림을 일으키는 '가문의 경영'도 어렵고, 한 몸이 먹고 입는 '일신의 경영'도 어려웠던 사실을 말하려는 것으로 이해된다. 죽도 제대로 먹지 못하는 빈곤을 견디고 있는 것은 도학 선비가 보여주는 대쪽같은 지조를 지키는 모습이지만, 율곡처럼 도학의 선비이면서도 현실을 내다보고 대책을 찾아내는 실학정신을 지닌 선비가 어찌 이렇게 일신의 빈곤을 견디고만 있다는 말인지 설명하기가 쉽지 않다. 세상이 그릇된 탓에 살림을 일으키려고 노력해도 실패하고 말았다는 이야기는 아닐 것이다. 그렇다면 학문에 전념하며 높은 지조를 지키노라 빈곤에 빠진 것도 잊어버렸다면 처음부터 전원을 개간하려 하지 않았을 터이다. 가난한 친척이나 친구들에게 베풀어 나누어주기를 좋아하다가 자신은 극심한 빈곤을 견디고 있다는 말인가? 율곡이 끼니에 죽도 제대로 잇지 못한다는 기술이 당시 선비들의 생활을 서술하면서 흔히 쓰는 말투로만 들리고 쉽게 납득이 가지 않는다.

오히려 이항복(白沙 李恒福)의 기록에서 보이는 것처럼 "율곡은 해주(海州)에 살 때 대장간을 차리고 호미를 만들어 팔아서 생활을 하였다. 의리상 마땅히 해야 할 것이라면 대인(大人)은 부끄러워하지 않고 실행하였다〈李恒福;『白沙集』〉"는 언급이 훨씬 더 율곡다운 생활모습을 보여주는 것이라 하겠다. 관습과 통념에 얽매여 허례허식이나 찾아서 신분적 권위를 유지하려는 것은 결코 율곡의 생활태도가 아닐 것이다.

2부
청년기의 탐색과 교유

栗谷評傳

1. 입산(入山)하여 금강산에서 불도(佛道)를 닦다

1) 입산(入山)의 동기

율곡은 어머니 사임당이 세상을 떠나자, 아버지가 살아 있는데 어머니가 돌아가셨으니 1년만에 탈상을 해야 했다. 그래도 그는 어머니를 그리워하는 간절한 마음에 심상(心喪)을 더 하여, 18세때 가을에 심상까지 마치고, 관례(冠禮)를 하면서 숙헌(叔獻)이라 자(字)를 받았다. 그는 탈상을 하고나서도 어머니를 잃은 슬픔에 빠져 마음을 붙일 곳이 없어 방황하다가 불교에 마음이 기울어져 19세때는 불도(佛道)를 닦기 위해 금강산으로 입산하였던 것이다.

도학의 정통이념은 불교와 도교를 이단으로 비판하면서 자신의 정체성을 확립해왔던 만큼, 도학자로서 불교에 빠져들어 입산수도를 하였다는 사실은 개인적으로 치명적인 흠이 될 수 있었다. 이러한 사실을 잘 알고 있음에도 불구하고 율곡은 19세에 단호하게 결심을 하고 금강산으로 들어가 일년동안 불도를 닦았다. 그는 일년만에 다시 하산하여 세속으로 돌아왔으니, 왜 입산하게 되었는지, 그 동기를 해명하는 것이 하나의 과제요, 금강산에서 어떻게 수도생활을 하였는지, 그 수도의 행적을 확인하는 것이 또 하나의 과제이며, 왜 하산하게 되었는지를 살피는 것이 나머지 하나의 과제일 것이다.

율곡의 제자인 김장생의 「율곡선생행장」에 따르면, "상복을 벗었으나 애모하는 마음을 이기지 못하여, 항상 밤낮 없이 부르짖으며 울었다. 하루는 봉은사(奉恩寺)에 가서 불교서적을 펼쳐 읽다가 생사(生死)의 설에 깊이 감동되고, 또 그 학설이 간명하면서 지극히 오묘함을 기뻐하여 시험삼아 세속을 떠나 불법을 연구해 보고자 하였다〈金長生, 「栗谷行狀」〉"고 한다. 김장생의 「율곡선생행장」이 율곡의 행적에 관한 공식적 기록이라는 사실을 감안하면, 율곡이 불교에서 도를 찾고자 입산하였던 내면적 동기는 어머니를 잃은 슬픔의 심리적 허무감이요, 유교 공부에 전념하던 선비에서 하루아침에 불교로 마음을 돌리게 된 계기는 한강 건너 봉은사(현 서울 강남구 삼성동)에 가서 불경을 읽다가 생사(生死)문제에 관한 불교의 교설에 깊이 감동되고, 불교의 교설이 간편하고 오묘함에 끌려서 입산을 결심하게 되었다는 것이다.

그러나 율곡이 입산하게 된 동기에서부터 여러 가지 설이 분분하다. 입산의 동기로서 가장 중요하게 부각되는 것은 16세때 모친 사임당의 죽음으로 충격을 받아 생사의 문제에 대한 근원적 의문을 갖게 되었다는 것이지만, 이와 더불어 모친이 돌아가신 뒤에 부친 이원수가 첩을 두면서, 성질이 패악한 서모가 들어와 가정에 불화를 일으켜 그의 마음에 큰 고통을 주었다는 것이 또 하나의 동기로 지적되고 있다. 또한 그 자신이 일찍부터 불교에 관심을 가져왔고 불경을 공부하면서 불교에서 인생의 근원적 문제에 대한 대답을 찾고자 하였다는 것이 또 하나의 동기로 제시되고 있다. 결론적으로 필자의 생각으로는 어느 하나에 동기가 있었던 것이 아니라, 여러 가지 조건들이 복합되어 상승작용을 하여, 도학을 지향하던 젊은 선비가 불도를 닦겠다고 결심함으로써 자신의 인생에서 극적인 반전을 결행하였던 것으로 보인다.

『명종실록』에는 율곡이 31세때(1566) 사간원 정언으로 임명되었는데, 이 조목 아래에 사관(史官)이 불교와 연관된 율곡의 사정과 행적을 서술한 기록이 수록되어 있다.

> 이이(李珥)는…그 아비의 첩이 그를 사랑하지 않았고, 또 아비 이원수(李元秀)가 일찍이 불경을 좋아하였는데, 그의 나이 16,7세 때 어떤 중이 죽은 이의 혼령을 위해 복을 빈다는 말로 그를 유혹하므로, 그가 집안 사람들에게 알리지도 않고 곧 의복을 정돈하여 금강산으로 들어갔다가 수년 만에 그 허황함을 알고 돌아왔다. …생원시(生員試)에 장원하고 장차 알성시(謁聖試)에 응시하려 할 때 성균관의 여러 유생들이 그의 출가(出家)하였던 것을 혐의로 삼아, 묘정(廟庭)에 들어서지 못하게 하여 뭇 의논이 준엄하였으나, 의연히 표정이 달라지지 않았다.
>
> 『명종실록』, 21년 丙寅, 3월24일

왕조실록에 수록된 사관의 기록이지만 당시에 떠돌던 소문에 의지한 면이 많아 사실과 다른 기록도 있다. 율곡이 입산하였다가 1년만에 하산하였는데, 수년만에 돌아왔다고 기록한 것부터 사실과 어긋난다. 그러나 사관이 들은 바를 충실하게 기록한 것이라 보면, 당시 사람들의 입으로 전해지는 유력한 소문이었던 것으로 짐작된다. 그 내용은 율곡이 입산하게 된 동기로서 모친이 죽은 뒤에 들어온 서모와 사이가 불화했다는 점과, 부친이 불경을 좋아했으니 집안에 불교서적도 있었을 것이요 승려들의 출입도 잦았을 것이다. 그래서 율곡도 일찍부터 불경을 친숙하게 읽어서 불교에 대한 이해가 깊었을 것이라는 점과, 돌아가신 모친에 대한 그리움이 간절하여 어느 승려의 권유에 따라 돌아가신 어머니를 위해 복을 비는 법을 찾으려 했다는 점을 들고 있다. 이와더불어 출가하는 과정에 가족들에게 알리지도 않고 떠났다는 것이다. 이러한 점들은 시비가 많아 확인해볼 여지가 있다. 그가 하산한 이후의 일로 유생들이 그가 한때 출가했다는 이유로 알성시의 과거시험장에 입장을 못하도록 항의하는 소동이 벌어졌다는 것은 분명히 일어났던 사실로 보인다.

또한 박세채(南溪 朴世采)는 율곡이 출가한 동기에 대해, 신용회(申用晦)가 전한 말을 인용하여 "율곡의 서모는 성질이 패악하고 무도하였으니, 율곡이 젊어서 출가한 것은 이 때문이다"라고 하여 서모와 불화했다는 설과 더불어 김장생(沙溪 金長生)의 말을 빌어, "율곡이 입산한 것은 실지로 선교(禪敎)에 빠져서 이렇게 하였던 것이다"라는 불교에 심취했기 때문이라는 설의 두가지가 있음을 지적하였다〈朴世采, 『南溪集』, '記少時所聞'〉. 이에 대해 김장생의 제자인 송시열은 "선생(율곡)이 서모 때문에 집을 떠났다는 설은 더욱 이치에 가깝지 않다. 내가 스승(김장생)에게서 들은 바는 그 서모의 패악함은 극심하였지만 선생은 공경하고 효도하여 끝내 즐거워하게 하였다〈宋時烈, 『宋子大全』, '答權致道[尙夏]'〉"라고 하여, 서모와의 불화설을 적극적으로 부정하였다. 율곡은 패악한 서모도 지극한 효성으로 감동시키는 분이라 서모와 사이에 불화할 수 없다고 강조하는 것은 율곡의 덕을 극진하게 높이고자 하는 입장으로 보이기도 한다. 그러나 율곡이 모친 사임당의 죽음으로 깊은 슬픔에 빠져있는 상태에서 서모의 패악함에 마음의 상처를 더욱 심하게 입었다고 보는 것이 좀 더 현실적일 것 같다.

여기에 한가지 추가되는 견해는 서모와 율곡의 큰형(李璿)이 밤낮으로 다투었는데 율곡이 그 사이를 화합시켜려 애썼지만 이루지 못했다고 한다. 그래서 율곡이 입산하면서 아버지와 서모와 큰형에게 드리는 편지를 각각 써서 책갑 속에 넣어두고 집을 떠났는데, 그 편지의 끝에 "언제까지고 이같이 화목해질 수 없다면 차라리 죽어버릴망정 어떻게 산다하오리까"라고 간곡히 호소하는 말이 있었다는 것이다〈이은상, 『사임당과 율곡』, 140쪽〉. 서모와 불화하였던 것이 율곡이 아니라 율곡의 큰형이요, 율곡은 화합시키려고 노력했을 뿐이라 하여, 율곡의 덕에 아무 흠이 없음을 입증하려는 기록으로도 보인다.

율곡의 집안에 원래 불교서적이 있어서, 그가 일찍부터 불교 경전을 읽어 어느 정도 친숙해 있었을 가능성은 여러 증언에서 확인할 수 있다. 그렇다면 사임당의 죽음으로 비통함이 심했던 율곡에게 서모의 패악함이 마음의 고통을 더욱 심화시켰을 것이요, 이때 평소 상당한 수준의 이해를 간직하고 있던 불교에 마음이 기울어져, 절(奉恩寺)을 찾아가서 불경을 읽다가 생사(生死)의 고통을 벗어나는 '도'를 찾아보겠다는 마음의 전환이 일어나 입산을 하기로 결심하게 되었다고 보는 것이 무난할 것 같다.

율곡이 입산하면서 부친에게 알리지 않았던 것은 사실일 것이다. 알

렸더라도 허락을 받을 수 없었을 것이니, 그래서 편지를 남겨놓고 집을 떠났던 것으로 보인다. 그러나 친구들에게는 작별하는 편지를 보내 입산하는 뜻을 밝혔다.

> 문장(文)은 배워서 능할 수 없지만, 기질(氣)은 길러서 이룰 수 있다. 이 기질이란 사람이 다 같이 타고난 것으로, 잘 기르면 마음의 부림을 받고, 잘 기르지 못하면 마음이 기질의 부림을 받게 된다. 기질이 마음의 부림을 받으면 몸에 주재(主宰)가 있어서 성현도 기약할 수 있지만, 마음이 기질의 부림을 받으면 칠정(七情)이 통솔되지 않아 어리석고 미친 사람이 됨을 면할 수 없다. 옛 사람으로 기질을 잘 기른 이가 있으니 맹자다. 공자는 '지혜로운 사람은 물을 좋아하고, 어진 사람은 산을 좋아한다'고 하였는데, 산을 좋아하는 것은 그 우뚝 솟음을 취하기만 하는 것이 아니라 그 고요함의 '도'를 취하여 본받는 것이며, 물을 좋아하는 것은 그 흘러 감을 취할 뿐만 아니라 그 활동함의 '도'를 취하여 본받는 것이다. 어질고 지혜로운 자가 기질을 기르는 방법은 산과 물을 버리고 어디서 찾겠는가.
>
> 金長生;「栗谷行狀」

이 편지의 구절에는 불교를 공부하러 입산한다는 말이 전혀 없지만, 그가 입산하는 목적이 무엇인지를 유교적 논리로 가장 분명하게 설명해주고 있다. 한마디로 기질을 절제하여 마음을 주재로 정립한다는 것이요, 마음을 찾는 공부라는 대목에서 불교와 유교가 일치하는 것임을 보여준다. 그렇다면 기질을 절제하고 마음을 찾는 수양공부를 위해 왜 입산해야 하는가에 대한 해명이 필요하다. 그는 공자의 '지혜로운 이는 물을 좋아하고, 어진 이는 산을 좋아한다(知者樂水, 仁者樂山.〈『논어』, 雍也)"는 말을 끌어들여, 물에서 활동함(動)의 덕과 산에서 고요함(靜)의 덕을 찾아 산수에서 노닐며 기질을 절제하고 마음을 닦는 공부를 해보겠다는 것이다. 이 공부는 불교공부여도 좋고 유교공부여도 좋으니, 그가 불교공부를 위해 입산하면서도 유교공부와 상반되는 길을 가겠다는 것이 아니라, 마음을 찾아가는 공부에서 일단 불교의 방법을 취해보겠다는 입장을 밝히고 있는 것이라 하겠다. 그만큼 이때의 율곡에게는 불교와 유교가 대립적 이념으로 인식하여 선택적 대상으로 보는 입장이 아니라, 진리를 찾는 방법으로서 자유롭게 넘나들 수 있는 방편으로 삼고 있음을 보여주는 것이기도 하다.

2) 금강산에서 불도(佛道)를 닦으며

율곡은 19세때(1554) 3월에 집을 떠나 금강산(金剛山)으로 들어갔다. 그는 동대문을 나서면서 자신의 품은 생각을 읊은 시를 남기고 있다.

…우리 인간은 만물 가운데 있지만	…吾人處萬類,
지식이 가장 뛰어난데,	知識最爲巨,
어찌 조롱박처럼 매달려	胡爲類匏瓜,
제자리 잃고 근심하는가.	戚戚迷處所,
팔방과 구주 사이에	八荒九州間,
한가로이 노니는데 막힐게 무엇이랴.	優遊何所阻,

봄빛 고운 산 천리 밖에 있으니 春山千里外,

지팡이 짚고 나는 가리라.… 策杖吾將去.…

「出東門」

그는 서울을 떠나면서 아무런 아쉬움도 비관하는 자취도 보이지 않는다. 오히려 우주 속에 아무 걸림이 없이 노니는 자유인의 호기로움을 보여주고 있다. 이미 '도'를 구하는데 뜻을 세웠으니, 현실에 얽매이고 관습에 젖어 살아가는 세상 사람들의 모습이 안쓰럽게 느껴지고 있음을 보여준다.

또한 그는 금강산으로 가는 도중에 어느 산골 촌가에서 하룻밤 묵으면서 주인인 늙은이와 대화를 하는 가운데 그 늙은이의 말을 소개하면서 자신의 뜻을 드러내고 있다.

"…늙은이 말씀이, 지난 세월 햇수도 기억 못해,… 翁言閱世不記年,

수고롭고 편안함, 슬프고 기쁨 다 맛보았다오. 勞逸悲歡皆染指,

인정은 매미 날개 같아 괴로움이 무상했고, 人情蟬翼苦無常,

말하고 웃는 속에 칼날이 감춰 있더군. 刀劍藏於言笑裏,

나야 이제 졸열함 지켜 여생을 보전하노니, 我今持拙保餘年,

본래 칭찬할게 없는데 누가 헐뜯으랴.… 本來無譽誰爲毀,…

「途中」

그는 우연히 만나 하룻밤을 묵게된 집주인인 늙은 은사(隱士)와 밤 늦도록 인간 본성과 세상 이치를 논했는데, 이 은사는 세상을 달관한 인물로 장자(莊子)나 열자(列子)도 개미처럼 내려다 보기도 하며, 상도(常道)에 벗어난 기이하고 놀라운 이야기를 하였다 하니, 그는 금강산에 들어가기도 전에 이미 예법과 도리에 얽매인 도학(道學)의 범위를 훌쩍 벗어난 세계를 만나고 있었던 것이다.

금강산에 들어가서 그가 어느 절에 머물었는지, 어떤 불경을 읽고 무슨 문제에 침잠했는지, 어떻게 수행(修行)하였는지 분명하게 알려진 것이 없다. 심지어 그가 머리를 깎고 승려생활을 했는지, 단지 불경과 선(禪) 공부에만 몰두하였었는지 확인하기도 쉽지 않다. 김장생은 율곡이 입산했을 때 스스로 '의암(義菴)'이라 호를 지었던 사실을 들어, "아마 의로움을 모아서(集義) 호연지기(浩然之氣)를 일으키는데 뜻을 둔 것이다〈金長生;『沙溪語錄』〉"라 하여, 산수 속에서 잡박한 생각을 씻어내고 의로움에 일치하는 툭터진 기상을 기르는 유교적 수도를 하였던 것이라 해석하는 견해를 보여준다. 이에 비해 이식(澤堂 李植)은 "금강산(金剛山)에 들어가 계율을 지키고 참선하는데(戒定) 종사하니, 살아있는 부처(生佛)가 나왔다고 산중에서 떠들어 댔다. 그러나 율곡은 얼마 후에 불교가 그릇된 것임을 깨닫고 돌아와서 정학(正學: 儒學)에 정진하여 독실하게 믿고 힘써 실행하였다〈李植,『澤堂雜稾』〉"고 하였다. 율곡이 불교경전의 해석과 선(禪)의 이치를 해명하는데 탁월하게 높은 경지를 드러내었기 때문에, 금강산의 승려들 사이에 '살아있는 부처'가 나왔다는 칭송이 자자하였다는 것이다. 율곡의 금강산 생활이 유학자로서 본분을 벗어나지 않았다고 보는 김장생의 주장과 뒷날 불교를 버렸지만 일단 불교에 깊이 빠져들어 불교인으로 높은 경지를 이루었었다고 전하는 이식의 주장 사이에는 보는 시각이 이처럼 상반되는 것이 사실이다. 그것은 이때 율곡 자신이 유교와 불교 사이에서 보여주는 사유의 폭이 그만큼 넓었음을 말해주는 것으로 받아들일 수 있을 것 같다.

율곡은 금강산에 들어가 지내던 시절을 금강산을 유람했다고 스스로 언급하기도 했다. 금강산에서 어느날 그는 깊은 골짜기로 혼자 걸어 들어가다가 조그마한 암자에서 정좌하고 수도하는 한 노승을 만나 불교와 유교를 넘나들며 대화를 나누었던 이야기를 자세히 기록하고 있다.

율곡: "여기서 무엇을 하고 있소?"

노승: 웃기만 하고 대답하지 않았다.

율곡: "무엇을 먹고서 굶주림을 면하오?"

노승: 소나무를 가리키면서, "저것이 나의 양식이오."

율곡: "공자와 석가는 누가 성인이오?"

노승: "선비는 늙은 중을 시험하지 마시오."

율곡: "불교는 오랑캐의 가르침이니 중국에선 시행할 수 없오."

노승: "'순(舜)은 동이(東夷) 사람이고, 문왕(文王)은 서이(西夷) 사람이라『맹자』.離婁下' 하였는데, 이들 역시 오랑캐란 말이오?"

율곡: "불교의 오묘한 곳이 우리 유교를 벗어나지 못하거늘 하필이면 유교를 버리고 불교를 찾아야겠소."

노승: "유교에도 '마음이 곧 부처다'라는 말이 있소?"

율곡: "'맹자께서 성선(性善)을 말씀할 때마다 반드시 요(堯)·순(舜)을 일컬었다'하니, 이것이 '마음이 곧 부처다'라는 말과 무엇이 다르겠소. 다만 우리 유교에서 본 것은 그 실지의 이치(實理)를 얻었

을 뿐이오."

노승: 수긍하지 않고서 한참 있다가, "'색(色)도 아니고 공(空)도 아니다'
라는 것은 어떤 말이오?"

율곡: "이것 역시 '앞에 드러나는 대상(前境)'일 뿐이오."

노승: 빙긋이 웃었다.

율곡: "솔개는 날아 하늘에 닿고 물고기는 못에서 뛰네'라는 말은 '색'
인가요 '공'인가요?"

노승: "'색도 아니고 공도 아닌 것'은 바로 진여(眞如)의 본체라오. 어찌
이 시(詩)로 견줄 수 있겠소."

율곡: 웃으면서, "이미 말로 설명함이 있으면 경계(境界: 대상)인데, 어
찌 본체라 하겠소? 만약 그렇다면 유교의 오묘한 곳은 말로 전
할 수 없는데, 불교의 '도'는 문자를 벗어 나지 않는 것인가요?"

노승: 깜짝 놀라 나의 손을 잡으면서, "그대는 통속의 선비가 아니군요.
나를 위해 시를 지어서 '솔개가 날고 물고기 뛰는' 구절의 뜻을
풀이해 주시오."

이때 율곡이 노승을 위해 지어준 절구(絶句) 한 수는 다음과 같다.

물고기 뛰고 솔개 날으니 아래 위가 하나라,	魚躍鳶飛上下同,
이것이야 '색'도 아니고 '공'도 아니라네.	這般非色亦非空,
무심히 한 번 웃고 내 신세를 돌아보니,	等閒一笑看身世,
해 저물어가는 숲 속에 홀로 서 있네.	獨立斜陽萬木中.

「楓嶽贈小菴老僧」

노승은 율곡이 지어준 절구(絶句) 한 수를 받아 읽고 난 다음 소매 속에 넣고는, 벽을 향해 돌아앉았다. 율곡은 그 골짜기에서 돌아 나왔는데, 그 노승이 어떤 사람인지를 알지 못했다. 사흘 뒤에 다시 가보니, 작은 암자는 그대로 있는데 노승은 이미 떠나버렸다고 한다.

이 대화의 기록에서 보면 금강산에서 노승과 만난 율곡은 출가한 승려가 아니라 여전히 유교의 선비이다. 여기서 율곡은 『맹자』나 『시경』의 구절을 인용하면서 노승과 마주하여 유교와 불교의 사유가 대립이 아니라 소통하는 세계임을 드러내 보여주고 있다. 이 장면은 율곡이 금강산에 들어가서도 승려가 되었던 것이 아니라 여전히 유교의 선비로 처신하면서 불교의 세계를 깊은 관심으로 탐색하는 모습을 엿볼 수 있게 한다.

그는 맹자(滕文公上)가 인간의 성품이 선하다고 주장하는 '성선설(性善說)'이 바로 불교에서 말하는 "마음이 곧 부처이다(心卽佛)"와 같은 뜻이요, 『시경(大雅·旱麓)』에서 "솔개가 날아 하늘에 닿고 물고기가 못에서 뛰네(鳶飛戾天, 魚躍于淵)"라 하여 눈에 보이는 현상세계를 제시함으로써, 눈에 보이지 않는 이치가 그 속에 갖추어 있음을 드러내는 것이 바로 불교에서 말하는 "색도 아니고 공도 아니다(非色非空)"라 하였다. 곧 감각적 현상세계와 감각을 넘어선 본질 사이에 어느 한 쪽에 사로잡히지 않는 것을 진리로서 진여(眞如)의 본체를 드러내는 것과 같은 의미임을 제시한 것이고, 이는 유교와 불교의 소통을 근원적으로 확인하는 안목을 열어주고 있는 것이다.

또한 율곡은 금강산에서 느낀 바를 긴 시 「풍악기소견(楓嶽記所見)」으로 읊었는데, 여기서도 "나는 타고난 천성이 산수를 좋아해/ 지팡이 짚고 나막신 신고 동쪽 유람 나서니/ 세상 일 모든게 관심 밖이라/ 다만 명산 찾아서 풍악산으로 향했네(吾生賦性愛山水, 策杖東遊雙蠟屐, 世事都歸掉頭中, 只訪名山向楓岳)"라 하여, 금강산에 간 것을 유람하러 가는 것이라 말하고 있다. 그는 시냇가의 작은 길을 따라가다가 점점 깊은 골짜기의 좁은 길로 절을 찾아들고, 승방(僧房)에 곁들여 누워서도 잠을 이루지 못한 채 밤새 창밖의 폭포 소리를 듣고 있었다. 어느 날 풀을 헤치고 돌틈을 돌아서 깎아지른 봉우리의 산정에 올라 동해바다를 바라보면서, "유람하다 어느덧 세상 벗어난 사람 되었나/ 가슴 속 가득한 번뇌 다 씻어버렸네(逍遙便作物外人, 洗盡胸中塵萬斛)"라 하였다. 불교의 수련을 통해서 보다는 자연의 웅장함 속에서 세상을 벗어나 마음의 평정을 얻은 기쁨을 읊었던 것이다.

높은 산중턱의 산사에서 참선하는 스님을 만나서도, "문 밀고 들어가 홀연히 선정(禪定)에 든 스님을 보니/ 도를 닦아 단련된 몸 학처럼 여위었구나/ 나를 보고 반기지만 서로 말 없이/ 참선하던 자리 깨끗이 쓸어 나를 묵게 하네(排門忽見入定僧, 鍊得身形瘦如鶴, 欣然見我不相語, 淨掃禪床留我宿)"라고 읊었다. 여전히 선승은 주인이고 그는 객의 위치에 있음을 보여주고 있다. 선승은 새벽에 그를 깨워 일출(日出)의 장관을 보게 하였던 일이 있다. "스님 말씀이 이 자리가 가장 절호하니/ 세간이란 어찌 신선과 범부의 격차 뿐이랴(僧言此地最奇絶, 世間何翅仙凡隔)" 하여, 세상의 범상함과 현격하게 다른 선경의 장엄함을 제시하기도 하였다.

그러나 그는 "아! 나는 아직 세속의 인연 다하지 않아/ 이곳에 살면서 나의 즐거움 온전하게 할 수 없네/ 후년에 이 장쾌한 유람 이어가리라/

이 말씀 산신령께 드리니 꼭 기억해 두시구려(嗟余俗緣磨不盡, 不能棲此全吾樂, 他年勝遊如可續, 寄語山靈須記憶)"라 읊어, 산 속에 사는 즐거움으로 충족되지 않는 세간을 향한 관심이 자신의 내면에 남아 있음을 드러내며, 언젠가 다시 산천을 유람하겠다는 마음을 밝히고 있다.

이처럼 그는 금강산 속에 머물면서도 불교에만 몰입할 수 없는 세속의 뿌리깊은 인연을 지적하여, 멀지 않아 하산하려는 뜻과 동시에 언젠가 다시 세상을 벗어난 산중생활의 즐거움을 다시 찾아오겠다는 뜻을 함께 보여주고 있는 것이다. 그가 금강산에 머물던 20세때 매화가 피어있던 이른 봄에 보응(普應)스님과 함께 잠시 산에서 내려왔던 일도 있다. 이때 풍암(豊岩)의 이지원(李之元) 집에서 하룻밤 묵으며 자신의 심경을 시로 읊었다.

도를 배우니 곧 집착이 없어,	學道卽無著,
인연 따라 어디든지 노닌다네.	隨緣到處遊,
잠시 청학동 하직하고,	暫辭靑鶴洞,
백구주에 와서 즐기노라.…	來玩白鷗洲.…
	「與山人普應下山…」

자신이 '도'를 배우는데 뜻이 있을 뿐이요, 유교니 불교니 어떤 틀에 사로잡힘이 없음을 말하고 있다. '청학동'이 세속을 떠난 신선의 세계로 불교의 가르침을 의미한다면, '백구주'는 세속의 시인이 즐겨찾는 바닷가로 유교의 선비가 사는 세계이다. 그는 출세간과 세간의 두 세계를 하늘에 떠가는 구름처럼 자유롭게 오가고 있음을 보여준다. 그가

불교를 추구해 금강산에 들어가는 것이나 유교의 선비로서 돌아와 달빛어린 매화를 노래하는 것이나 결코 어느 한 쪽에 사로잡히는 것이 아님을 보여주는 것이라 하겠다.

그러나 다른 한편 「율곡연보」에는 그가 금강산에서 "절에 들어가자 계율을 지키고 참선을 행함이 매우 견고하여 잠자고 밥먹는 것도 잊어버리는데까지 이르렀다(因入山門, 戒定堅固, 至忘寢食)"고 언급하여, 그가 불교적 수행에 얼마나 몰두하고 있었던지를 보여주기도 한다.

김장생은 스승 율곡에게 금강산에서 머리를 깎았는지 물었던 일이 있다. 그 때 율곡은 "이미 산으로 들어간 다음에야, 비록 외형을 바꾸지 않았더라도, 마음이 빠져들었는데 무슨 이익이 있겠는가? 이 일은 물을 필요가 없다"고 대답하였다〈『栗谷語錄』〉. 율곡의 대답은 머리를 깎고 중이 되었었는지 안깎고 선비의 의관을 유지했었는지 분명하게 밝히지 않고 있다. 마음이 불교에 빠져들었다면 머리를 깎지 않아도 아무 소용이 없는 것이라는 말에서 불교 공부에 빠졌지만 머리를 깎고 중이 되지는 않았다는 뜻으로 이해하고 싶은 여지가 좀 더 크게 보이지만, 여전히 단정하기는 어렵다. 그러나 율곡이 하산한 이후 그가 머리를 깎고 중이 되었었다는 소문이 널리 퍼졌고, 그래서 제자인 김장생도 물었었던 것 같다.

율곡의 주위에서는 그가 머리를 깎지 않았다고 입증하고 싶어하는 경우도 있었다. 율곡이 하산한 이후 옛 스승인 서얼출신의 어숙권(魚叔權)을 찾아뵈었는데, 어숙권은 율곡의 갓을 벗겨보고 그 머리털이 긴 것을 확인했다고 한다. 또한 큰누님 매창이 율곡에게 사람들의 의심을 풀도록 과거시험장에 가서 빗질을 하여 사람들이 그가 머리를 깍지 않았던 사실을 직접 볼 수 있게 하라고 조언하여, 그렇게 했다는 것이다〈이은상, 『사임당과 율곡』, 142~143쪽〉. 소문과 소문 사이에 시비가 분분하였으나, 무엇이 사실인지 분명하게 밝히기는 어렵다. 그렇지만 현재 남아있는 기록의 범위에서 율곡 자신의 말을 통해 본다면, 그가 불교공부에 침잠하였지만 머리를 깎고 중이 되는 단계에 까지 가지는 않았다는 것이 좀 더 안정성이 있는 것으로 보인다.

2. 하산(下山)하여 유교로 돌아오는 길

1) 불교를 떠나 하산하는 계기

율곡은 금강산에서 한 해 동안 산수의 절경을 찾아 유람도 다니고 불교 공부와 수련에 몰두하기도 하며지냈던 것 같다. 그가 금강산에 불교를 공부하러 입산하였던 계기와 불교를 버리고 하산하였던 계기에 대해 김장생은 「율곡행장」에서 율곡 자신의 말을 소개하고 있다. "나는 젊어서 망녕되게 선가(禪家)의 돈오법(頓悟法)이 '도'에 들어가는데 매우 빠르고 오묘하다고 생각했는데, '만상은 하나로 돌아가고, 하나는 어디로 돌아가는가?(萬象歸一, 一歸何處)'를 화두로 삼아 몇 년동안 생각했는데, 마침내 깨달을 수 없어서, 돌이켜 찾아보니 그 진실하지 않음을 알게 되었다〈「율곡행장」〉"고 하였다.

우선 화두를 몇 년동안 사색했다면, 그가 금강산에 들어가기 전부터 '선(禪)'의 이치를 탐구하고 있었다는 말이다. 또한 '만상은 하나로 돌아가고, 하나는 어디로 돌아가는가?'를 화두로 붙들고 사색했다는 것은 만상(현상)과 하나(본체)를 넘어서는 진리의 궁극적 근원을 찾고자 하였다는 것이다. 그러나 그는 불교적 사유 안에서 깨달음을 얻을 수 없었던 것이요, 밖으로 나와 유교적 사유로 다시 생각하면서 불교가 진실이 아님을 발견하였다는 것이다. 그것은 현상을 넘어서 초월적 근원을 추구하는 것으로 충족되지 않고, 다시 현상에 돌아와 현실 속에서 본체를 발견하는 내재적 근원을 찾아가게 되었음을 말한다. 이러한 깨달음의 계기가 바로 그에게 불교에서 빠져나와 유교로 돌아오는 길을 열어주는 계기가 되었던 것이다.

이와 더불어 그가 불교를 벗어나 하산하는 계기를 약간 달리 설명하는 기록도 있다. 그가 어느 날 문득, "부처가 그 교도들에게 '생각을 더 하지도 덜하지도 말라(勿作增減想)'고 경계한 것은 무슨 뜻이었을까" 하는 의문에 생각을 골똘히 하다가, "(불교의) 학설은 별로 기묘한 것이 없다. 다만 이 마음이 치달리는 길을 끊어서 정신을 응결시켜 지극히 고요하고 허명(靜極虛明)한 경지에 이르게 하고, 화두(話頭)를 빌어다가 이에 의지하여 공부하도록 하는 것일 뿐이다. 그러나 또 사람들이 이 의도를 미리 알면 선(禪)을 수행함이 반드시 정밀하지 못하고 전념하지 못할 것이라 염려하였다. 그래서 또 이런 금지함(禁)을 설정하여 속이는 것이다"라고 판단하는데 이르렀다는 것이다. 그래서 "불교(異說)가 그릇됨을 깨달아, 그 학설을 모두 버리고 유교(吾道)에 전념하였다"고 한다〈「율곡행장」〉.

이처럼 그가 불교에서 다시 유교로 전환하였던 계기는 불교의 가르침이 미묘한 진리 자체를 밝혀주는 것이 아니라, 화두를 방편으로 삼아 번잡한 생각을 끊고 정신을 응집하여 지극히 고요하고 밝은 마음의 상태를 이루고자 하는 것일 뿐임을 깨닫게 되었다는 것이다. 이렇게 규정한 율곡의 불교에 대한 인식이 옳은지 아닌지 여부는 논외로 남겨두고, 한마디로 그는 불교에서 자신이 추구하는 궁극적 진리의 실체를 발견할 수 없었음을 확인함으로써, 불교에서 벗어나 유교로 다시 돌아오는 하산의 길을 찾았다는 것이다.

결국 그는 입산하여 찾아가던 불교를 통한 진리의 발견에 실패하고 금강산을 떠나 하산하면서 불교를 버리고 유교를 통한 진리추구의 길에 돌아오게 되었다. 20세때 가을 금강산에서 하산하여 강릉의 외가로 갔다. 이때 외가에서 유교의 경전을 다시 읽으면서 자신의 느낌을 한 수의 시로 읊었다.

인간세상 어디에 '넓은 집' 있는가,	何處人間有廣居,
백 년 평생이야 묵어가는 주막이라.	百年身世是蘧廬,
세상바깥 산천을 노닐던 꿈 깨어나자,	初回海外遊山夢,
외로운 등불 아래 옛 책을 펼쳐보네.	一盞靑燈照古書.
	「燈下看書」

『맹자(滕文公下)』에서 말하는 '천하의 넓은 집(天下之廣居)'을 찾으면서도 인간의 일생이 덧없음을 실감하였으니, 그래서 세상을 벗어나 불교의 세계에 노닐었던 것이다. 그러나 이제 그 세상 바깥을 찾아 헤매던 꿈에서 벗어서 세상 속으로 돌아와 등불아래 옛 경전을 펼쳐놓고 읽고 있는 자신의 모습을 보여주고 있다.

하산한 이후 율곡이 자신의 심경을 보여주는 또 하나의 경우로는 하

산한 이듬해 봄쯤 되는 시기에 친구 심장원(沈長源)에게 보냈던 시에서
엿볼 수 있다.

> 전생은 정녕 김시습(金時習)이 틀림없고,　　　　前身定是金時習,
>
> 현생에는 또 가도(賈島)가 되었다네.…　　　　今世仍爲賈浪仙,…
>
> 만나고 헤어지는 모든 것 이유가 없는 법,　　　相逢相別渾無賴,
>
> 고개 돌리니 푸른 하늘에 구름만 점점이 떠 있네.　回首浮雲點碧天[4].

　율곡은 자신의 처지를 유학자로서 입산하여 승려가 되었던 조선초
기의 김시습(梅月堂 金時習)이 되었다가, 다시 승려에서 환속하여 벼슬
길을 찾아나섰던 당나라때 시인 가도(賈島, 字 浪仙)가 되었던 경우에
견주어 불교로 들어간 것이 전생이요, 다시 유교로 돌아온 것이 금생
으로 비유하고 있다. 이 시의 내용이 율곡의 금강산 생활이 머리를 깎
고 승려로서 살았던 증거로 보는 견해도 있다. 그러나 머리를 깎았는
지 여부가 중요한 것이 아니라 불교에 빠져들었다가 유교로 돌아오는
인생의 전환이 있었던 사실을 말하는 것은 분명하다. 그가 불교와 만
나고 다시 헤어지는 과정에는 심각한 고민과 결단이 있었겠지만, 그
자신은 아무런 필연적 이유가 없이, 하늘에 무심히 떠가는 구름처럼
자연스러운 것이라 서술하여 마음에 평정을 얻었음을 보여주고 있는

---

4 율곡의 시 「처음 산을 나와 심장원에게 주다」(初出山贈沈景混長源)는 『율곡전서』에
　실려 있지 않고, 허균이 편찬한 『국조시산』(國朝詩删)에 수록되어 있다고 한다.　이
　시는 국어국문학회에서 펴낸 『한국한시감상』(韓國漢詩鑑賞, 보고사, 2010)에서 인용
　하였다.

것이다.

그러나 율곡이 강릉 외가에 있을 때 마침 그의 이모부 홍호(洪浩)가 강릉으로 장모를 찾아왔는데 율곡을 만나자 입산했던 일에 대해 크게 책망을 하였다. 이때 그는 자신을 돌아보면서, "어머님을 잃은 재앙은 그 비통함이 몸에 미쳤다. 게다가 방향을 잃은 병통이 안으로 마음을 침공하니, 미친 듯이 산으로 달려가 뒤집히고 제 자리를 잃어, 공리(孔鯉: 공자의 아들)의 뜰에 나아가지 못하고 황향(黃香: 後漢人. 여름에 아비의 침석에서 부채질한 효자)의 부채를 잡지 못한 지 한 해가 되었다. 하루 아침에 스스로 깨닫고 돌이켜 생각하니 후회가 극진하여 슬퍼졌다. 스스로 책망하고 스스로 부끄러워 살아있는 것이 즐겁지 않았으며, 마음을 안정시키지 못한지 여러 날이었다.…이윽고 다시 탄식하여 이르되 '…전날의 행위가 잘못된 것은 마치 거울의 티끌과 같고 물의 진흙과 같으니, 티끌이 제거되면 거울의 실체는 본래대로 밝을 것이고 진흙이 제거되면 물의 성질은 원래대로 맑을 것이다. 나의 믿는 바는 여기에 있을 뿐이다. 비록 문채나는 것으로 자개무늬 비단을 이루듯 함은 참소 잘하는 허물이요, 금덩어리도 삭아서 아주 작게 되는 것은 뭇사람의 입이 녹이기 때문이다. 내가 허물을 뉘우쳐 비록 본성을 회복한다 하더라도 세상 사람들이 나를 훼방하는 데는 어찌하랴'〈「別洪表叔(浩)序」〉"라 하였다. 그는 입산했었던 일로 세상 사람들이 자신을 심하게 비방할 것이라는 사실을 잘 알고 있었으며, 남들의 비방에도 원망하지 않고, 오직 자신을 닦아 천명을 기다리겠다는 결의를 보이고 있다.

2) 유교로 돌아와 '성인'이 되기로 뜻을 세우다

20세때 봄에 금강산을 나오면서 서울로 돌아오지 않고 강릉 외가로 내려가 머물었다. 이때 그는 자신을 다짐하는 결의를 담은 11조목의 실천과제로 「자경문(自警文)」을 지었다. 「자경문」은 그가 불교를 찾아가던 길에서 돌이켜 다시 방향을 선회하는 전환점에서, 자신의 학문적 목표와 실천의 과제들을 정립함으로써, 자신이 유교를 지향하고 있음을 자기 자신에게 밝히고 다짐하는 선언이라 할 수 있다.

「자경문」의 첫째 조목에서 "모름지기 뜻을 크게 하여 성인을 기준으로 삼을 것이요, 털끝만큼이라도 성인에 미치지 못하면 나의 일은 마치지 못한 것이다(須大其志, 以聖人爲準則, 一毫不及聖人, 則吾事未了)"라 하여, 학문하는 목표로서 기필코 성인이 되겠다는 큰 포부와 높은 이상을 밝히고 있는 것이다. 또한 마지막 조목에서는 "공부는 늦춰서도 안되고 조급히 해서도 안되며, 죽은 뒤에야 끝나는 것이다. 만약 그 효과를 급하게 구하면 이것 또한 이욕의 마음이요, 만약 이렇게 하지 않으면 부모가 남겨준 몸을 죽이고 욕되게 하는 것이니 곧 사람의 자식이 아니다(用功不緩不急, 死而後已, 若求速其效, 則此亦利心, 若不如此, 戮辱遺體, 便非人子)"라 하여, 공부하는 방법으로 태만하거나 조급함이 없이 죽을 때까지 지속해가야 하며, 이렇게 함으로써만이 부모가 남겨준 몸으로서 자기 자신을 욕되게 하지 않는 길임을 강조하였다.

그 중간의 다른 조목들은 마음을 안정시키는 '정심(定心)'과 홀로 있음을 삼가는 '근독(謹篤)'을 강조하고, 정성을 다하는 '진성(盡誠)'과 자신을 돌아보는 '성찰(省察)'을 중시하는 등 수양론의 문제에 많은 관심을 기울이고 있다. 또한 이익을 추구하는데 빠지지 말고 도리에 합당한 길을 찾아갈 것을 강조하였으며, 낮잠 자는 것을 엄격히 경계하기도 하였다. 특히 그는 생각이 어지럽게 일어나 동요하는 마음을 거두어들여 안정시키는 '정심(定心)'으로 마음을 다스리는 과제에 세심한 주의를 기울이고 있는 것은 그 자신이 마음 속에서 분출하여 폭풍우치는 온갖 상념을 통제하여 마음의 평정을 얻고자 애쓰고 있음을 보여주는 것이라 하겠다. 나아가 한 가정의 모든 사람을 감화시키는데 자신의 정성을 다할 것을 다짐하고 있는 것은 그 자신의 가정에서 서모 때문에 생긴 불화를 해결해야겠다는 결의를 보여주는 것이라 보인다.

 강릉 외가에서 한해를 보내고 이듬해 21세때(1556) 봄에 서울로 돌아와 소과(小科) 과거시험인 한성시(漢城試)에 응시하여 책문(策文)을 시험 보았는데 장원으로 뽑혔다. 이때부터 과거시험에 응시하면서 벼슬에 나아갈 뜻을 가졌던 것으로 보인다. 22세때 가을에는 혼인을 하였고, 이듬해 23세때 봄에는 성주로 장인을 찾아갔다가 강릉 외가로 가는 길에 예안(禮安)으로 퇴계(退溪)선생을 찾아 뵙고 학문의 길을 묻기도 하였다. 25세때(1560) 동짓날 이 날이 태양의 운행도수가 쇠퇴과정에서 전환하여 소생과정으로 돌아오는 전환점임을 의식하면서, 밤이 깊도록 잠들지 않고 생각에 잠겼다. 이때 그는 자신을 성찰하며 다시 한 번 도를 실현하고 학문을 연마하는 길에 나서는 뜻을 확인하면서, 「지야서회(至夜書懷)」라는 한 수의 장시(長詩)로 회포를 읊었던 일이 있다.

<table>
<tr><td>스무 다섯해 동안,</td><td>二十五年間,</td></tr>
<tr><td>미혹의 꿈 속에 빠져 취했었네.</td><td>沈迷夢中醉,</td></tr>
<tr><td>어제의 잘못 되돌아 보니</td><td>追思昨者非,</td></tr>
<tr><td>놀랍고 두렵기만 하구나.</td><td>令人發驚悸,</td></tr>
<tr><td>나 이제 단호히 맹서하노니,</td><td>我今痛自誓,</td></tr>
<tr><td>하느님께서 응당 듣고 보시리라.</td><td>昊天應聽視.</td></tr>
<tr><td></td><td>「至夜書懷」</td></tr>
</table>

율곡이 이렇게 자신을 성찰하는데 엄격하고 과감하였던 것은 그 자신이 뜻을 세우고 지향하는 이상이 매우 높고 확실하였기 때문이다. 그는 이 시에서 '여색은 본성을 찍어내는 도끼(色爲伐性斧)'임을 지적하여 생각 속에 남겨두지 말 것을 다짐하고, '명성이란 실질에 따라오는 손님(名乃實之賓)'일 뿐임을 강조하여 문장만 일삼는 겉으로 흐르는 공부를 경계하였고, 외모가 엄숙하지 않으면 태만함이 모여들게 됨을 유의하면서, "의관을 반드시 단정히 하고/ 말은 신중하여 함부로 말아야지(衣冠必整飭, 言語愼勿費)"라고 다짐하였다. '속 마음을 한결같이 하고(中心專一)', '홀로 있음을 삼가며(愼獨)' 스스로 강건하여 쉬임없기(不息)를 다짐하며 '경(敬)'을 지키고 실현하는 '지경(持敬)'의 수양공부를 과제로 밝히고 있다. 또한 그는 "책임은 무겁고 길은 머니/ 의지(志)를 장수로 삼아야 하리라(任重且道遠, 要以志爲帥.〈「至夜書懷」〉)"라 하며, 굳은 의지와 확고한 신념으로 실천해갈 결의를 다짐하고 있다.

「자경문」과 「지야서회」는 유교에 돌아와 '도'에 뜻을 두면서 자신의 뜻을 세우는 '입지'(立志)를 거듭 분명하게 밝힌 것이다. 율곡은 『격몽요결(擊蒙要訣)』을 저술하면서도 그 첫머리에 '입지(立志)'를 내세우면서, "처음 배우는 이는 먼저 뜻을 세우되 반드시 성인(聖人)이 될 것을 스스로 기약해야 한다. 털끝만큼이라도 자신을 가볍게 여겨 물러나려는 생각을 가져서는 안 된다. 보통사람도 성인과 본성이 똑같다. 비록 기질에는 맑고 흐리거나 순수하고 뒤섞인 차이가 없을 수 없지만, 진실하게 알고 실지로 행하여 젖어든 옛 습관을 버리고, 본성을 회복할 수 있다면, 털끝만큼 더 보태지 않아도 온갖 선함이 다 갖추어져 있다. 보통사람이라 하여 어찌 성인이 될 것을 스스로 기약하지 않을 수 있겠는가. 그러므로 맹자가 성품이 선함을 말하면서 반드시 요(堯)·순(舜)을 일컬으면서, 실증하여 '사람이면 누구나 요·순처럼 될 수 있다'고 말했는데, 어찌 우리를 속인 것이겠는가〈『擊蒙要訣』〉"라 하였다.

성인이 되겠다고 뜻을 세우는 것이 누구나 성취할 수 있는 목표요, 누구나 지향해야할 과제임을 확인하면서, 이러한 '입지'의 한 모범을 율곡 자신이 보여주고 있는 것이다. 사실 율곡은 천재적 자질을 타고 났으면서, 스스로 잠시의 태만을 허용하지 않고 세심하게 성찰하고 끊임없이 자신을 다듬어갈 의지를 이처럼 확고하게 밝히고 있었으니, 그가 성취한 수준과 성과가 결코 가볍지 않았을 것임을 짐작할 수 있다.

율곡은 26세때(1561) 5월 부친 상(喪)을 당했다. 예법에 따라 거상(居喪)하였고, 선영(先塋: 坡州郡 斗文里 紫雲山下)에 앞서 돌아가신 모친과 합장하였으며, 28세때(1563) 가을에 탈상하였다. 그는 선영 부근에 조상의 묘소를 두고 있는 인근의 선비들과 함께 '풍수계(風樹契)'를 맺어 돌아가신 조상들이 같은 산에서 교유하듯 조상을 받드는 후손들끼리도 친목을 도모하기도 하였다〈「風樹契序」〉.

3. 퇴계를 찾아가 학문의 길을 묻다

율곡은 22세때 가을에 장가를 들었고, 이듬해 23세때(1558) 봄에 성주(星州)목사로 있던 장인을 찾아뵈러 성주에 갔다가 다시 외조모가 계신 강릉 외가로 길을 잡았다. 그가 갔던 길을 정확히 알 수는 없으나 예안(禮安: 현 安東郡 禮安面)을 거쳐 갔다.

나그네 길 나서서 봄이 절반을 지나는데	客路春將半,
역관을 지나자니 하루 해가 저무는구나.	郵亭日欲斜,
타고가는 나귀 어디서 죽을 먹여야하나	征驢何處秣,
연기 피어나는 그 너머 인가가 있네.	煙外有人家.
	「自星山向臨瀛」

봄날에 나귀를 타고 여러 날 먼 길을 가며 들과 산을 지나자면 만발한 꽃도 보이고 우짖는 새소리도 들리련마는 나그네 길에 나서 날자가 자꾸만 흘러가는 것에 조바심을 내고 있는지도 모르겠다. 그의 마음속

에는 읽어야할 책들과 생각해야할 문제들로 가득 차 있어서 신록의 풀 빛도 화사한 봄꽃도 눈에 들어오지 않고 가야할 길만 초조하게 재촉하 고 있었던 것 같기도 하다. 성주에서 강릉으로 가는 길목에는 안동이 있다. 그는 안동을 지나다가 잠시 퇴계선생을 뵙고 가려고 예안으로 찾아들었다. 이렇게 조선시대를 대표하는 두 거장이 한 자리에 처음 얼굴을 마주하게 되었다. 이때 도산서당(陶山書堂)은 아직 낙성되지 않 았을 때이니 아마 계상서당(溪上書堂)으로 찾아갔을 것이다. 율곡은 하 룻밤 머물고 지나갈 예정이었던 것 같은데, 마침 비가 와서 부득이 이 틀을 머물고서 떠났다 한다.

23세의 율곡이 퇴계선생을 처음 찾아 뵈었을 때, 퇴계는 58세로 당 대에 가장 명망 높은 원로 석학이었고, 율곡은 일찍부터 천재로 이름 을 떨치던 청년이었다. 율곡은 퇴계를 일부러 찾아갔던 것도 아니고 지나가던 길에 다소 가벼운 마음으로 들렀는지 모르지만, 퇴계는 율곡 의 영민한 재주와 학식에 깊이 감탄하고 무척 반겼던 모양이다. 이 자 리에서 퇴계는 수양론의 중심주제인 '한결같음을 주장으로 삼아 모든 변화에 대응한다(主一無適, 酬酢萬變)'라는 구절의 뜻을 묻기도 하고, '다리 살을 베어 어버이의 병을 치료하는 일'이 중용의 도에 맞는지 여 부를 토론하기도 했던 것 같다〈「연보초고」〉. 또한 율곡은 퇴계를 만난 자리에서 자신이 불교에 빠져 금강산에 입산(入山)했었던 사실까지 솔 직히 털어놓으면서, 그 과오를 깨닫고 유교의 가르침으로 돌아왔음을 밝혔으며, 퇴계에게 학문의 길을 물었던 것 같다. 이때 율곡은 시 한 수를 지어 퇴계에게 올렸다.

냇물은 수수(洙水)·사수(泗水)에서 갈라져 나왔고,　　　溪分洙泗派,

봉우리는 무이산(武夷山)에서 빼어났네.　　　峯秀武夷山,

공부는 천 권이나 되는 경전이요,　　　活計經千卷,

생활은 두어 칸 집뿐이라네.　　　生涯屋數間,

가슴은 개인 달처럼 열리고　　　襟懷開霽月,

담소함에 거친 물결도 그치는구나.　　　談笑止狂瀾,

소자(小子)는 도(道)를 듣고자 구함이요　　　小子求聞道,

반나절 여가를 취함이 아니오이다"非偸半日閒.

「過禮安謁退溪李先生…」

　이 시의 처음 네 구절은 퇴계의 학문이 공자와 주자의 도통(道統)을 이어받았음을 말하고, 생활은 곤궁하지만 학문은 드높이 쌓였음을 칭송하는 다소 인사치레의 말이라 할 수 있다. 그 뒤의 네 구절은 퇴계와 마주앉아 토론하면서 그 이론이 투명하고 판단이 정밀함에 감탄하고 있으며, 또한 자신이 찾아온 것은 한가로이 놀러온 것이 아니라 '도'를 듣고자 하는 것임을 진지하게 밝히고 있다. 퇴계도 율곡이 올린 시에 바로 화답하였다.

병든 나는 문닫고 살아 봄이 와도 몰랐는데,　　　病我牢關不見春,

그대 찾아와 열어주니 심신이 깨어나네.　　　公來披豁醒心神,

명성 높은데 헛된 선비 없는 줄 비로소 알았고,　　　始知名下無虛士,

근년에 몸단속 못한 게 부끄럽구려.　　　堪愧年前闕敬身.

<table>
<tr><td>

오곡은 돌피가 잘 익기를 용납 않으며

새로 닦은 거울은 티끌 안기를 허락 않네

실정에 벗어난 시구절 깎아 버릴 것이요

노력하고 공부하여 각자 스스로 새로워지세.

</td><td>

嘉穀莫容稊熟美,

遊塵不許鏡磨新,

過情詩語須刪去,

努力功夫各自親.

〈퇴계;「贈李叔獻」〉

</td></tr>
</table>

이 시의 처음 네 구절은 율곡이 찾아와 담소하고 문답하면서 자신의 가슴도 상쾌해진다는 기쁨을 말하고 청년 율곡의 명성이 결코 헛된 것이 아님을 확인하였다. 또한 노학자 퇴계는 자신의 학문이 진보하지 못함을 스스로 부끄럽게 여긴다고 겸허한 모습을 보여준다. 그 다음 네 구절은 학문과 수양에 전념하여 흠없이 향상해가도록 격려하였으며, 형식적인 칭송하는 말은 버리고 공부에 매진하면서 각자 학문과 수양을 향상시켜 보자고 따뜻하게 격려하는 말을 하고 있다.

퇴계가 율곡을 한번 보고 너무 사랑하자 곁에 있던 제자들이 약간 시샘이 났던가 보다. 율곡이 떠난 뒤에 어떤 제자가 율곡이 퇴계에게 올렸던 시를 가리키며 "그 사람이 이 시보다 못합니다"라고 말했다고 한다. 이 말을 듣자 퇴계는 그 자리에서 "아니다. 그 시가 그 사람만 못하다"라고 하여, 율곡의 재주와 인물에 대해 깊은 사랑과 기대를 보였다. 퇴계는 율곡이 떠난 뒤 제자 조목(月川 趙穆)에게 보낸 편지에서도 "(율곡이) 찾아 왔는데 그 사람됨이 명랑하고 시원스러우며 지식과 견문도 많고, 또 우리 학문에 뜻이 있으니 '후배가 두려워할만 하다(後生可畏)'는 옛 성인(공자)의 말씀이 참으로 나를 속이지 않는구려. 그가 문장(詞章)을 너무 숭상한다는 소문을 일찍이 들었기에, 조금 억제하려고 시를 짓지 말도록 하였소. (그가) 떠나 가던 날 아침에는 마침 눈이 내렸기에 시험삼아 시를 지으라고 했더니, '말에 의지하여 기다릴 만한(倚馬可待)' 옛 사람의 재주처럼 즉석에서 두어 편 시를 지었다오. 이 시를 평가한다면 그 사람만 못하다 하겠지만, 역시 볼만 하다오"라 하여, 율곡의 명석하고 해박한 학식과 민첩한 문장력에 감탄하면서, "후배가 두려워할만 하다"라고 한 공자의 말을 이끌어 극진한 칭찬을 아끼지 않았다.

율곡은 강릉으로 돌아간 뒤에 그 해에 퇴계에게 두 차례 편지와 시를 보내면서 『대학』의 해석에 관한 질문을 하였고, 퇴계도 답장과 시를 율곡에게 보냈다. 이때 율곡이 보낸 편지와 시는 전하지 않고 다만 질문한 내용만 전하지만, 퇴계가 보낸 답장과 함께 두 편의 시가 전하고 있다.

예부터 이 학문 세상은 놀라고 의심했는데	從來此學世驚疑,
이욕 쫓는 경전공부에 '도' 더욱 멀어졌네.	射利窮經道益離,
그대 홀로 끊어진 실마리 찾는데 감발되어	感子獨能尋墜緒,
남들이 말을 듣고 새 지식 알게 하네.	令人聞語發新知.

「李秀才 叔獻, 見訪溪上」

여기서 '이 학문'이란 바로 의리를 내세우고 이욕을 억제하는 도학이요 주자학이다. 그래서 도학을 주창하는 선비는 세상의 풍조에 어긋나 놀라움과 의심의 대상이 되어왔다. 그런데도 과거공부로 출세와 이욕을 쫓는 자들이 경전공부를 하면서 '도'는 더욱 은폐되고 말았다는 현실을 지적한 것이다. 여기서 퇴계는 율곡이 '도'의 진정한 실마리를 찾아내려는 굳은 의지를 칭찬하면서 사람들에게 바른 도리를 깨우쳐주기를 기대하고 있음을 밝히고 있다.

시골로 돌아온 후 갈 길 잃어 탄식하다가,　　　　　歸來自歎久迷方,
고요한 자리에서 틈바구니의 빛 겨우 엿보았네　　　靜處纔窺隙裏光,
그대 젊을 때 바른 길 따르도록 권하노니　　　　　勸子及時追正軌,
궁벽한 시골로 들어갔다 슬퍼하지 말게나.　　　　莫嗟行脚入窮鄕.

「贈李秀才叔獻」

이 시의 첫머리 두 구절은 퇴계 자신이 학문의 길을 가고자 벼슬을 버리고 시골에 돌아왔지만 길을 찾아가려고 오랫동안 애쓰면서 탄식하였다는 사실과 이제사 겨우 희미한 빛을 엿본 정도에 불과하다고 겸허하게 자신의 학문적 성취를 밝혔다. 이어서 다음 두 구절에서는 젊은 율곡에게 '도'를 찾아가는 학문의 바른 길을 가도록 권하면서 조정에 나가 높은 벼슬을 못하고 시골에 묻혀 있다고 슬퍼하지 말며 오로지 학문에만 힘쓸 것을 당부하고 있는 것이다.

이때 퇴계가 율곡에게 보낸 답장에서 보면, "그대는 나이 겨우 약관(弱冠: 스무살 정도)이고 뛰어난 재능이 이러하니 학문할 시기를 놓쳤다 할 수 없는데도 오히려 그렇게 말한 것은 어찌 배운 바가 어긋남이 있다고 배우지 못한 것과 같다고 여기는 것이 아니겠는가. 전날의 잘못을 깨달아 고칠 것을 생각하고, 또 궁리(窮理)와 거경(居敬)의 실지에 종사할 줄 아니, 허물을 고치는 데 용감하고 '도'에 나아감도 재빠르며 그 방향을 잃지 않았다고 할 수 있네"라고 하여, 율곡이 스스로 불교에 빠져 학문할 수 있는 때를 잃었다고 후회하는 말을 한데 대해, 퇴계가 율곡의 학문하는 자세가 정당하고 때를 잃은 것이 아님을 강조하여 율곡을 격려하고 있다. 퇴계는 율곡의 뛰어난 재주를 무척이나 아끼고 그에게 얼마나 큰 기대를 하고 있는지 절실하게 보여준다. 진정 율곡은 퇴계로부터 아낌없이 사랑과 기대와 격려를 받았던 것이다.

이 편지에서 퇴계는 정명도(程明道: 程顥)·장횡거(張橫渠: 張載)·주회암(朱晦庵: 朱熹) 같은 현인들도 처음에는 이단에 조금 출입함이 없지 않았다가, 얼마 후에 그 잘못을 깨닫고 정학(正學)으로 돌아왔던 사실을 지적하면서, "아! 천하의 큰 지혜와 큰 용기가 아니면 누가 도도한 물결에서 벗어나 참된 근원으로 되돌아갈 수 있겠는가. 전날 어떤 사람 말을 들으니 그대가 불교서적을 읽고 자못 중독되었다기에 마음으로 애석하게 여긴지 오래였네. 전번에 나를 찾아 와서 그 사실을 숨기지 않고 그 잘못을 말할 수 있었으며, 이제 두 차례 편지의 취지도 또 이러하니, 나는 그대가 함께 '도'에 돌아갈 수 있음을 알겠구려"라 하였다. 곧 퇴계는 율곡이 한때 이단인 불교에 빠졌으나 정학에로 돌아오는 자세가 확고함을 인정하고 함께 '도'에 나아갈 수 있는 학문적 동지로 따뜻하게 받아들여 격려하고 있다.

율곡이 편지로 질문한 항목 가운데, 퇴계가 율곡에게 제기하였던 "경(敬)이란 것은 주일무적(主一無適: 전일하여 적응함이 없음)이니, 만약 혹 사물이 한꺼번에 들이닥치면 어떻게 응접하겠는가?"라는 문제에 대해 율곡은 반복하여 궁구한 다음에, "주일무적이란 경(敬)의 요법(要法)이요, 온갖 변화에 대응하여 수작하는 것은 경의 활법(活法)입니다.

만약 사물에 대하여 낱낱이 궁리(窮理)하여 각각 그 당연한 법칙을 안다면, 그때 그때 사물에 응접하는 것이 마치 거울이 물건을 비추되 그 중심은 흔들리지 않는 것과 같아서 동서로 응답하지만 마음의 본체는 본래 그대로일 것입니다. 이것은 평소에 사리(事理)를 판단하여 처리하는 것이 분명하기 때문입니다"라고 의견을 제시하였다. 이에 대한 퇴계의 대답은 "주일무적과 온갖 변화에 대응 수작한다는 뜻을 논한 것은 매우 좋네.…그러나 오직 이 이치는 알기 어려운 것이 아니라, 행하기가 어려운 것이며, 또 행하기가 어려운 것이 아니라, 참으로 힘을 쌓아 오래할 수 있는 것이 더욱 어려운 일이네. 이것은 노쇠하고 옹졸한 나로서도 깊이 두려워하는 바이나, 또한 그대를 위해서도 두려워하지 아니할 수 없는 것이오"라 하여, 율곡의 투명한 통찰에 동의하면서도 경(敬)의 공부가 이론을 넘어서 실천이 어려운 것임을 깊이 일깨워 주고 있다.

또한 율곡은 퇴계에게 편지를 올려 자신의 출처(出處)에 대해 조언을 구하기도 하고, 『중용』과 『심경』 등에 대한 의문점을 제기하여 정밀하게 토론하기도 하였다. 특히 퇴계의 대표적 저술인 『성학십도』(聖學十圖)에 대해 의문점을 제기하여 토론을 벌이기도 하였다. 여기서 율곡은 정복심(林隱 程復心)의 「심학도」(心學圖)에 대해 여러 의문점을 제기하였고, 퇴계도 자세하게 해명하는 진지한 토론의 모습을 엿볼 수 있다. 나아가 퇴계는 원래 「심학도」 뒤에 「인설도(仁說圖)」를 두었는데, 율곡이 그 순서가 바뀌었다고 지적하자, 퇴계는 율곡의 견해를 동의하고 흔쾌히 받아들여 『성학십도』의 배열 순서를 수정하기도 하였다.

퇴계는 율곡보다 35년 연상이었으니 한 세대 차이가 있다. 퇴계가 임금의 부름을 받고 서울로 올라가 머무를 때마다 율곡은 여러 번 퇴계를 찾아가 만났고, 또 자주 편지왕래도 하면서 학문적이나 인간적으로 깊은 차원에서 교류를 하였다. 퇴계의 제자들 명단을 수록한『도산계문록(陶山溪門錄)』에는 율곡을 퇴계의 제자의 한 사람으로 등록하고 있다. 그러나 율곡을 퇴계의 제자로 볼 것인지 아닌지는 매우 애매하다. 직접 책을 들고가서 배운 일은 없으니 집지(執贄)의 제자라 할 수는 없다. 그렇지만 율곡이 퇴계를 존경하고 따르면서 만나거나 편지로 문답을 하였으니, 비록 '제자'라 보기는 어렵더라도 '종유(從遊)'하였다고 보는데는 무리가 없을 것 같다. 그런데 퇴계가 죽었을 때 율곡이 지은 제문(祭文)을 보면, "소자가 학문의 길을 잃어 방황하며 방향이 혼미하여, 사나운 말이 가시밭과 황무지로 마구 달리듯 했는데, 수레를 돌리고 길을 바꿀 수 있었던 것은 공(公)께서 실로 계발해 주신 것입니다. 시작은 했지만 마치지 못했으니 저의 무너짐이 서글픕니다. 공께서 벼슬에서 물러나시면 저도 벼슬을 사퇴하고서 스스로 책 궤짝을 메고 가서 학업을 마치기를 바랐사온데, 하늘이 남겨두려 하지 않아 철인(哲人)께서 갑자기 가시었습니다〈「祭退溪李先生文」〉"라고 하였다. '제문'이라 과장된 표현이 있겠지만, 율곡은 퇴계에게서 받은 학문적 은공을 잊지 않았고, 스승으로 모시며 배우고 싶었던 소망을 간직했던 사실을 밝히고 있다. 그렇다면 율곡은 분명 퇴계를 스승으로 따르고 존경하는 마음을 깊이 간직했던 것 같다. 아마도 '제자'와 '종유'의 중간쯤 되는 경우라 할 수 있을 것 같기도 하다.

율곡은 35세때(1570) 12월 퇴계의 부고(訃告)가 이르자, 위(位)를 만들고 곡하였으며, 소대(素帶)를 띠고 외실(外室)에서 거처하여 스승을 위한 심상(心喪)을 행하였고, 아우(李瑀)를 시켜 제문을 가지고 가서 치전(致奠)하도록 하였다. 율곡은 퇴계의 죽음을 애도하여 지은 만시(輓詩)에서도 간절한 그리움과 슬픔을 표현하고 있다.

…범이 떠나고 용도 사라져 사람 일 변했건만　　…虎逝龍亡人事變,

물결 돌리고 길 열으신 저서가 새롭구나.　　瀾回路闢簡編新,

남쪽 하늘 아득히 저승과 이승이 갈리니.　　南天渺渺幽明隔,

서해 물가에서 눈물 마르고 창자 끊어지네.　　淚盡腸摧西海濱.

「哭退溪先生」

율곡은 퇴계와 수양론의 '경'(敬)공부에 대해 토론을 하였고, 퇴계가 『성학십도(聖學十圖)』를 저술할 때에는 몇 군데 문제점을 지적하며 의견을 제시하였다. 퇴계도 흔쾌히 율곡의 조언을 받아들여 자신의 견해를 수정하였던 일도 있다. 그러나 율곡이 옛 유학자의 견해에 대해 일일이 문제점을 지적하여 비판하는 주장을 하자, "그대가 전후에 논변하는 것을 보니 번번이 옛 유학자의 이론을 파악할 때는 반드시 먼저 그 옳지 않은 점을 찾아서 깎고 배척하는데 힘써서 그가 다시 입을 떼지 못하게 한 다음에 그친다〈「答李叔獻」(5)〉"라 하여, 율곡의 논변이 비판에 치우쳐 있음을 준절히 꾸짖어 경계하였던 것이다. 바로 이 점에서 퇴계와 율곡의 학문방법과 태도에 차이가 벌어지는 것을 볼 수 있다. 논리적 정당성을 찾아 끝까지 비판적 분석을 추구해가는 율곡의 합리적 학문자세와 다각적으로 이해를 추구하여 진실한 의미를 찾아내고 인격적 실현을 추구해가는 퇴계의 실천적 학문자세가 구별될 수

있다.

이처럼 퇴계와 율곡이 보여준 학문적 관심의 초점은 퇴계가 '수양론'에 두고 있다면 율곡은 '경세론'에 두고 있는 것으로 차이를 드러내준다. 뿐만 아니라 성리설에서도 퇴계는 '이치(理)'와 '기질(氣)'을 분별하여 혼동할 수 없음을 강조하여 '이원론'의 경향을 보이는데, 율곡은 '이치'와 '기질'은 서로 떠날 수 없다는 일치성을 강조하여 '일원론'의 경향을 보여주는 것으로, 조선시대 성리학논쟁의 두 축을 이루었던 것이 사실이다. 이러한 차이는 퇴계가 선비들이 집권세력에 의해 탄압을 받는 사화(士禍)시대를 살았다면, 율곡은 선비들이 정권을 주도하는 '사림정치(士林政治)'시대를 살았던 시대배경과도 긴밀하게 연결되는 것으로 보인다. 시대가 달라지면 그 시대에 대응하는 논리가 달라질 수 있고, 바로 이 점에서 퇴계와 율곡의 철학이 달라지고 차이를 드러내었던 것으로 볼 수 있다. 그렇다면 우리는 퇴계와 율곡의 성리설이 보여주는 두 철학적 관점에서 어느 쪽이 옳은지를 따지는 파당적 관심에서 벗어나, 두 눈을 뜨고 사물을 바라보듯이 세상을 내다보고 인간을 들여다보는 두 가지 시야로서 퇴계와 율곡의 철학을 함께 받아들이고 활용할 수 있는 지혜가 필요한 것이 아니겠는가?

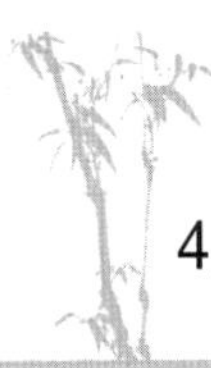

4. 과거시험마다 장원하다

율곡은 13세때 소과 진사시(進士試)에 합격하였던 일이 있었는데, 21세때(1556) 다시 소과 초시인 한성시(漢城試)에서 책문(策文)으로 시험을 보았을 때 장원으로 뽑혔다. 이때부터 그의 천재적 재능이 과거시험에서 유감없이 발휘되었다.

23세때(1558) 예안으로 퇴계선생을 찾아 뵙고 강릉 외가에 갔다가 돌아와 그해 겨울 별시(別試)에 또 장원으로 뽑혔다. 이때 답안으로 제출했던 것이 「천도책(天道策)」이다. 당시 고관(考官)이었던 정사룡(鄭士龍)·양응정(梁應鼎) 등은 율곡의 대책문(對策文)을 읽고나서, "우리들은 며칠동안 생각해서 비로소 이렇게 문제를 낼 수 있었는데, 이이(李珥)는 짧은 시간에 쓴 대책(對策)이 이와 같으니 참으로 천재이다〈「연보」〉"라고 감탄하였다 한다. 또한 뒷날 율곡이 47세때(1582) 의정부 우찬성(議政府右贊成: 종1품)에 올랐고, 그해 10월 원접사(遠接使)로서 명나라 사신 황홍헌(黃洪憲)과 왕경민(王敬民)을 접대하는 임무를 맡아 의주(義州) 압록강변의 의순관(義順館)에서 사신을 맞이하였을 때 명나라 사신이 율곡을 가리키며 "이 사람이 「천도책」을 지은 분이냐"고 물었던 일이 있었다 한다〈「연보」〉. 그것은 소과시험의 답안으로 작성한 율곡의 「천도책」이 명나라에도 알려졌다는 사실을 말해주는 것이다[5].

「천도책」에서는 자연현상으로서 일·월의 운행과 일식·월식의 현상을 비롯하여, 오성(五星)이 위(緯)가 되고 여러 별이 경(經)이 되는 이유와 경성(景星: 상서로운 별)과 혜패(彗孛: 상서롭지 못한 별)가 나타나는 때와, '만물의 정기(精氣)가 올라가서 별이 된다'는 설의 근거를 묻고, 바람·구름·안개·우레·벼락·서리·이슬·비·우박의 현상을 물었으며, 눈꽃(雪花)이 여섯 잎인 이유를 물었다. 또 만상(萬象)에서 보통의 도리에 어긋나는 것은 하늘의 기운이 어그러진 때문인지 사람의 일이 잘못되었기 때문인지를 묻고, 어떻게 하면 일식과 월식이 없고 별이 제자리를 잃지 않으며, 우레와 벼락이 치지 않고 서리가 여름에 내리지 않으며, 눈이 너무 많이 내리지 않고 우박이 재앙이 되지 않으며, 풍해와 수해가 없이 질서에 순응하고 천지가 안정되어 만물이 육성될 수 있는지를 물었다. 이 책문(策問)에 대한 율곡의 답안인 대책(對策)에서는 "온갖 조화(造化)의 근본은 오직 음·양(陰陽)뿐이다. 이 '기(氣)'가 활동하면 '양'이 되고 고요하면 '음'이 된다. 한 번 활동하고 한

---

5 율곡이 작성한 대책(對策)으로서 『율곡전서』 속에 「역수책(易數策)」·「천도책(天道策)」·「공로책(貢路策)」·「문무책(文武策)」·「사생귀신책(死生鬼神策)」·「군정책(軍政策)」·「신선책(神仙策)」·「기도책(祈禱策)」·「절서책(節序策)」·「수요책(壽夭策)」·「시폐칠조책(時弊七條策)」·「의약책(醫藥策)」·「천도인사책(天道人事策)」·「성책(誠策)」·「화책(化策)」·「문책(文策)」의 16편이 수록되어 있지만, 모두가 과거시험의 답안은 아닌 것으로 보이며, 「천도책」을 제외하고는 어느 것이 어떤 과거시험의 답안인지를 확인하기가 어렵다.

번 고요한 것은 '기'요, 활동하게 하고 고요하게 하는 것은 '리(理)'이다"
라 하여, 모든 자연현상을 음·양의 '기'와 '기'를 주재하는 '리'의 작용으
로 보는 성리학의 이기론에 따라 해석하고 있다. 곧 음·양의 '기'가 조
화로우면 자연현상은 모두 절도를 잃지 않고, 음·양이 조화롭지 못하
면 자연현상의 운행이 절도와 때를 잃어서, 바람·구름·우레·번개는
다 괴이한 '기'에서 나오는 것이라 한다. 여기서 그는 "사람은 천·지의
마음이라, 사람의 마음이 바르면 천·지의 마음도 바르고, 사람의 '기'
가 순하면 천·지의 '기'도 순한 것이다"라 하여, 자연현상으로서 천도
의 운행에는 인간의 도덕성이 참여할 수 있다는 천인합일론의 이론을
끌어들이고 있다. 따라서 옛 역사의 기록을 근거로 "재앙과 변괴는 덕
을 닦는 치세(治世)에는 나타나지 않고, 일식과 월식의 이변은 다 말세
의 쇠퇴한 정치에서 나왔으니, 하늘과 사람이 서로 합하는 것을 여기
에서 알 수 있다"고 주장하였다. 또한 하늘과 땅이 제자리를 잡고, 만
물이 육성되는 도리에 대해, "임금은 그 마음을 바르게 함으로써 조정
을 바르게 하고, 조정을 바르게 함으로써 사방을 바르게 하여야 하니,
사방이 바르면 천지의 기운도 바르다"는 말을 끌어들여, "천지가 안정
되고 만물이 육성하는 것은 어찌 임금 한 사람이 덕을 닦는 데 달려 있
다고 하지 않을 수 있겠는가"라 하여, 임금이 덕을 닦음으로써 세상을
바르게 다스릴 뿐만 아니라 자연질서도 조화로움을 확보할 수 있음을
강조하였다.

『율곡전서』의 기록에서는 찾아볼 수 없지만, 퇴계가 율곡에게 보낸
답장에 "옛 사람이 이르기를 '소년이 과거에 오르는 것은 하나의 불행
이다'라 했는데, 그대가 이번 과거에 실패한 것은 아마도 하늘이 크게

성취하도록 하는 까닭인 듯 하네〈「答李叔獻(2)」〉"라고 언급한 구절이 있는 것으로 보면, 율곡이 23세 이후에 한 번 과거시험에서 실패했던 일도 있었던 것으로 보인다.

율곡은 26세때(1561) 5월 부친의 상을 당하였고, 28세때(1563) 가을에 탈상하였다. 29세때(1564) 7월에는 이미 소과(小科: 監試)의 생원시(生員試)와 진사시(進士試)에 모두 장원으로 합격한 상태였다. 소과시험을 치루었을 때 당시 시험관(考官)이었던 유홍(兪泓)이 율곡을 장원으로 뽑으려 하자, 시험관 가운데 어떤 사람은 젊어서 선(禪)을 배운 것을 혐의로 삼았는데, 이때 유홍은, "학문에 처음 나아갔을 때의 과오는 정자·주자도 면하지 못한 것이다. 이제 그는 이미 정도(正道)로 돌아왔는데, 또 무엇을 허물하랴"고 적극 변호하여 장원으로 결정될 수 있었다 한다〈張維, 『谿谷集』〉. 그해 8월에는 명경과(明經科) 곧 대과(大科)에도 장원으로 급제하여, 호조 좌랑(戶曹佐郎: 정6품)의 벼슬을 제수받았다.

그는 전후 과거시험에 모두 아홉 번 장원을 차지하였다고 하는데, 합격자를 발표하던(唱榜) 날에 거리에서 아이들은 율곡이 타고 가는 말을 둘러싸고 '아홉 번 장원한 분(九度壯元公)'이라 일컬었다고 한다. 그러나 조선시대의 과거제도에서는 소과의 생원시와 진사시가 각각 초시(初試)와 복시(覆試: 會試)가 있으니 모두 네 번의 시험이 있고, 대과에 초시·복시·전시(殿試)의 세 번 시험이 있으니 모두 장원하였다 하더라도 일곱 번 장원하는 정도이다. '아홉 번 장원(九度壯元)'이라는 말은 시험마다 모두 장원하였다는 뜻으로 볼 수 있을 것이다. 어떻던 율곡의 천재성은 가장 먼저 과거시험을 통해 세상에 드러났던 것이 사실이다.

율곡이 대과에 장원으로 합격하자 뛰어난 재주의 명성이 명종(明宗) 임금에게도 들려, 임금은 그를 대궐로 불러 들여 「석갈등룡문(釋褐登龍門)」이라는 제목으로 30운(韻)의 시를 짓도록 하였다. 이때 그는 그 자리에서 바로 시를 지어 올렸고, 임금은 크게 칭찬하고서 후하게 상을 내려주었다. 60행의 장시(長詩)인 「석갈등룡문」에서 몇구절을 뽑아 인용해보면 다음과 같다.

…관록 구함이 어찌 잘 먹고 살자는 것이랴,	…干祿豈懷求餔啜,
미약한 재주나마 임금님 보필하길 바람일세.	補天深願效埃涓,
깊은 계곡에 임한 듯 조심하고,	競競怳若臨深谷,
큰 냇물 건너듯 두려워해야지.	戰戰茫如涉大川,
궁궐에선 가슴에 품은 생각 다 밝히며	閶闔可能呈肺腑,
올리는 말씀 하늘에 까지 알리고자 하네.	皐音冀得徹穹玄,
…비와 이슬의 혜택 빈궁한 민가 널리 적시고,	…雨露普霑圭蓽戶,
광명은 화려한 자리만 비추지는 말아야 하며,	光明莫照綺羅筵,
제왕의 사업 한없는 백성 사랑이 가장 중하고,	盈成最是無疆恤,
임금의 큰 덕 중단 없이 하늘을 따라야 하네.	廣運宜追不息乾,
…거리마다 임금님 덕 노래하길 원하노니,	…願效康衢歌帝則,
태평성대의 노래 소리 어찌 큰 문장 기다리랴.	頌聲奚待筆如椽.

「釋褐登龍門」

이 시에서 율곡은 먼저 신하로서의 도리를 제시하여, 자신이 벼슬에 나아가는 뜻이 자기 한 몸의 부귀영화에 있지 않고 임금을 보필하여 치도를 실현해보는데 있음을 밝히고 있다. 또한 그는 벼슬에 임하는 자세로서 매사에 삼가고 신중하게 행동할 것을 다짐하면서, 대궐에 나가 자신의 품은 생각을 임금님께 모두 밝히겠으며, 자신이 임금님께 올리는 말씀은 당당한 도리로 하늘에 까지 사무치도록 하겠다는 결의를 보여준다. 다음으로 그는 군왕의 법도를 제시하여, 임금의 은택이 빈곤한 백성에 까지 두루 미치게 할 것이고 고귀한 신분에만 빛이 비치는 일이 있어서는 안되는 것임을 강조하고, 임금의 사업은 백성들을 끝없이 사랑하는 마음으로 실현되어야 하며, 임금의 덕은 하늘의 도리를 따라야 하는 것임을 지적하였다. 끝으로 태평성대를 이루어 거리에서는 임금의 덕을 찬양하는 노래소리가 울려퍼지는 세상을 바라면서, 태평한 시대가 온다면 백성들의 가슴에서 찬미하는 노래가 퍼져나와 교묘한 재주와 문장으로 글을 짓는 일이 필요없을 것이라 하여, 아름답게 꾸며낸 말 보다 실지의 이상적 정치를 이루는 일이 중요함을 거듭 강조하고 있는 것이다. 이 시를 통해 율곡은 나라를 다스리는 치도(治道)의 실현에서 신하의 도리와 임금의 도리를 간결하고도 힘있게 역설하였던 것이다.

5. 선배들을 따르며

율곡은 책상 앞에만 붙어 있는 학자가 아니라, 활발하게 사방으로 선배를 찾아가고 친구를 사귀는 활달한 성격을 보여주는 인물이다. 먼저 그가 선배들을 찾아 종유(從遊)하였던 경우를 살펴보자. 율곡은 23세때(1558) 이미 63세의 노인인 임억령(石川 林億齡, 1496~1568)을 만나 시를 화답하였던 일이 있다. 임억령은 박상(訥齋 朴祥)의 문인으로 지조가 높고 문장이 뛰어나 그 시대에 명망이 높았던 인물이다.

석천은 고풍스런 은둔한 선비인데,	石川古遺士,
붓 끝에서는 비 바람 몰아치네.	風雨生揮筆,
탈속하고 청신함을	俊逸與淸新,
공께서 이제 하나로 합치셨네.	公今合爲一,
흥이 일면 종이 백 장 다 시를 지어	興來百紙盡,
잠간 사이 책 한 권을 이룬다네.	倏忽成卷帙,
소자의 재주 부끄러워라	小子才可愧,

공의 마루와 방안 엿볼 수 없구나.　　　　　不能窺堂室,

한 자리에서 직접 가르침 받으니,　　　　　一席得親炙,

같은 시대 태어나 참으로 다행이네.　　　　何幸同時出,

평생에 무릎 꿇지 않았는데　　　　　　　　平生不屈膝,

오늘에야 공 앞에 무릎 꿇는다오.　　　　　今日爲公屈.

「次林石川(億齡)韻」

율곡은 시인으로서 임억령의 탁월한 역량에 깊이 감복되었던 것 같다. 임억령의 시가 지닌 탁월한 탈속적 분위기와 투명하고 신선한 의식에 감탄하고 또 비 바람 몰아치듯 신속한 필력에도 감탄하고 있으며, 나아가 임억령의 시의 세계를 엿볼 수 없다는 자신의 한계를 분명하게 인식하여 밝히고 있다. 따라서 그는 임억령과 같은 시대에 태어나고 한 자리에 앉아 시를 화답하며 가르침을 받는 것에 큰 행복감을 느꼈다는 사실과 그 자신이 자부심이 강해 누구에게도 무릎을 굽히지 않았었지만 임억령의 앞에서는 무릎을 꿇지 않을 수 없는 사실을 고백하고 있는 것이다. 또한 율곡이 임억령에게 올린 시도 한 편 남아 있다.

차 끓이는 불 잦아들자 솔 바람소리 고요하고,　　茶鼎火殘松籟靜,

대나무 교자 타고 지나는 귤 숲이 그윽하구나.　　竹輿行穩橘林幽,

구름은 신록 봄 산 참모습 찾아다니는 나막신 뒤따르고,

雲隨芲嶽尋眞屐,

달은 물고기 노는 시내에서 방문객의 배를 전송하네.

月送魚川訪客舟.

「寄呈石川」

　여기서도 율곡은 임억령의 은거생활을 아름답게 예찬하면서, 멀리 해남(海南)에서 은둔하고 있는 그에게 산수를 노래하며 회포를 읊은 시를 한 편 보내주기를 간청하기도 하였다.

　또한 율곡은 23세때 장인을 찾아뵈러 성주(星州)에 갔을 때, 그곳에 유배와 있던 65세의 원로 학자인 이문건(默齋 李文楗, 1494~1567)을 만나 시를 화답했던 일이 있다. 이문건은 조광조(靜菴 趙光祖)의 문인으로 기묘사화 이후 낙안(현 全南 昇州군 樂安면)으로 유배갔다가 풀려나 벼슬길에 나갔지만, 다시 을사사화때 성주에 유배와서 이곳에서 생을 마쳤는데, 그는 경학에 밝고 문장에 뛰어난 인물이었다.

생계는 남 따라가나 모두 순조롭지 않지만,	活計從他百不諧,
천명 즐기니 누가 때를 못만났다 탄식하랴.	樂天誰復歎時乖,
남곽자기 불꺼진 마음 비로소 기교 그치고,	灰心南郭機初息,
장자가 입 다물자 말의 맛 더욱 아름답구나.	合喙莊生味轉佳,
옥 거문고 곡조에 옛 의미 담겨 있고,	玉軫曲中含古意,
구름 비낀 창가 잠들자 갈천씨 세상 꿈꾸네.	雲窓睡裏夢無懷,
깊은 침묵 속의 천둥 사람들 알기 어려우니,	雷聲淵默人難會,
선생더러 서재만 지킨다 말하지 마소.	莫道先生但守齋.

「次李承旨(文楗)默齋吟韻」

율곡은 이문건을 만나보고 천명을 즐거워하는 그 정신의 고결하고 꾸밈 없음에 깊은 인상을 받았던 것 같다. 그래서 『장자(莊子)』「제물론(齊物論)」편에서 남곽자기(南郭子綦)의 모습이 말라죽은 나무(槁木)와 같고 마음은 불꺼진 재(死灰)와 같은 경지를 설명한 우화까지 인용하면서 깊은 고요함 속에 천지를 울리는 천둥이 감추어져 있는 것처럼, 유배죄인으로 책상머리를 벗어나지 못하지만 그 가슴 속에는 천하를 생각하는 포부를 지니고 있음을 확인하고 있다.

그는 이문건 이외에도 조광조의 여러 문인들을 선배 도학자로서 따랐던 것으로 보인다. 곧 홍섬(忍齋 洪暹. 1504~1585)의 시에 차운하여 읊었다.

솔 그늘 산 그림자 난간에 가득 시원한데,	松陰峯影滿軒凉,
샘물 소리 졸졸 굽은 연못으로 흘러드네.	泉語玲瓏下曲塘,
붉게 물든 낙엽 속 산길은 가늘고,	木脫猩紅山逕瘦,
나물 국 순채 반찬 손님 밥상 향기롭구나.	羹和錦帶客盤香.

「次洪忍齋(暹)淳熙院韻」

율곡은 초야에 묻혀 사는 홍섬의 집을 찾아가 그 정갈한 삶의 모습을 예찬하고 있다. 또한 41세때(1576) 홍봉세(洪奉世, 1498~1575)의 죽음에 지은 만사(輓詞)에서도 그 학덕을 칭송하면서 오랜 병석에서 고생하였던 사실을 안타까워 했다.

높은 재덕에 선배로 추대되고,	大雅推先輩,
은미한 말씀 옛 경전 연구하였네.	微言鑽古經,
명성은 한 시대에 높았지만,	聲名尊一代,
병환으로 삼 년이나 신음했네.	藥餌涉三齡.

「挽洪判決事(奉世)」

25세때(1560) 파주에서 친우 성혼(牛溪 成渾)의 부친인 68세의 성수침(聽松 成守琛, 1493~1564)을 찾아 뵙고 시를 지어 올렸던 일이 있다. 성수침도 조광조의 문인으로 기묘사화 이후 은거하였던 선비로서 도학의 학풍을 지켰던 인물이다.

고요한 가운데 평생을 만족하고,	靜裏生涯足,
인간세상 일이야 듣지도 않네.	人閒事不聞,
세속으로 나가는 길 잡초가 봉해버렸고,	草封趨俗路,
처마엔 산에서 내려온 구름 묵고 있네.	簷宿下山雲,
고요하든 활동하든 아침에 『주역』 읽고,	動靜朝看易,
나가든 머물든, 대낮에도 대문 닫았네.	行藏晝掩門,
손님 오면 무엇을 얻은 듯 기뻐하나,	客來欣所得,
맑은 담화는 나의 혼미함 깨뜨려 주네.	淸話破吾昏.

「坡山奉呈聽松成先生(守琛)

세상을 돌아보지 않고 은둔생활을 하는 도학자의 고요하고 정갈한 생활모습을 생생하게 그려내고 있다. 그러면서도 이처럼 은거생활을 하는 도학자의 침잠된 학문과 사색에서 나오는 맑은 담화가 오히려 자신의 의식에 깊은 깨우침을 주고 있음을 보여주기도 한다. 그는 가장 가까운 친구의 아버지이기도 한 성수침을 몹시 존경했던가 보다. 그가 29세때(1564) 성수침이 죽자 빈소에 찾아가 곡하면서 올린 시에서도 애도하는 마음을 극진하게 표현하고 있다.

산악의 정기 길러낸 큰 인물 당당하여,	嶽精偏毓碩人頎,
이에 온 유림의 본보기 되셨네.	坐使儒林仰羽儀,
평생 장부의 눈물 다 쏟으니,	滴盡平生壯夫淚,
이 자리 아니면 누구를 위해 통곡하리.	非斯爲慟爲伊誰.
	「哭聽松成先生」

율곡은 성수침을 위해 제문(祭文)을 지었고 또 뒤에 행장(行狀)도 지었다. 여기서 그는 성수침의 학문을 서술하면서, "자신을 반성하여 자신에게 절실한 것을 힘썼고 '성(誠)'을 주로 삼아 일찍이 함부로 남에게 말한 적이 없었다. 일찍이 학자들에게 말하기를, '도(道)란 큰 길과 같고 성현의 가르침은 해나 별처럼 환하게 비추니 알기가 어려운 것이 아니라 힘써 행하여 그 아는 것을 실천하는 것이 중요하다. 말만 하는 학문은 아무 소용이 없는 것이다'라 하였다(「聽松成先生行狀」)"고 소개하였다. 그 인품의 성실함과 실천을 중시하는 학문의 성격을 간명하게 밝혀주고 있는 것이다. 또한 조광조와 함께 활동하던 신광한(企齋 申光

漢, 1484~1555)과 문충당(文忠堂: 개성 선죽교 위쪽에 정몽주와 서경덕을 추모하기 위해 1573년 세운 건물. 1575년 崧陽書院으로 사액받음)에서 연회가 베풀어졌을 때 만나 신광한의 시에 차운하기도 하였다.

율곡은 조정에 나가 벼슬하는 동안 서경덕(花潭 徐敬德)의 문인으로 영의정에 올랐던 박순(思菴 朴淳, 1523~1589)을 존경하고 따랐다. 율곡이 34세때(1569) 홍문관 교리(校理)로 있었는데, 당시 박순은 이조판서에 제수되었으나 여러 차례 사양하고 나오지 않았다. 이때 율곡은 박순에게 벼슬에 나오기를 권하면서, "지금 시국의 형세는 마땅히 지조가 맑은 선비를 널리 모아 대중을 고요히 진정시키고 힘써 뜻을 성실하게 하기를 쌓아가서 임금의 마음을 감동시켜야 하니, 관리를 선발하는 임무는 세간의 평범한 인물에게 맡겨서는 안됩니다. 공이 만약 굳이 사양하여 소인이 칼자루를 쥐게 한다면 이는 공이 나라를 그르치는 것입니다"라고 하니, 박순도 율곡의 말을 따라 벼슬에 나왔다 한다.

율곡은 41세때(1576) 물러날 뜻을 굳히고 고향 율곡촌으로 돌아갔는데, 박순은 평소 경연(經筵)에서 율곡을 크게 등용할 인물이라 추천해 왔고, 이때에도 율곡의 물러남을 허락하지 말도록 간청하였다. 그러나 선조임금은 "이 사람(율곡)은 남달리 뜻이 높고 또 나를 섬기고자 않는데, 내가 어찌 억지로 만류하겠는가. 예로부터 은퇴를 허락하여 그 뜻을 이루게 한 일이 많다. 또 가의(賈誼)는 글을 읽어 말만 잘할 뿐, 실로 쓸 만한 인재가 아니었다"라고 하여, 율곡이 물러나려는 뜻을 만류하려는 태도를 보이지 않았던 일이 있다. 선조임금은 율곡의 인물됨을 제대로 알아보지 못하여, 뜻만 높고 말만 잘하는 인물이라 여겼지만,

박순은 율곡을 특히 각별하게 아꼈으며, 율곡이 고향으로 돌아갈 때 전별하는 시를 주고 받기도 하였다.

박순은 서경덕의 기(氣)철학을 계승하여 율곡의 이(理)철학과는 기본입장에 큰 차이가 있었다. 율곡이 40세때(1575) 박순과 성리설의 토론을 벌였는데, 박순이 ‘담박하고 한결같으며 텅비나 밝은 기운(澹一虛明之氣)’을 우주의 근원적 존재로 제시하자, 율곡은 이 ‘기’에 대해 “만약 ‘음’이라면 ‘음’의 앞은 또 ‘양’이요, 만약 ‘양’이라면 ‘양’의 앞은 또 ‘음’이니, 어찌 ‘기’의 시초가 될 수 있겠습니까. 만약 ‘음’도 아니요, ‘양’도 아닌 어떤 ‘기’가 따로 있어 그 ‘음·양’을 관리 한다고 한다면, 이러한 기괴한 말은 일찌기 경전 속에서 본 일이 없습니다”라 하여, ‘기’는 ‘음’이거나 ‘양’의 상태요, 결코 ‘음·양’을 넘어선 근원의 ‘기’가 별도로 있을 수 없음을 강조하였다. 또한 박순이 ‘텅비고 고요하여 아무 조짐이 없다(冲漠無眹)’고 말한 것에 대해, “‘리(理)’를 가리켜 말한 것이니, ‘리’에서 ‘기’를 구한다면 텅비고 고요한 가운데 아무 조짐이 없지만 온갖 형상이 빽빽한 것이요, ‘기’에서 ‘리’를 구한다면 한 번 ‘음’이 되고 한 번 ‘양’이 되는 것을 ‘도(道)’라고 하는 것입니다. 비록 이렇게 말하더라도 실지는 ‘리’가 홀로 서서 텅비고 고요하며 ‘음·양’이 없는 때가 없습니다〈「答朴和叔(淳)」(1)〉”라 하여, ‘리’도 음·양의 ‘기’를 떠나서 홀로 성립할 수 없는 것임을 밝혀, 본질적으로는 ‘리’를 궁극존재로 확인하면서도 현실적으로는 언제나 ‘리’와 ‘기’는 동시적 존재임을 밝히고 있는 것이다. 여기서 그는 박순의 스승인 서경덕의 ‘기철학’이 지닌 문제점을 지적하여, “서화담의 공부가 깊지 않은 것이 아니지만, 다만 생각함이 지나쳐서 도리어 ‘기’를 ‘음·양’의 근본으로 삼으니, 마침내 한 쪽

편에 집착하는데로 귀결되어, '이'와 '기'를 혼잡시키고 분별하지 않아서 성현의 뜻에 오묘하게 부합할 수 없으니, 어찌 아쉽지 않겠습니까?"〈「答朴和叔」(3)〉라 하였다. 당시 장횡거·소강절의 계열에 속하는 '기철학'을 전개한 서경덕의 학설에 대해 주자학의 입장에 따라 비판하여, 우주의 근원으로서 '기'와 더불어 '리'의 존재를 분명하게 확인하고 있는 것이다.

영남 함양(咸陽) 사람인 양희(九拙菴 梁喜, 1515~1580)는 율곡과 함께 조정에서 벼슬을 했었는데, 그는 성품(性)·모습(貌)·언어(言)·문장(文)·활쏘기(射)·벼슬(官)·붕우와 교유(與朋友交)·지산을 위한 도모(爲身謀)·자손을 위한 계책(爲子孫計)의 아홉가지 일에서 교묘함을 버리고 졸렬함을 추구한다는 뜻으로 고향집의 현판을 '구졸암(九拙菴)'이라 하고 자신의 호를 삼았다. 아마도 수령으로 나갔다가 서울로 올라가던 양희는 21세나 젊은 율곡을 시골집으로 찾아갔고, 율곡은 양희의 '구졸암'을 예찬하는 제시(題詩)로 42행의 긴 시를 지었다.

큰 질박함 흩어져 교묘함 생기니,	大朴散生巧,
졸렬함은 만물의 시초가 되네.	拙乃物之初,
어른께서 이미 '도'를 들었으니,	使君已聞道,
자신을 닦음에 항시 여유로웠네.	自修恒有餘,
…언제나 어르신 곁에 모시고,	…何當陪杖屨,
구름 비낀 창가에서 하룻밤 묵어볼까.	一宿雲窓虛.

「題九拙菴, 上梁明府(喜)」

　여기서 그는 양희의 소탈한 인품과 질박한 삶의 모습을 생생하게 그려 보여주고 자신의 존경하는 마음을 밝히고 있다.

　안자유(安自裕, 1517~1588)는 율곡보다 19세나 위였지만, 율곡이 37세때(1572) 안자유는 사신으로 명나라를 가는 길에 율곡의 시골집을 찾아와 강가의 누각에서 작별하는 시를 주고받았다. 율곡은 해주 석담(石潭)에 있을 때, 황해감사로 와 있던 안자유와 자주 만났고, 안자유가 임기를 마치고 서울로 올라갈 때는 작별을 아쉬워하는 시를 지어 보내기도 하였다.

바닷가 떠도는 나그네들 서로 만나,	海國萍蹤會,
자주 좋은 자리를 마련했었지.	頻開選勝筵,
서로 이별도 원래 운수가 있으니,	相分元有數,
한 번 만나봄도 하늘에 달렸다네.…	一見亦由天,
임금님 곁으로 그대 홀로 떠나고,	日邊君獨去,
산에 사는 사람 외롭게 수심에 잠기네.	山客耿孤惘.

「聞監司季弘辭遞…」

　율곡은 당시 좌의정으로 성리학에서도 명망이 높은 학자였던 노수신(蘇齋 盧守愼, 1515~1590)에게 시를 지어올린 것을 보면, 오랜 세월 동안 편지를 주고 받으며 교류했던 사이요, 멀리 떨어져 있어도 흉금을 열고 대화를 하는 사이였음을 보여준다.

좌상(左相)을 우러러 사모했는데,	仰止中台座,
이별한 뒤 세월이 쌓였다네.	分離歲月深,
풍상 따라 옥체도 늙어갔고,	風霜老琪樹,
좋은 말씀 전하던 편지도 뜸했네.…	魚雁閒徽音,…
누가 나아감과 물러남 다르다 했나,	誰言出處異,
천 리 떨어져도 서로 흉금 열었네.	千里兩開襟.

「寄上盧蘇齋(守愼)」

6. 평생의 벗
—성혼(成渾) · 정철(鄭澈) · 송익필(宋翼弼)

율곡은 그 시대를 대표하는 여러 인물들과 폭넓게 사귀어 깊은 우정을 쌓아갔다. 이렇게 율곡이 사귀었던 벗들로 걸출한 인물들이 많았다. 율곡의 벗 가운데 가장 가까웠고 중요한 세 인물을 꼽는다면 성혼(牛溪 成渾)과 정철(松江 鄭澈), 및 송익필(龜峯 宋翼弼)을 들 수 있다. 이 네 사람은 한 덩어리처럼 깊은 우정으로 맺어진 사이였으며, 언제나 그 중심에 율곡이 자리잡고 있었다.

(1) 성혼(牛溪 成渾, 1535~1598)

먼저 성혼과 율곡은 19세때 서로 만나보고 깊이 신뢰하여 '도덕과 의리로 맺은 친교'(道義之交)를 이루었다. 어떤 계기로 언제부터 서로 만났는지는 알 수 없지만 율곡과 성혼은 모두 파주에 살아 서로 거리가 멀지 않았으며, 성혼의 부친은 당대에 명망높은 학자였으니 서로 만날 기회를 얻기는 어렵지 않았을 것이다. 성혼은 율곡보다 나이가 한 살 많았지만, 처음 율곡을 만나보고 그 학문의 탁월한 견해에 감탄하여 율곡을 스승으로 모시겠다고 했었다 한다. 율곡이 굳이 사양하여 친우가 되고, 서로 성현을 이루기를 기약하여 끝내 흔들림이 없었다〈「연보」〉. 율곡의 탁월함을 드러내는 이야기이지만, 성혼의 겸허한 자세를 보여주는 것이기도 하다. 율곡도 성혼과 자신을 비교하면서, "만약 견해가 도달한 경지를 논한다면 내가 다소 나은 점이 있지만, 품행과 지조의 독실하고 확고함은 내가 미치지 못한다〈成渾; 「牛溪年譜」〉"고 하였다 한다. 서로의 장점을 깊이 인정하고 존중하는 교우였음을 엿보게 한다. 성혼과 벗이 되면서 성혼의 부친 성수침도 찾아뵙게 되었을 것으로 보인다.

율곡은 33세때(32세때라는 기록도 있음) 성혼과 더불어 '지선(至善)'과 '중(中)'의 개념에 대한 편지를 주고 받으며 학문적 토론을 벌이기도 하였다. 성혼은 '중'을 본체(體)로, '지선(至善)'을 작용(用)으로 보고, 또 '시중(時中)'의 '중'을 성품을 따르는 '도(道)'로 제시한데 대해 율곡은 반박하였다.

'지선'은 태극의 다른 명칭이고 '명덕(明德)'의 본체이다. 하늘에서 얻은 것으로 본연(本然)의 일정한 법칙이 있는 것은 '지선'의 본체인데, 바로 우리 마음이 통체(統體)로서의 태극이다. 또한 일상 속에 드러나서 각각 본연의 일정한 법칙이 있는 것은 '지선'의 작용인데, 바로 사물이 각각 갖춘 태극이다. 이로써 보면 '지선'의 본체가 바로 아직 발현하지 않은 '중(中)'이 아니겠으며, '지선'의 작용은 사물 상에 스스로 있는 '중'

> 이 아니겠는가. 대개 '지선'의 본체는 바로 아직 발현하지 않은 '중'으로 하늘이 명령의 '성(性)'이고, '지선'의 작용은 바로 사물에서 스스로 있는 '중'으로 성품을 따르는 '도'이며, '지선'에 머문다는 것은 바로 '시중(時中)'의 '중'으로 '도'를 닦는 '교(敎)'이다.
>
> 「答成浩原」(3)

여기서 율곡은 성혼이 '중'과 '지선'을 본체와 작용으로 단순하게 대비시키는 관점을 거부하고, 『중용』의 '중'과 『대학』의 '지선'과 『주역』의 '태극' 개념이 모두 궁극적 이치를 가리키는 동일한 개념으로서 각각 본체와 작용이 있음을 밝혀주고 있다. 율곡의 성리학적 토론은 주로 성혼과 편지를 주고 받으면서 이루어졌으니, 성혼은 율곡의 가장 중요한 학문적 동반자이기도 하였다.

율곡은 과거에 급제하여 29세때부터 벼슬길에 나갔으나 성혼은 과거에 뜻을 버리고 학문을 연마하는데 집중하였다. 율곡이 33세때(1568) 경기감사가 성혼을 추천하려고 하자, 율곡은 이를 말리면서, "성혼은 학자이니, 갑자기 좋은 명성을 얻는다면 어찌 부끄럽게 여기지 않겠는가. 마땅히 그로 하여금 안정하여 학문을 성취하도록 바라야 할 것이다〈「연보」〉"라 하여 만류하였다. 이처럼 그는 친우인 성혼을 진심으로 아껴서 벼슬길에 나와 시달리기 보다는 학문을 크게 성취하도록 맡겨두는 것이 학자로서 성혼 자신을 위하는 길임을 제시하였던 것이다.

또한 율곡이 39세때(1574) 성혼은 사헌부 지평(司憲府 持平)에 임명되었으나 아직 올라오지 않았을 때인데, 율곡은 선조임금께 성혼에게 한직(閑職)을 부여하고 경연관(經筵官)을 겸하게 하여 수시로 임금을 모시고 학문을 강론할 수 있게 하기를 청하였다. 이때 선조임금은 성혼이 어떤 인물인지를 묻자, 율곡은 "이 사람은 바로 죽은 징사(徵士) 성수침(成守琛)의 아들인데, 어릴 때부터 가정 교훈을 잘 받았고, 자질도 순후하여 선(善)을 할 만합니다. 그러나 그 사람은 병이 많기 때문에 지평(持平) 같은 직책은 결코 감내할 수 없습니다. 임금님께서 반드시 이 사람을 만나 보려고 하신다면 그의 관직을 바꿔주어 올라오도록 하는 것이 좋을 듯합니다. 과거로 출신하지 않은 사람에게 경연관을 겸대시키는 것은 선대 임금님 때 시행했던 것입니다" 하였다.

또 다른 날 임금은 "성혼의 재주가 어떤가? 나라를 다스리는 공적을 이루어낼 수 있겠는가?"라고 물었는데, 율곡은 "재주란 모두가 똑같지 않은 것입니다. 뛰어난 재주와 지혜로 큰 일을 혼자 담당할 수 있는 사람도 있고, 재주는 비록 부족해도 뭇 사람의 계책을 능히 이용할 수 있는 사람도 있습니다. 지금 성혼의 재주와 지혜가 출중한지는 신(臣)이 잘 모르겠으나, 그의 포용력 있는 도량만은 뭇 사람의 계책을 잘 이용할 수 있을 것이니, 어찌 나라를 다스릴 수 없겠습니까"라고 대답하였다. 친우로서 성혼이 역량과 덕성에서 어디에 한계가 있고 어디에 장점이 있는지 분명하게 알고 있음을 보여준다. 이처럼 율곡은 성혼에게 '지기(知己)의 벗'이라 할만 하다.

이듬해 율곡이 40세때(1575) 임금이 "성혼을 만나 보았는가? 그의 병은 어떠한가? 끝내 출사할 수 없는가? 고을 수령은 될 수도 없겠는가?"라고 묻자, 율곡은 "고을 수령은 더우기 병든 사람으로서는 감당할 바가 아닙니다"라 대답하였고, 또 임금이 "학생들은 잘 가르칠 수 있겠는가"라고 묻자, "가르치는 일도 병든 자로서는 해낼 수 없습니다"라고 대답하였던 일이 있다. 율곡을 통해 성혼의 인물됨을 듣고서 임금은 성혼을 벼슬에 불러내고 싶은데 성혼이 병이 많아 나오지 않고 있는 형편을 율곡도 안타깝게 여기며 임금께 사정을 말씀드리고 있었던 것이다. 이렇게 임금의 알아줌을 받는 좋은 기회를 만나서도 병 때문에 벼슬에 나와 나라를 위해 충성을 다하지 못하는 친우를 보면서 한없이 안타까워 하는 심정을 시로 읊기도 하였다.

융성한 만남 천 년만의 기회건만,	盛際千年會,
시대를 근심하는 한 병든 몸이네.	憂時一病身,
원하노니 암혈에 숨은 늙은이여	願回巖穴老,
끝내 충성스런 신하가 되었으면.	終作匪躬臣.

「浩原退歸寓津關作詩相示, 次韻還寄」

율곡과 성혼의 우정은 깊어 항상 서로 그리워하며 서로 찾고, 만나면 밤을 새워 이야기가 끝이 없었다. 43세때(1578) 세모에 눈이 많이 내렸는데, 율곡은 문득 친우 성혼이 보고싶어 소를 타고 눈길을 뚫고 찾아가 밤을 새우고 정담을 나누면서 작별의 아쉬움을 읊기도 하였다.

한 해는 저물고 눈은 산에 가득한데,	歲云暮矣雪滿山,
들길은 가느다랗게 숲 속으로 갈라졌네.	野逕細分喬林間,
소를 타고 어깨 으시대며 어디로 가나?	騎牛聳肩向何之,
우계 냇가 아름다운 사람 그리워서라네.…	我懷美人牛溪灣,

슬퍼라. 반 평생에 이별도 많았으니,

온갖 산 험한 길들 다시금 생각하네.

이야기 끝에 뒤척일제 새벽 닭 울어,

내다보니 창문 가득 서리 달빛 차갑네.

因悲半生別離足,

更念千山行路難,

談餘輾轉曉鷄鳴,

擧目滿窓霜月寒.

「雪中騎牛訪浩原敍別」

율곡과 성혼 사이에 얽힌 일화도 많이 전해진다. 언젠가 둘이서 화석정(花石亭) 아래 임진강에서 작은 배를 띄워 뱃놀이를 했는데, 갑자기 풍랑이 크게 일어나 위태로운 상황을 만났는데, 율곡은 뱃머리에서 태연스럽게 읊조리며 조망하였다 한다. 그래서 성혼이 놀란 목소리로, "어찌 변고에 대처하는 도리도 듣지 못하였는가"라고 경계하자, 율곡은 웃으면서, "우리 두 사람이 어찌 물에 빠져 죽을 이치가 있겠는가"라고 태연스럽게 대답하였다 한다〈尹宣擧;「魯西記聞」〉. 성혼이 언제나 두려워하고 조심하는 근신한 모습을 보여준다면 율곡은 천명에 대한 확신 속에 태평스러운 대범한 성격을 엿볼 수 있는 대목이다. 정철의 생일잔치에 성혼과 함께 갔었는데, 기생들이 그 자리에 와 있었던 일이 있었다. 성혼은 기생이 있는 것을 마땅치 않게 여겨 머뭇거리자, 율곡이 "물들여도 검어지지 않으니, 이것도 하나의 도리라네〈「牛溪言行錄」〉"라 하고 태연하게 나아가 자리에 앉았다 한다. 여기서도 성혼의 조심하고 삼가는 자세와 율곡의 거리낌없는 대범한 자세가 좋은 대조를 이루고 있음을 보여준다.

성혼은 율곡의 타고난 민첩함에 감탄하면서, "무릇 책을 볼 때에 남과 담소하면서 두루 펼쳐보며, 대강대강 마치 폭풍우 처럼 빨리 보아

넘기지만, 이미 그 대의를 터득하였다. 그 뒤에 비록 차분히 연구한다 하더라도 의미가 더 진취되는 게 없다. 그 스스로 한 말이 이와 같았다"고 하였다〈成渾;『牛溪文集』〉. 율곡의 천재적 역량이 독서할 때에 드러나는 모습을 잘 보여주고 있다. 또한 언젠가 율곡이 성혼에게 독서할 때 몇 줄을 한꺼번에 보아 내려가는지 물었다. 이때 성혼은 7, 8줄을 한꺼번에 읽어내려간다고 대답하자, 율곡은 자신도 10여 줄을 한꺼번에 읽을 수 있을 뿐이라 하였다〈成渾;『牛溪言行錄』〉. 보통사람들은 한꺼번에 두줄도 읽을 수 없는데, 7,8줄을 읽는 것도 대단하지만, 10여줄을 읽어내리는 것은 놀라운 일이 아닐 수 없다. 어느날 성혼이 율곡촌으로 율곡을 찾아갔는데, 『시전(詩傳)』을 읽고 있는 중인 것을 보고서, 올해에 얼마나 많은 책을 읽었는지 물었더니, 율곡은 『사서』를 각각 아홉 번씩 읽고, 『시경』을 읽고 있노라 대답하였다 한다. 성혼은 이 말을 듣고 감탄하면서, "나는 한가하여, 집수리 하느라 집안 일 하느라, 손님접대 하느라 일이 많은 율곡보다 나은데도 일년 내내 한 권의 책을 읽지 못하고 있다. 이와 같은데 도리에 소득이 있기를 바란다는 것은 퇴보하면서 전진하기를 도모하는 격이다"라고 자신을 반성하는 모습을 보여주고 있다〈成渾;『牛溪日記』〉.

율곡이 죽었을 때 성혼은 제문에서 30년간 율곡과의 우정을 돌아보면서, 평소에는 율곡이 병 많은 성혼의 건강을 걱정해주었는데 거꾸로 자신이 살아남고 율곡이 먼저 죽은 사실에 대해 애통함을 극진하게 밝혔다. 여기서 그는 율곡의 인물됨을 논하여, "형은 뜻이 크고 원대하며, 학문은 깊고 명석하며, 재주는 영민하고 넉넉하며, 도량은 크고 굳세니, 하늘이 인재를 낳으심이 의도가 있는 것 같았소. 일찍이 큰 '도'

의 근원을 깨쳤으나 스스로 만족하지 않았고, 스스로 백성을 위한 책임을 맡으면서 자기 몸을 아끼지 않았소. 일을 당해서는 세차게 밀고 나가니 얽히고 설켜 어려운 마디도 그 생각을 얽맬 수가 없었으며, 남과 다툼이 없었으니 백성들이나 천박한 사람은 그 도량을 엿볼 수 없었소〈「祭文」(成渾)〉"라 하여, 그의 뜻과 학문과 재주와 도량이 탁월함을 들고, 그 학문이 '도'의 근원을 깨닫는데 기초를 두었고, 그 사업이 백성을 살려내는 일을 책임졌으며, 확고한 추진력과 남들과 다툼이 없는 포용력의 덕을 칭송하고 있다.

또한 성혼은 율곡과의 교유과정을 돌아보면서, "처음 형을 만나고서 차츰 들은 바가 있었고, 스승으로 섬기려고 까지 하였으니, 형에게 얻은 바가 있었음을 알 수 있겠소. 요즈음 늘그막에 와서 마음이 서로 부합하고 정이 더욱 깊어졌으며, 강론하고 연마함을 서로 의지하면서 더욱 절실해지니, 만약 형이 없었다면 내가 자립하지 못하였을 것이 분명하오〈「祭文」(成渾)〉"라 하였다. 성혼은 율곡이 자신의 학문적 성장과 정립과정에 얼마나 큰 영향을 주었는지 아무것도 감추지 않고 진솔하게 밝히고 있다. 성혼은 율곡을 벗으로 사귀었을 뿐만 아니라, 가슴 속에 스승으로 모시는 마음을 간직하고 있었음을 보여주는 것이다.

성혼은 율곡이 죽은 뒤에도 율곡의 서장자(庶長子: 李景臨)에게, "율곡은 참으로 5백 년 사이에는 흔치 않은 걸출한 인물이었다. 내가 젊어서 토론하면서는 친구라 생각하여 서로 버티기도 하였는데, 늙어서 생각해 보니, 참으로 나의 스승이었으며, 나를 깨우쳐 줌이 매우 많았다. 기일(忌日)에 소복을 입는 일을 예전에는 하지 않았는데 지금 시작했다"고 말했다고 한다〈「연보초고」〉. 성혼은 율곡이 죽은 뒤에 돌이켜 보고서 친구인 율곡이 자신을 깨우쳐주었던 스승임을 새삼스럽게 깨닫고 뒤늦게 율곡의 기일(忌日)이 되면 먼저 죽은 벗을 위해 소복을 입고 예를 갖추었다 하니, 그가 벗인 율곡을 존경하는 마음이 얼마나 깊었던지를 알만 하다. 그만큼 율곡은 죽은 뒤에도 성혼의 가슴 깊은 속에 더욱 큰 자리로 남아 있었던 사실을 엿볼 수 있게 해준다.

(2) 정철(松江 鄭澈, 1536~1593)

정철은 율곡과 동갑으로 율곡보다 먼저 27세때 문과에 장원으로 급제하였으니, 율곡에 버금갈만한 수재형 인물이다. 정철은 어려서 부친의 유배지인 호남의 담양(潭陽)에 머무는 동안 임억령에게 시를 배우고 김인후(河西 金麟厚)·기대승(高峯 奇大升) 등에게서 학문을 배웠으며, 시조와 가사문학에 독보적 경지를 열었던 인물이다. 율곡과 정철이 21세때(1556) 율곡이 금강산에서 하산하여 강릉에 머물다가 서울로 막 올라왔을 때 율곡의 친구 가운데 한 사람이었던 이희삼(魯齋 李希參)을 통해 처음 만나기 시작하면서 깊은 친교를 맺게 되었다. 그는 율곡을 처음 만났을 때의 인상을 "맑은 물에 피어난 연꽃(芙蓉)이요, 그 뛰어난 재주와 성대한 명성은 천하에 으뜸이었으나 그 재주와 명성이 없는 듯이 하였다〈「祭文」(鄭澈)〉"하여, 그 아름다운 풍모와 재주에 겸허한 덕을 갖추고 있음을 예찬하였다. 그는 율곡과 관료생활을 함께 하였으며, 32세때(1567) 함께 사가독서(賜暇讀書)를 하기도 하였다.

정철이 호남으로 왕명을 받아 암행어사로 내려가고 율곡 자신은 강릉으로 내려가면서 작별할 때에도 지어준 시에서 정철과의 작별을 무척이나 아쉬워하고 있음을 보여준다.

금석같이 맺은 벗 천릿길을 헤어지니,	石友分千里,
가슴깊이 감춘 회포 한 번 탄식에 부쳐보네.	幽懷付一嗟,
…오늘 밤 저 달은 가엾기도 해라,	…堪憐今夜月,
서로 헤어져 하늘 끝으로 떠나게 하네.	相送到天涯.

「鄭季涵(澈)奉使湖南…」

또한 한강의 노량(露梁) 나루터 강각(江閣)에서 정철과 작별할 때에도 작별이 얼마나 아쉬운지를 읊고 있다.

이 날이 너무도 애석하고,	此日足可惜,
이 이별 진정 섭섭하구나.	此別眞可傷,
어찌 알았으랴. '거'와 '공'처럼 붙어있던 짐승이,	那知駏與蛩,
'삼성'과 '상성'처럼 동서로 떨어지게 될 줄을.	轉作參與商,
산림에 살며 존양(存養)·성찰(省察) 힘쓸지니,	林居勉存省,
부디 이 말을 잊지 말게나.	此語願毋忘.

「別季涵于露梁江閣」

이 작별시에서 그는 정철과 자신의 관계를 전설상의 짐승인 거(駏: 駏驉)와 공(蛩: 蛩蛩)이 형체와 그림자가 떨어지지 않는 것처럼 항상 붙어 있어서 두 가지 짐승인지 한 가지 짐승인지 알기 어려운 정도의 친밀한 관계임을 들면서, 그런데 갑자기 서쪽 하늘에 있는 삼성(參星)과 동쪽 하늘에 있는 상성(商星)처럼 전혀 동떨어져 있게 되는 이별을 무척이나 섭섭해 하였다. 그러면서 일시나마 초야에 물러나 있게 된 벗 정철에게 고요할 때 자신의 심성을 배양하는 '존양(存養: 存心養性)'공부와 활동할 때 자신의 허물을 살펴서 반성하는 '성찰(省察)'공부의 수양에 힘쓰기를 간곡하게 당부하고 있다. 그것은 정철의 넘치는 재기를 잘 알고 좋아하지만 인품이 진중하지 못함을 깊이 경계해주는 우정 어린 충고를 하고 있는 것으로 보인다.

정철은 평소에 율곡의 큰 아량에 깊은 감명을 받았던 것 같다. 정철은 율곡에게 부탁하여 부친 정유침(鄭惟沈)의 묘지명(「敦寧府判官鄭公墓誌銘」)을 짓게 하였는데, 그는 율곡이 지어준 부친의 묘지명을 다시 박순(思菴 朴淳)에게 수정을 받았다. 이때 율곡이 정철을 찾아왔는데, 율곡에게 다시 보이기가 매우 미안해서 망서렸지만, 율곡이 자청하여 보여달라 하고, 남이 수정한 자신의 글을 대하면서 조금도 언짢아 하는 기색이 없는 것을 보고, 정철은 자신이 율곡의 너그러운 덕을 따라갈 수 없다고 찬탄했던 일도 있다〈鄭澈; 「松江日記」〉.

동서의 붕당이 일어나 당쟁이 격화되는 가운데 정철이 서인(西人)으로 동인의 비판을 받는 표적이 되었을 때에도 율곡은 선조임금에게 "정철 같은 이는 충성스럽고 청렴하며 강직하여 오직 한 마음으로 나라를 근심합니다. 비록 도량과 식견이 편협하여 고집스러운 결점이 있기는 하지만, 그 기개와 지조를 말한다면 독수리에 비할 만합니다〈「謝大司諫兼陳洗滌東西疏」〉”라고 변호하였던 일이 있다.

그러나 동서의 붕당에 정철이 서인의 입장에서 동인을 공격함이 과격하였으나 율곡은 동서의 대립을 조정하는 입장에 섰기 때문에 정철과 의견이 달라져 서로 의심하기도 하였다. 이때 율곡은 정철에게 보낸 편지에서 “형은 이 사람(金孝元)을 보잘것 없는 소인이므로 반드시 국가를 패망시키고 사림(士林)을 살륙할 것이라고 하지만, 나는 명예를 중하게 여기는 사람이라고 생각합니다.…어찌하여 날마다 분노하고 불평하는 기운을 축적하며 길가에 떠돌아다니는 말을 가볍게 믿고서 의심치 않아도 될 경우에 의심을 하는 것입니까〈「答鄭季涵」〉”라 하여, 정철의 과격한 태도를 경계하여 충고하기도 하였고, “형은 그(김효원)를 소인으로 단정하고 그를 아껴주는 사람은 다 그들의 무리로 지적하여 아무리 평소에 서로 친하게 지내던 사람이라도 의심치 않는 이가 없이 일체 배척하니, 이는 김효원을 아끼는 자도 다 간사한 사람이 아니고 김효원을 배척하는 자도 다 바른 사람이 아니어서 단지 마음이 공정한지 사사로운지에 달려 있을 뿐이라는 것을 모르기 때문입니다.…20년 동안 서로 사귄 사이가 하루아침에 서로 의심하게 되었는데, 다시 서로 입을 다물어 할 말을 다하지 않고서 옛정을 보전한다는 것은 더욱 안 될 말입니다〈「答鄭季涵」〉”라 하여, 서로 의견이 다른데도 침묵함으로써 우정을 유지할 수 있는 것이 아님을 강조하여, 정철의 당파적 치우침을 깨우쳐주려고 간곡하게 설득하고 있음을 보여준다.

정철은 율곡이 죽고 난 다음에 당쟁이 일어나던 시기의 상황을 서술하여, "조정의 의론이 서로 갈라져 물결이 부딪쳐 솟아오르고 불꽃이 활활 타는 것 같았다. 공이 이 때에 조정하려고 힘써, 차라리 그 말을 여러 번 바꿀지언정 선비의 기대를 잃거나 나라 일을 그르치려 하지 않았으니, 그 뜻이 애처로웠다.…나같이 보잘 것 없는 사람에게 무슨 일컬을 만한 것이 있기에, 공은 유독 나에게 30년간 관대히 대하였던 것인가. 나의 성급하고 편협함으로 말미암아 공의 고민을 격발하여 절교할 만한 경우가 어찌 한이 있었으랴만, 끝내 옛정을 잃지 않았고, 마지막에는 다시 의견이 일치되어 같이 어울렸으니 공은 실로 어질었다.…시국을 걱정하는 일념은 죽을 때까지도 쇠하지 아니하여, 죽어갈 무렵에도 나의 손을 잡고 간절히 부탁한 말은 나랏일이 아닌 것이 없었다.〈「祭文」(鄭澈)〉"고 회상하였다. 율곡의 너그러운 포용력과 오직 나라를 생각하는 의리와 변치 않는 우정에 깊이 감동하고 있음을 밝히고 있는 것이다. 그래서 정철은 율곡이 죽자, "슬프다. 내가 공을 잃은 뒤로부터 정신을 잃어서 인간 세상에 다시 뜻이 없어져, 마치 짝 잃은 외로운 새가 제 몸과 그림자가 서로 불쌍히 여기듯 하고, 오동판이 없는 거문고와 같고, 구멍 없는 피리와도 같으니, 비록 거문고를 퉁기고 피리를 불고 싶으나 오동판과 구멍이 없는데 어찌 하겠는가〈「祭文」(鄭澈)〉"라 하여, 가슴에서 터져나오는 지기(知己)의 벗을 잃은 슬픔을 절절하게 표현하기도 하였다.

(3) 송익필(龜峯 宋翼弼 1534~1599)

송익필의 출신은 신분상 문제가 있었다. 안돈후(安敦厚)의 첩으로 노비출신의 중금(重今)이 낳은 딸이 감정(甘丁)이고, 감정이 송린(宋潾)의 첩이 되어 낳은 아들이 송사련(宋祀蓮)이요, 송사련이 바로 송익필의 부친이다. 안돈후의 아들이 기묘사화때 선비를 보호하던 좌의정 안당(安瑭)이고, 안당의 아들이 안처겸(安處謙)이었다. 송사련은 잡과(雜科)로 판관(觀象監 判官)이 되었는데, 외사촌이 되는 안처겸 등이 기묘사화를 일으킨 간신배인 남곤 · 심정 등을 제거하려 도모한다고 무고(誣告)하여, 안당 · 안처겸 등 수십명의 선비들을 희생시키는 신사무옥(辛巳誣獄, 1521)을 일으켰고, 그 공로로 송사련은 서얼(庶孽) 출신이면서도 출세하여 당상관(堂上官)의 벼슬에 까지 올랐다. 이 사건으로 안씨 집안과 선비들이 송사련에 대한 증오심이 극도에 달했고, 송사련이 죽은 뒤인 명종 후반기에 간신들이 권력을 잃자 안당이 신원(伸寃)되었고, 율곡이 죽은 뒤인 선조 19년(1586)에는 송사련의 무고가 밝혀져, 송사련의 관직이 삭탈되고 송익필 등 그 집안이 다시 노비의 문서에 넣어졌다. 이때 53세의 송익필은 도피생활을 하게 되었고, 친우인 정철이 그를 숨겨주고 보호하였다.

선조 22년(1589) 조헌(重峰 趙憲)은 스승 율곡이 송익필과 연관된 비방에 변명하는 상소를 올리면서, "송익필은 비록 송사련의 아들이라 할지라도 늙도록 독서에 힘써서 경학에 밝고 행실과 언론이 반듯하고 곧으니, 넉넉히 그 아비의 허물을 덮을 만 합니다. 그러므로 이이(李珥)와 성혼이 그를 외우(畏友)로 삼게 되었읍니다. 아마 이이의 힘이 서류(庶

類)에 까지 통하는 것은 그 뜻이 어진이를 구하여 부족한 곳을 보완하려는데 있고, 절대로 송익필 한사람에 대하여 사사롭게 하는 것은 아니었는데 사람들은 그 허물을 이이에게 돌렸습니다〈趙憲;『重峰全書』,‘辨師誣兼論學政疏’〉”라 하여, 송익필의 인물이 탁월함과 율곡이 신분에 얽매이지 않고 어진 인재를 구하는 뜻을 해명하였다. 이때 성혼도 조헌에게 보낸 편지에서, “송익필이 멸문(滅門)의 화를 당하여 온 천지가 하나의 그물이 되었으니, 다시 어느 곳에 발을 붙일 땅이 있겠는가. 안씨 집에서 이미 복수한다고 말하였으니, 어찌 종(송익필)을 팔리가 있겠는가. 만약 판다면 그의 제자와 친구들이 반드시 넉넉히 재물을 모아 속량(贖良)하여 주는 자가 있을 것이다. 어찌 멀리 사는 자네까지 기다리겠는가〈李肯翊,『燃藜室記述』,‘宋翼弼’〉”라 하여, 당시 송익필이 처한 어려운 사정을 잘 보여주고 있다. 그러나 조헌의 상소문으로 인하여 도리어 송익필을 잡아 가두고 추궁하라는 엄중한 왕명이 내려오게 되자, 송익필과 아우 송한필(宋翰弼)은 관가에 자수하여, 평안도 희천(熙川)땅으로 유배를 갔다가, 임진왜란이 일어난 이듬해(1593) 유배에서 풀려나, 이곳 저곳으로 떠돌다가 만년에 면천(현 당진군 면천면 馬羊村)의 김진려(金進礪) 집에 머물면서 제자들을 가르쳤다.

송익필이 부친의 악행과 신분적 문제로 무거운 굴레를 쓰고 평생 고통을 겪었지만, 율곡은 그의 학문적 깊이와 인격의 당당함을 높이 평가하며 신분을 넘어서 친우로 사귀며 조금도 꺼림이 없었다. 율곡은 23세때 소과시험에서 ‘천도책(天道策)’을 지어 장원에 뽑혔을때, 응시생들이 찾아와서 학문에 관해 묻자, “송구봉이 학식이 높고 넓으니 가서 물어보라”고 소개하여 사람들을 보낼 만큼 일찍부터 송익필을 높이 평가하고 있었다. 송익필의 인물됨이 탁월함은 서경덕의 문인인 서기(孤靑 徐起)가 제자들에게 "너희들이 제갈공명(諸葛孔明)의 모습을 알고자 하면 모름지기 송구봉을 보라. 구봉이 제갈공명과 흡사할 뿐만 아니라 제갈공명이 구봉과 흡사하다〈李選;「龜峯行狀」〉"고 하였다 하니, 송익필의 풍모가 얼마나 준수하고 단아하며 당당하였는지를 짐작할 수 있게 한다. 또한 홍가신(晩全堂 洪可臣)의 아우 홍경신(洪慶臣)은 참의(參議)벼슬을 하고 있었는데, 형 홍가신이 송익필과 벗하여 사귀는 것을 보고는 자신이 송익필을 만나면 모욕을 주겠다고 벼르고 있었다 한다. 이 말을 듣고 홍가신은 아우에게 "그대가 송익필을 모욕할 수 있겠는가. 반드시 못할 것이다"라고 자신있게 말했는데, 그 후 홍경신은 송익필을 만나게 되자 자신도 모르는 사이에 섬돌을 내려가 맞고서 절하였다. 그리고 나서 "내가 절한 것이 아니다. 무릎이 저절로 굽혀진 것이다"라고 해명하였다 하니, 송익필의 당당한 풍모가 사람을 위압하는 힘이 있었음을 엿볼 수 있다.

뒷날 장유(谿谷 張維)는 율곡과 성혼과 송익필 세 인물의 특징을 대조시키면서, "이이의 언론은 진솔하고 평이하며, 성혼의 언론은 온화하면서 공손하고 간절하며, 송익필은 뜻과 기상이 우뚝하고 정결하며 자신을 매우 신중하게 대하고 그 언론은 명석하게 분변하며 그 학문은 해박하다〈張維;『谿谷文集』〉"고 하였으니, 이 세 사람은 당대의 인걸로서 서로 '지기'의 벗이 되었던 사이임을 말해준다.

송익필은 율곡의 고매한 정신과 화평한 덕을 매우 높이 존경하여, "율곡의 편지는 개봉하여 서너 번 읽어 보면 마음의 지혜가 크게 진취될 뿐만이 아니다. 율곡은 남의 말을 수용하는데 있어서 특별히 남다른 곳이 있으니, 너와 나의 간격이 없고 기상이 화평한 자가 아니라면 이와 같을 수 있겠는가〈송익필; 『龜峯簡帖』〉"라고 감탄하기도 하였고, 송익필 자신이 이 시대 예학의 대가이면서도 율곡의 견해에 대해, "율곡은 당대의 거유(鉅儒)가 된다. 이는 한 시대 동료의 견해가 아니라, 실로 후세의 공론이다〈송익필; 『龜峯禮答問』〉"라 하여, 율곡의 견해가 탁월함을 극찬하였다.

송익필은 부친 송사련의 장례때, 문상객이 많았지만 굳이 율곡이 오기를 요구하여 율곡이 갔었는데, 그 자리에는 명필로 유명한 이산해 (鵝溪 李山海)가 그 자리에 있었음에도 명정(銘旌)을 율곡에게 쓰도록 부탁했고, 율곡도 사양하다가 송사련의 생전 벼슬을 쓰는 것이 아니라, "사노 송사련지구(私奴宋祀蓮之柩)"라고 썼다는 이야기가 있다〈朴世采; 『南溪集』, '記少時所聞'〉. 친우의 우정은 사사로운 것이지만, 신분을 밝히는 것은 의리의 문제이므로 율곡이 이렇게 썼던 것이요, 송익필도 율곡의 인물됨을 알기 때문에 율곡에게 부탁하여 바른 도리를 따랐던 것이라 할 수 있다.

송익필은 율곡이 죽었을 때 제문에서, "형은 젊은 날에 떨쳐 일어나 개탄하여, 나를 뜻이 같다 해서 노둔함을 채찍질 하여 주었소. 혹 마주 대하고 강론하였으나 흡족하지 못하면 또 편지를 주고 받으면서 깊이 연마하였지요. 형이 옳게 여기는 것을 내가 혹 그르다 하기도 하고, 내가 옳게 여기지 않는 것을 형이 혹 옳게 여기기도 하며, 어지럽게 왕복한지 지금 30년이나 되었소.…아! 슬프다. 형이 평일에 내가 '도'의 본체에 본 바가 있다고 허여하였고, 만년에는 자주 논변하여 점차 견해가 다름이 없게 되었소. 내가 학문에 있어서 혹 새로운 견해가 있으면 여러 사람들은 모두 의심하였으나 오직 형만은 나를 믿어 주었소.…그러나 우리 형과 서로 깊이 허여한 것은 죽고 삶으로 달라질 수 없으니, 죽기 전의 세월은 이 모두가 우리 형에게 갚기 위해 힘을 쓸 자리이오〈「祭文(2)」(宋翼弼)〉"라 하여, 평생 학문에 치밀한 토론을 벌여오면서 서로가 학문과 '도'에서 알아주는 벗이었음을 밝히고, 남은 평생도 학문에 힘써 자기를 알아주는 벗에 대한 보답을 하겠다는 결의를 밝히고 있다. 사실상 학문의 세계에서 율곡은 성혼과 송익필을 '도의(道義)'의 벗으로 삼았으며, 제자들도 이 세 사람을 함께 스승으로 모시기도 했다.

3부
벼슬길에 나와 나라를 근심하며

栗谷評傳

1. 상소문으로 밝힌 현실인식과 개혁정책

율곡의 생애에서 개인적으로는 고뇌 속에 빠져 있었던 시기이지만, 역사적으로 가장 빛나는 시기는 그가 벼슬길에 나와서 사회개혁정책을 펼칠 때라고 할 수 있다. 그는 29세때 호조 좌랑(戶曹佐郎, 정6품)으로 처음 벼슬길에 나선 이후 48세때 마지막관직으로 이조판서(吏曹判書)를 임명받기에 이르기 까지 20년동안 관직생활을 하였다. 그가 관직에 임명받고 사퇴하였던 관직생활의 과정을 목록으로 만들어 보면 다음과 같다.

*29세(1564) 8월-戶曹佐郎.

*30세(1565) 春-禮曹佐郎/ 8월-黃腸木敬差官

/ 11월-司諫院正言.

*31세(1566) 3월-正言, 冬-吏曹佐郎.

*32세(1567) 吏曹佐郎.

*33세(1568) 2월-司憲府持平

5월-千秋使書狀官(燕京行)/ 冬-副校理.賜暇讀書

11월-吏曹佐郎-辭

*34세(1569) 7월-校理(10월-휴가).

*35세(1570) 4월-校理(10월-해직).

*36세(1571) 1월-吏曹正郎-不赴

/ 夏-校理·檢詳·舍人·副應敎-辭

/ 6월-淸州牧使.

*37세(1572) 3월-辭/ 夏-副應敎-辭/ 8월-遠接使從事官-辭

/ 9월-司諫/ 12월-應敎-辭.典翰-不赴.

*38세(1573) 7월-直提學-辭(8월-귀향).

/ 9월-直提學/ 冬-同副承旨.

*39세(1574) 1월-右副承旨/ 2월-僉知中樞府事·兵曹參知

/ 3월-大司諫

/ 4월-右副承旨-辭. 承旨·大司諫-不赴

/10월-黃海道觀察使.

*40세(1575) 3월-辭. 副提學·承旨.

*41세(1576) 2월-귀향/ 10월-해주 石潭/ 12월-兵曹參知-辭.

*42세(1577) 해주 石潭.

*43세(1578) 3월-大司諫/ 4월-귀향/ 5월-大司諫-辭/

/ 6월-吏曹參議-不赴/ 冬-해주 石潭.

*44세(1579) 해주 석담. 5월-大司諫-不赴.

*45세(1580) 해주 석담. 12월-大司諫.

*46세(1581) 6월-大司憲(8월-해직)/ 9월-大司諫-辭

/ 10월-戶曹判書/ 11월-大提學.

*47세(1582) 1월-吏曹判書/ 8월-刑曹判書

/ 9월-右參贊·右贊成/ 10월-遠接使

/ 12월-兵曹判書.

*48세(1583) 6월-탄핵 귀향/ 8월-해주 石潭

/ 9월-判敦寧府事·吏曹判書

*49세(1584) 1월16일 서울 大寺洞 집에서 죽음.

**'辭'-사퇴. '不赴'-부임하지 않음.

율곡의 관료생활은 29세에서 시작하고 48세에 끝났지만, 그는 大司諫(정3품당상)과 大司憲(종2품)으로 언로(言路)를 담당하였고, 정2품관인 弘文館大提學·藝文館大提學·知經筵春秋館成均館事를 지냈으니 한 시대의 문형(文衡)으로 국가의 문장을 관장하는 역할을 맡았다. 또한 관부(官府) 네 곳(戶曹·吏曹·刑曹·兵曹)의 판서(判書)를 다섯 차례에 임명되었으며, 종1품직인 議政府 右贊成에 까지 올랐으니 그의 화려한 관료생활을 보면 결코 짧았다고는 할 수도 없다. 그는 관직생활의 초기인 34세 때부터 임금이 그가 제시하는 개혁정치를 위한 진언(進言)을 받아들이지 못하는 것을 알고는 벼슬에 물러날 뜻을 가졌으며, 따라서 병을 칭탁하거나 여러 가지 사유를 들어서 벼슬이 내려올 때마다 끊임없이 사직상소를 올려 물러나려고 애썼다. 그래서 40대에는 벼슬에 나가지 않고 물러나 있는 기간이 더 길었던 것도 사실이다. 그럼에도 불구하고 선조임금은 율곡을 초야에 버려둘 수가 없어서 사직하여 물러나기를 허락하지 않고 잇달아 중책을 제수하며 그를 붙잡기 위해

애를 태워야 했다.

율곡은 관직에 나가있는 동안 잠시도 안일하게 세월만 보냈던 적이 없었다. 그의 관직활동은 국가제도의 폐단을 개혁하고 민생의 질곡을 구제함으로써 왕도(王道)정치의 이상을 실현하기 위해 잠시도 쉬지 않고 정밀하게 대책을 강구하여 잇달아 상소(疏·箚·啓)를 올리는 치열한 투쟁의 과정이라 할 수 있다. 그가 올렸던 무수한 상소문 가운데『율곡전서』에는 소·차(疏箚)가 52건, 계(啓)가 20건이 수록되어 전하고 있다. 상소문을 중심으로 그의 관직활동을 살펴보기 위해 주로 당하관(堂下官)의 직책을 맡았던 29세에서 38세때까지 10년과 당상관(堂上官)의 중책을 맡았던 39세에서 48세까지 10년의 두 시기로 나누어 상소문을 통한 그의 경세의 이론과 과제를 음미해볼 필요가 있다.

(1) 관료생활 전반기 10년동안(29세~38세)의 상소

율곡이 처음 올렸던 상소는 30세때(1565) 명종(明宗)의 생모로서 막강한 권력을 장악했던 문정(文定)왕후의 후원아래 불교중흥운동을 일으켰던 승려 보우(懶庵 普雨)를 배척하는 상소와, 문정왕후의 동생으로 세도(勢道)의 권력을 휘둘러 을사사화를 일으켰던 윤원형(尹元衡)을 논죄하는 상소였다. 그것은 마침 문정왕후가 죽어 정국이 변하는 상황에서 가능한 일이었지만, 아직 젊은 관료였던 율곡이 의리를 밝히고 정도(正道)를 회복해야 한다는 선비들의 공론을 제시하는데 전면에 나섰던 것이다. 그는 보우를 변방으로 유배시키기를 요구하면서, "만약 전하께서 단연코 죄가 없다고 하시어 끝내 (보우를) 내쫓지 않으신다면, 이것은 곧 사기(士氣)가 꺾이고 언로가 막히며 나라의 명맥이 손상되는 것을 모두 돌아보시지 않는 것이 됩니다〈「論妖僧普雨疏」〉"라 하여, 임금이 선비들의 의기(義氣)를 꺾어서 나라의 명맥을 손상시키는 데 따른 재앙을 격렬하게 주장하였다.

또한 그는 30세때 윤원형을 논죄하면서도, "임금은 종묘(宗廟)·사직(社稷)과 한 몸이 되고 만백성과 한마음이 되니, 종묘·사직의 안정과 위태로움을 자신의 안정과 위태로움으로 여기며, 만백성의 근심과 즐거움을 자기의 근심과 즐거움으로 여겨야만 합니다.…윤원형의 죄는 머리털을 뽑아서도 셀 수가 없을 정도인데, 전하께서는 처음부터 끝까지 그를 두둔하여 기어이 그를 보전케 하려 하십니다.…아! 나라의 원기(元氣)인 공론(公論)은 끝내 막을 수가 없는 것이며, 물불과 같은 대중의 노여움은 끝내 멈추게 할 수 없는 것이어서 온 나라가 흉흉하여 평정을 잃고 있습니다〈「論尹元衡疏」〉"라 하여, 임금이 나라의 안정과 백성의 분노를 돌보지 않고 공론을 외면하는 것은 군왕의 도리에 어긋나는 것임을 경고하였다. 32세때도 윤원형의 일당인 심통원(沈通源)을 논죄하는 상소(「與六曹郎官上疏, 論沈通源疏」)를 올렸던 것도 세도정치를 주도하던 간신들을 척결하여 사림(士林)정치의 기틀을 확보하는데 그가 적극적 관심을 가졌던 사실을 잘 보여주고 있다.

율곡의 정치개혁을 위한 일차적 과제는 명종이 즉위하자 윤원형을 비롯한 이기(李芑)·정순붕(鄭順朋)·임백령(林百齡) 일당이 세도정치를 하면서 을사사화(乙巳士禍, 1545)를 일으켜 많은 선비들을 희생시킨 죄악을 밝힘으로써 사림정치를 확립하고자 하였던 것이다. 이에 따라 그는 선조(宣祖) 3년 35세때(1570) 홍문관 교리로서 을사사화를 일으켰던 윤원형 일당이 국가로부터 받은 공훈이 거짓된 것이므로 삭탈하여야 할 것을 주장하는 상소를 40여 차례나 집요하게 올렸다. 그는 이 상소에서 윤원형 일당이 선비들을 반역죄인으로 몰고 자신들이 나라를 지킨 공신의 호칭을 받은 사실에 대해, "다만 그 반역이란 명목은 거짓으로 속인 데서 나왔고, 사직(社稷)을 보위하였다는 호칭은 환난을 즐긴 데서 생겨난 것이니, 충성되고 현명한 이들은 반역의 죄명을 받았고 흉악하고 간악한 자들은 사직을 보위하였다는 공훈을 받았습니다.… 공론(公論)이 나라 사람들에게서 터져 나오는 것을 막아낼 수가 없으니, 곧 백성들의 감정을 따라서 국시(國是)를 안정시키는 것이 바로 오늘날에 해야 할 일입니다.…을사사화 이래로 무고당한 사람들은 모두 관직과 작위를 복직해 주시고 몰수된 것은 되돌려 주시며, 간사하고 흉악한 무리들은 모두 관작을 빼앗고 또 가짜 공훈을 깎아버려 종묘와 사직에 고하시고 온 나라를 혁신시키키십시오〈「玉堂論乙巳僞勳箚」〉"라 하였다. 선조임금은 선왕 때 결정되었던 일을 뒤집기 어렵다는 이유로 결단을 내리지 못하였다. 그러나 율곡은 거듭 상소를 올려 윤원형 일당의 죄악상을 논증하여 거짓 공훈을 깎아버리기를 요구하면서, "만약 어떤 사람이 전하를 속였다면 전하는 반드시 그에게 대죄를 줄 것이며, 전하를 업신여겼다면 전하는 반드시 그를 처형하였을 것입니다. 그런데 선왕의 일(선왕을 속이고 모욕한 일)에 있어서는 돌아다보고 생각하지도 않는다면 이는 곧 전하께서는 선왕을 위하심이 스스로를 위하는 것만도 못한 것이 됩니다〈「四十一箚」〉"라고 호소하여, 선왕을 위해서라도 선왕을 속인 죄인을 징벌하고 국가의 기강을 바로 세우도록 호소하였다.

또한 율곡의 경세론이 지향하는 기본체계는 정치개혁을 위한 방법으로서 먼저 당시의 사회적 폐단인 '시폐(時弊)'를 절실하게 지적하고, 이 폐단을 해결하기 위한 국정의 당면과제인 '시무(時務)'를 구체적으로 제시하는 것이었다. 그는 31세때(1566) 사간원 정언(司諫院 正言)으로서 올린 상소에서도, "천하의 일은 발전하지 않으면 퇴보하고, 국가의 형세는 다스려지지 않으면 혼란해지는 것입니다. 발전하거나 퇴보하는 것과 다스려지거나 혼란해지는 것은 본래 그 운수가 있지만, 그 발전하거나 퇴보하고 다스려지거나 혼란해지는 까닭은 실지로 사람에게 달려 있는 것입니다. 그러므로 한 나라의 임금은 마땅히 다스려지고 어지러워지는 기미를 살펴어, 그 다스려지게 하는 요인은 힘쓰고, 어지러워지게 하는 요인은 제거함으로써 반드시 잘 다스려지기를 기약한 뒤에 그쳐야 합니다〈「諫院陳時事疏」〉"라 하였다.

나라를 다스리는 정치의 기본원리로서 발전과 다스려짐을 지향하고 퇴보와 혼란을 제거하는 군왕의 판단력과 실천이 중요함을 강조하였다. 여기서 그는 윤원형의 세도정치에서 벗어나 새로운 안정된 치세(治世)를 이루기 위한 세 가지 기본강령으로, 첫째 '마음을 바르게 함으로써 다스림의 근본을 세울 것(正心以立治本)', 둘째 '현명한 인재를 등용함으로써 조정을 맑게 할 것(用賢以淸朝廷)', 셋째 '백성을 편안히 해 줌으로서 나라의 근본을 굳건히 할 것(安民以固邦本)'을 제시하였다.

또한 그는 이 세가지 기본과제를 실현하기 위한 구체적 조목으로서 첫째 강령에는 ① 큰 뜻을 세울 것, ② 학문에 힘쓸 것, ③ 올바른 사람을 친근히 할 것을 들고, 둘째 강령에는 ① 사악함과 정대함을 분별할 것, ② 선비의 기개를 떨치게 할 것, ③ 뛰어난 인재를 찾을 것, ④ 폐단과 병통을 조사 처리할 것을 들고, 셋째 강령에는 ① 폐단과 병통을 조사하여 처리할 것, ② 일족(一族)을 너그러이 대할 것, ③ 외방 관원을 잘 뽑을 것, ④ 옥사(獄事)와 송사(訟事)를 공평히 처리할 것의 구체적 조목을 제시하여 실천과제와 방안을 세밀하게 설명하고 있다. 그것은 도학의 경세론에 따라 정치의 기본원리로서 먼저 통치자의 마음을 바르게 하는 도덕성을 근본으로 삼은 다음에, 현명하고 유능한 인재를 등용함으로써 수단을 갖추며, 백성의 생활을 안정시키는 것을 목적으로 추구하는 것임을 밝혀주는 것이다.

율곡은 34세때 홍문관 교리(弘文館 校理)로서 당시 현실의 폐단인 '시폐(時弊)'를 제기하는 상소를 올리면서, "지금 국가의 형세는 비유하자면 마치 만 칸이 되는 큰 집이 여러 해 지나도록 손질을 하지 않아, 옆으로 기울어지고 위에서는 빗물이 새며, 대들보와 서까래는 좀이 먹고 썩어가며 단청은 다 벗겨졌는데, 임시로 바쳐주고 잡아 끌고 하여 구차히 아침 저녁을 넘기고 있는 것과 같습니다. 만약 분연히 떨치고 일어나 여러 가지 재목을 모으고 여러 장인(匠人)들을 모아 바꾸어 새롭게 해주지 않는다면 들보가 부러지고 집이 무너지는 것을 날을 꼽으며 기다리게 될 것입니다〈玉堂陳時弊疏〉"라 하였다. 당시 조선사회가 누적된 폐단으로 붕괴의 위기에 놓여있는 현실을 절실하게 지적한 것이다. 그의 경세론은 절실한 위기의식으로서 '시폐'의 인식에서 출발하고 있다.

같은 해에 재해를 제거하는 방책을 다섯가지로 제시한 상소에서도 "국가가 유지되는 까닭은 기강(紀綱)이 있는 덕분이며, 기강이 정숙하게 되는 근거는 법을 지키는 데 달려 있으니, 법이 있되 실행되지 않는다면 기강은 반드시 문란해집니다〈「陳弭災五策箚」〉"라 하여, 국법을 지킴으로써 기강을 확립하는 것이 국가질서를 확립하게 하는 근본과제임을 강조하고 있다. 이처럼 그는 재난의 방지를 위해서도 국가질서를 유지하는 근본과제를 확인하는데서 출발하고 있음을 보여준다.

이 무렵 '시폐'를 진술하여 올리려다 말았던 상소에서도, "백성은 식량에 의존하고 나라는 백성에 의존하는 것이요, 식량이 없으면 백성도 없고 백성이 없으면 나라도 없는 법이니, 이것은 필연의 이치입니다〈「擬陳時弊疏」〉"라 하여, 흉년에 백성이 굶주리는 현실을 직시하면서 나라의 기반이 무너지고 있음을 역설하였다. 여기서 그는 신하들이 국가의 위난을 겪으면서도 대책을 말하지 않는 것은 임금이 옛 습관에 안주하여 일을 드러내어 분명히 하기를 좋아하지 않기 때문이라 지적하였다.

또한 그는 그동안 신하들이 대책으로 제시한 발언에 대한 임금의 반응태도를 확인하면서, "법도에 따라 아뢴 말은 너무 지나치다고 책하면서 믿지 아니하고, 공손하게 아뢴 말은 평범한 것이라 여기어 반성하지 아니하며, 큰 일이면 중대하고 어렵다는 핑계로 감히 거행하지를 못하고, 작은 일이면 해당 관청에 회부하여 문서의 구색이나 삼게 하였으니, 마침내는 훌륭한 계책과 올바른 이론들을 모두 부질없는 말이 되게 하였습니다〈「擬陳時弊疏」〉"라 하였다. 곧 임금에게 옛 습관에 안주하여 개혁의 의지가 없으며 신하들의 계책을 받아들이지 않고 있는 소극적 태도의 문제점을 분명하게 드러내어 항의하고 있는 것이다.

율곡은 이 상소문에서 당시의 폐해를 구제하기 위한 계책이란 "오직 종래의 관습을 변혁시켜 재물을 증산케 하여 백성을 살려내며, 억울하게 간 이들의 원한을 씻어줌으로써 백성들의 마음을 위로하고 기쁘게 해 주는 길이 있을 따름"임을 강조하면서, 그 구체적 방책으로 ① 궁전의 비용을 줄임으로써 백성들이 힘을 펴도록 할 것, ② 제사의 법도를 바로잡음으로써 번거롭고 모독이 되는 것을 고칠 것, ③관청을 줄이어 쓸데없는 관원을 없앨 것, ④ 쓸데없는 경비를 줄임으로써 나라의 비용에 도움이 되도록 할 것, ⑤ 외임(外任)을 중시하여 백성들을 아끼는 수령들을 임명할 것, ⑥ 억울한 누명을 씻어줌으로써 대중의 마음을 통쾌하게 해줄 것을 들기도 하였다. 이러한 대책은 정부의 기구와 제도와 운용방법에 대한 전면적 개혁의식을 요구하는 개혁정책을 밝히고 있는 것이다.

율곡은 34세때(1569) 경연(經筵)에서 신하들이 올리는 말씀에 임금이 대답을 하지 않고 있는 사실에 대해 깊이 우려하자, 선조임금은 덕행을 먼저 쌓은 다음에야 사업을 할 수 있기 때문이라 변명하였다. 이에 대해 율곡은, "덕행은 하루아침에 이룰 수 있는 것이 아니요, 정사(政事)는 하루라도 폐지할 수 없는 것인데, 덕이 이루어지기 전에는 그저 정사를 불문에 붙이고 문란하도록 맡겨 둘 수 있겠습니까? 그러므로 덕행과 산업은 마땅히 병행해야 합니다〈「연보」〉"라 하여, 근본을 앞세우는 도학의 원칙론에 얽매이지 않고 현실과 덕행을 병행해야 한다는 논리를 제시하기도 하였다. 그러나 율곡은 선조임금의 소극적 태도로 자신이 국가의 위기를 구하기 위해 개혁정책을 펴기 어렵다는 한계를 절실히 깨달으면서 버슬에서 사퇴하여 물러가기를 힘썼다. 35세때(1570) 10월 병으로 관직에서 물러나 해주로 내려갔다가 36세 6월에 청주목사로 나갈 때까지 8개월간 물러나 있었다. 37세때 3월 병으로 청주목사에서 물러난 다음 벼슬이 계속 내려왔으나 사퇴하고 나가지 않았으며, 38세때 9월 직제학(弘文館 直提學)으로 나갈 때까지 1년 반 동안 벼슬에서 물러나 있기도 하였다.

그는 38세(1573)때 직제학의 벼슬에 임명되었을 때에도 자신이 벼슬을 거듭 사퇴했던 이유가 병 때문만이 아니라 자신의 역량이 부족함을 스스로 깨닫기 때문이라 밝히는 사직 상소(「辭直提學疏」)를 올렸다.

또한 두 번째 사직상소(「再疏」)에서는 버슬을 사퇴하는 선비를 네가지 유형으로 구분하여, ① 큰 ‘도’를 품고 숨어 있지만, 한 번 나서면 임금을 보좌하여 백성에 은택을 입힐 ‘유현(遺賢)’과, ② 자신을 맑고 곧게 지키며 천하의 일을 거들떠보지 않는 ‘은둔(隱遁)’과, ③ 스스로 재능과 학문이 부족함을 헤아리고서 분수를 알아 감히 함부로 나아가지 않는 ‘염퇴(恬退)’와, ④ 행동을 꾸며 헛된 명예를 낚으려고 겉으로 벼슬을 사퇴하면서 속으로 분에 넘치는 소망을 노리는 ‘도명(盜名)’을 열거하였다. 여기서 자신은 ‘유현’이 못되고, ‘은둔’이나 ‘도명’은 아니며, ‘염퇴’를 본받으려는 처지임을 밝히고 있다. 그러나 세 번째 사직상소(「三疏」)에서는 “묘당(廟堂)에는 올바른 의견을 건의하여 논의하는 일이 없고, 신하들은 쓸데없는 일을 좋아한다는 비난이나 피하고 있으며,…‘왕도(王道)’와 ‘인정(仁政)’은 어리석은 유학자들의 공허한 말로 여겨지고 있습니다”라 하여, 당시 정치적 상황이 타성에 젖어 있을 뿐, 백성을 살려내기 위해 아무런 대책도 시행할 의지가 없는 현실임을 지적함으로써, 결국 자신이 벼슬에서 물러나려고 거듭 사직상소를 올리는 이유가 단순히 병 때문이 아니라 당시 정치현실에 있음을 분명하게 밝혔다.

그는 이때 벼슬에 나와서 올린 상소에서 나라의 원기(元氣)인 기강(紀綱)이 땅에 떨어지고, 나라의 근본인 백성이 제자리를 잃고 방황하는 현실을 지적하면서, "밖으로는 나라를 지키고 침략을 막는 일을 의탁할 데가 없고, 안으로는 절조를 지키고 의롭게 죽으려는 기풍이 없어졌으니, 나라가 무너져버릴 듯한 형세가 분명히 눈에 보이고 있습니다. 전하께서는 조상들이 어렵게 창업해놓은 위대한 유업(遺業)을 지키고 계시면서 시기와 형세의 위태로운 재난이 더해감을 보시고도 어찌 두려운 듯이 경계하고 반성하여 스스로 떨치고 일으나려는 뜻이 없으시단 말입니까〈「玉堂陳戒箚」〉"라 항의하여, 국가가 절박한 위기에 놓였는데도 임금으로서 결연한 개혁의지가 결핍된 사실을 절실하게 지적하고 있다.

(2) 관료생활 후반기 10년동안(39세~48세)의 상소

율곡은 39세때(1574) 1월에 정3품 당하관인 우부승지(右副承旨)에 올랐고, 재난이 잇달아 일어나자 왕명으로 구언령(求言令)이 내려옴에 따라 「만언봉사(萬言封事)」를 상소로 올렸으며, 이어서 정3품당상관인 병조참지(兵曹參知)와 대사간(司諫院 大司諫)에 임명되면서 이때부터 고위직에 나아가기 시작하였다. 그는 경세론의 핵심과제로서 정치는 '때를 아는 것(知時)'이 소중하고, 사무는 '실질에 힘쓰는 것(務實)'이 긴요함을 역설하면서, "'때에 알맞게 한다'는 것은 때에 따라 변통(變通)을 하고 법을 마련하여 백성을 구제하는 것을 말합니다.…대개 법이란 때에 따라 제정하는 것이니, 때가 바뀌면 법도 같지 않게 되는 것입니다〈「萬言封事」〉"라 하여, '때에 알맞게 함(時宜)'이란 시대현실에 따라 법률과 제도를 개혁하는 것이라 하여 변법(變法)의 개혁론을 주창하였다.

여기서 그는 실지의 노력으로 다스림의 효과를 얻기 위해 걱정해야 할 과제로서, ① 위 아래 사람들이 서로 믿는 실상이 없다는 것, ② 신하들이 일을 책임지려는 실상이 없다는 것, ③ 경연(經筵)이 아무 것도 성취하는 실상이 없다는 것, ④ 현명한 사람을 불러서 거두어 쓰는 실상이 없다는 것, ⑤ 재변(災變)을 당하여도 하늘의 뜻에 대응하는 실상이 없다는 것, ⑥ 여러 가지 정책에 백성을 구제하는 실상이 없다는 것, ⑦ 인심이 선(善)을 지향하는 실상이 없다는 것의 일곱가지 병폐를 들었다. 그리고 이 병폐를 해소시키기 위한 대책으로서, 먼저 자신을 닦는 요강으로 ① 임금께서 뜻을 분발하여 삼대(三代)의 흥성했던 시대로 되돌려 놓기를 기약할 것, ② 성학(聖學)을 힘씀으로써 성의(誠意)와 정심(正心)의 공효를 다하도록 할 것, ③ 편벽된 사사로움을 버림으로써 지극히 공정한 도량을 넓힐 것, ④ 현명한 선비들을 친근히 함으로써 깨우쳐주고 보필해 주는 이익이 되도록 할 것의 4항목을 제시하였다. 그 다음으로 백성을 편안히 하는 요강으로 ① 정성된 마음을 열어서 여러 신하들의 충정(衷情)을 얻을 것, ② 공안(貢案)을 개혁함으로써 포악하게 거두어들이는 폐해를 없앨 것, ③ 절약과 검소함을 숭상함으로써 사치스런 풍조를 개혁할 것, ④ 선상(選上: 지방관청의 노비를 중앙관청에 불러올려 사역시키는 제도)의 제도를 바꾸어 공천(公賤)의 고통을 덜어줄 것, ⑤ 군정(軍政)을 개혁함으로써 안팎의 방비를 굳건히 할 것의 5항목을 구체적으로 열거하고 있다.

40세때(1575)는 부제학(弘文館 副提學)으로서 군왕의 덕을 논하는 상소(「玉堂論君德四事箚」)를 올려, 큰 효도를 온전히 이루기 위해서는 독실하게 '뜻을 세울 것(立志)', 용감하게 '덕에 나아갈 것(進德)', 신중하게 '실행을 미루어 갈 것(推行)', 소중하게 '몸을 보존할 것(保窮)'을 제시하여 임금에게 덕을 닦을 것을 요구하였다. 또한 이때 그의 대표적 저작이라 할 수 있는 『성학집요(聖學輯要)』를 선조임금에게 올려 군덕을 닦고 치도를 행하는 방법을 체계화하여 제시하기도 하였다.

41세에서 42세 사이에는 벼슬에서 물러나 주로 해주에서 머물었으며, 43세때(1578) 대사간(司諫院 大司諫)에 임명되었을 때 잠시 나왔지만 사직상소(「辭大司諫疏」)를 올려 물러나기를 힘썼다. 임금이 율곡의 상소에 대한 비답(批答)에서 품고 있는 생각을 글로 올리라고 명하자, 이에 따라 그는 개혁정책을 제시하는 상소(「應旨論事疏」)를 올렸다. 이 상소문에서도 임금이 고쳐야할 고질병으로 ① '도(道)'란 일상생활 속에 있는 것인데도 지극히 어려운 것으로 여겨 겉만 꾸미고 실지를 추구하지 않음, ② 임금의 다스리려는 뜻이 무너진 것을 보고 신하들도 무위도식하게 되니, 한 나라를 버리고 있음, ③ 성학(聖學)이 진보하지 못하고 도량이 넓어지지 못하여 선비들을 가벼이 여기고 신하들을 믿지 않으며 그 말을 채용하지 않아서 한 나라의 일이 어찌해볼 수 없는 형세가 되었음, ④ 정치의 한 가지 폐단도 개혁하지 못하고 백성들의 한 가지 고통도 해결하지 못하면서 옛 법규만 고수하여 변통할 생각을 하지 않음의 네가지 일을 들고 있다. 그것은 선조임금에게 직접 임금의 덕이 부족한 점을 절실히 지적함으로서, '도'의 실질을 밝히고 잘 다스려 보겠다는 확고한 뜻을 세울 것과, 신하들을 믿고 그 말을 받아들이는 포용력을 가질 것과, 낡은 제도의 폐단을 개혁할 것을 요구하고 있는 것이다.

또한 그는 임금의 기질적 병통 세가지를 들어서, ① 귀에 거슬리는 말을 아뢰자마자 불쾌한 듯한 기색이 바로 드러나는 것은 선(善)을 받아들이는 도량이 넓지 못함이요, ② 궁내 안에 관계되는 일이 밖으로 드러나면 막고 가리려는 말씀이 더욱 엄해지는 것은 한편으로 치우치는 사사로움을 버리지 못함이요, ③ 논쟁하는 말이 조금 격해지면 이치에 맞는 말도 따르지 않는 것은 이기기를 좋아하는 버릇이 고쳐지지 않음이라 지적하여, 근본을 함양하고 기질을 변화시키는 학문에 힘쓰도록 역설하였다〈「司諫院請勉學親賢臣箚」〉. 이처럼 그는 현실의 폐단인 '시폐'를 확인하고 당면의 개혁과제로서 '시무'를 제시하면서도, 결국 임금을 바로잡지 않으면 정치를 바로잡을 길이 없다는 근본의 문제로 되돌아 오고 있음을 보여준다.

46세때(1581) 대사간으로 올린 상소에서도 율곡은 나라가 붕괴의 위기에 놓인 현실을 지적하면서 '재화를 증산하고 백성을 살리는 것(生財活民)'을 가장 시급한 사무로 강조하면서, 그 당면과제로서 조세제도(貢案)를 개정하고 주군(州郡)을 병합하여 백성의 부담을 줄이는 것으로부터 시작해야 할 것을 제시하였다〈「司諫院乞變通弊法箚」〉. 이때 '시폐'를 제시하는 상소에서도 나라가 존망의 위기에 놓인 현실로서, ① 세상의 풍속은 인습에 젖어 퇴락하였고, ② 관리의 공적은 관록과 먹을 것에 뜻을 두어 무너졌으며, ③ 정치의 사무는 공허한 의논으로 어지러워졌으며, ④ 나라의 백성은 누적된 폐단에 곤궁해졌다는 네 가지를 지적하면서, 제도적 폐단에 대한 전면적 개혁을 추구하는 '경장' (更張)을 표방하며, "'경장'하지 않으면 나라가 반드시 망하는 것이니, 앉아서 망하기를 기다리는 것보다 '경장'하는 것이 낫다"고 역설하였다〈「陳時弊疏」〉.

이때 율곡은 호조판서로서 정치적 폐단의 개혁을 추진하기 위해 정부의 임시기구로서 '경제사(經濟司)'의 설치를 주장하였는데, 선조는 '육부(六部)'의 기구와 별도로 '경제사'의 설치가 큰 문제를 일으킬 수 있다고 반대의 입장을 밝혔다. 그러나 율곡은 "지금 갖가지로 폐단이 쌓여 임금의 은택이 백성에게 미치지 않으니 반드시 '시무'에 마음을 둔 사람을 얻어 한 곳에 모여서 서로 대책을 강구하여 '시폐'를 개혁하게 해야 합니다. 폐단만 다 개혁되면 관서(經濟司)를 도로 혁파할 수 있으며 관서를 설치하여 오래 두자는 것이 아닙니다"라고 거듭 해명하였지만, 선조는 "내 생각에는 현실에 맞지 않는 것으로 보인다. 또한 어떤 사람에게 맡겨야 한다는 말인가?〈『經筵日記』(3)〉"라 하여, 율곡이 제시한 개혁정책의 추진방안은 먼저 임금의 반대로 꺾이고 말았다.

율곡은 47세때(1582) 이조판서로 재임하고 있을 때 그의 집에는 재상을 비롯하여 온 나라의 명사와 벼슬이 없는 선비들까지 줄줄이 찾아와 밤이 깊어서야 저녁밥을 먹을 수 있었다 한다. 그의 아우(李瑀)가 빈객의 접견이 너무 많아 건강을 해칠 것이라 염려하자, 그는 "빈객을 싫어한다면 석담(石潭)에 있는 것이 옳다. 나는 바로 전형(銓衡: 인재 선발)의 직책을 맡은 사람이니, 사람을 만나 본 뒤에야 전형할 수 있다〈李貴; 「登對錄」〉"고 대답하며, 만나본 인재를 평가하는 책을 별도로 작성할 만큼 자신의 직무에 철저한 성실성을 보이기도 하였다. 또한 친우 송익필이 몇 사람의 이름을 적어서 추천하자, 율곡은 이 명단을 창문 사이에 붙여 두었는데, 제자 김장생이 보고는 놀라서 떼어내기를 청했더니, 율곡은 "이것이 어찌 거리낄 것인가? 인재를 드러내놓고 논의하는 것은 바로 정이천(程伊川)도 사양하지 않았다〈金長生; 『沙溪語錄』〉"라 하여, 인재의 추천이나 선발과정을 감추지 않고 공공연하게 드러내는 것은 그의 인사행정이 공개적이고 공정하였음을 보여주는 것이다.

48세때(1583)는 사실상 율곡이 관직에서 활동하던 마지막 해로서 병조판서와 이조판서 등의 직책을 맡았다. 이때에도 그는 국가가 망국의 위기상황에 놓여 있음을 지적하면서, "옛 것을 지키자(因循)니 손을 묶은 듯이 대책없이 망하기를 기다리는 것이 되고, 변화하여 소통시키자(變通)니 많은 사람들이 놀라고 이상하게 여깁니다. 만약 호걸의 재능과 성현의 학문을 가진 사람이 출현하여 세상에 쓰여서 인심을 진정시키고 세상의 도리를 만회하지 않는다면, 비록 전하의 밝은 지혜로도 흙이 무너지고 기와가 깨어지는 형세를 구제할 수 없을 것입니다〈「陳情乞退疏」〉"라 하여, 위기의식을 극진하게 강조하였다. 또한 그는 당면한 과제로서 '시무'에도 '조정을 화합시키고 정치적 폐단을 혁신하는' 근본적 과제와 '군사와 양식을 조달하고 방비를 튼튼히 하는' 말단적 과제를 분별하면서, 근본적인 과제를 말단적인 과제보다 앞세워야 함을 주장하고 있다〈「陳時事疏」〉.

율곡이 당면의 긴급한 '시무'로 제시한 개혁과제에 대해 당시의 관료들은 관습에 안주하여 한결같이 반대하였다. 곧 조세제도(貢案)를 변경하는 것은 불편하다 하고, 여러 고을에 정원 외의 군사를 두는 것은 부당하다하고, 곡식을 바침에 따라 관작을 제수하는 것은 마땅하지 않다 하고, 서얼(庶孼)에게 벼슬길을 터주는 것은 불가하다 하며, 성과 보루를 다시 쌓는 것은 합당치 못하다고 반대하였다. 따라서, 율곡의 개혁정책은 받아들여지기도 어려웠고, 오히려 비현실적인 과격한 정책을 내세우는 인물로 배척의 대상이 되고 말았다. 그러나 임진왜란을 겪은 뒤에 조정에서 적을 막고 백성을 편하게 하기 위한 대책을 강구할 때는 율곡이 제시한 이 다섯 가지 일에서 벗어나지 못하였던 점을 보면, 율곡의 '경장론'이 얼마나 선견지명이 있었던 것인지를 확인할 수 있다〈李命益;『陽川覆瓿稾』〉.

나아가 이 때 그는 병조판서로서 당시 외적의 침략에 나라를 방어할 기반이 상실된 실정을 지적하여, "서울과 지방이 공허하고, 군사와 식량이 모두 궁핍하여 조그만 오랑캐가 변경을 침범하여도 온 나라가 놀라서 동요하니, 만일 큰 오랑캐가 침입해 온다면 비록 지혜있는 사람일지라도 이를 막을 계책이 없을 것입니다"라 언급하였다. 여기서 율곡은 당면한 '시무'로서 ① 어질고 유능한 사람을 임용할 것, ② 군사와 백성을 양성할 것, ③ 재용(財用)을 풍족히 할 것, ④ 변방(藩屛)을 견고히 할 것, ⑤ 전마(戰馬)를 준비할 것, ⑥ 교화(敎化)를 밝힐 것을 제시하였다〈「六條啓」〉. 이 무렵 그는 외침의 위협이 높아지고 있음을 깊이 우려하여 경연(經筵)에서 선조임금에게 군사 10만명을 양성하자는 이른바 '십만양병설(十萬養兵說)'을 제시하였다 한다.

나라의 형세가 떨치지 못함이 극도에 달하였습니다. 10년이 못 가서 흙이 무너지듯하는 재앙이 있을 것입니다. 원하옵건대 미리 10만의 군사를 길러서 도성(都城)에 2만명을 배치하고 각 도에 1만명씩 배치하여, 그들의 조세를 덜어주고 무예를 훈련시켜 6개월로 나누어 교대로 도성을 지키게 하였다가, 변란이 있을 경우에는 10만명을 합쳐서 파수하게 하여 위급할 때의 방비를 삼으소서. 이와 같이 하지 아니하면 하루아침에 갑자기 변이 일어날 경우 시민(市民)을 몰아 전투하게 됨을 면치 못하여, 결국 대사가 끝나고 말 것입니다.

「연보」

이때 그의 친우로 퇴계의 문인인 유성룡(西厓 柳成龍)이 무사할 때 군사를 양성하는 것은 곧 재앙의 단서를 기르는 것이라 하여 반대하였다. 곧 유성룡은 율곡에게 태평시대에 임금에게 성학(聖學)을 권면해야 할 것이지 군사의 일은 급무가 아님을 나무라자, 율곡은, "속된 선비가 어찌 '시무'를 알겠는가"라 하며, 웃기만 했다고 한다. 이때로 부터 9년 뒤에 임진왜란으로 온 나라가 엄청난 시련을 겪고 난 다음에 율곡이 '십만양병설'을 주장하였던 것은 탁월한 선견지명이었다고 높이는 경우가 있고, 당시 조선사회의 여건에서는 '십만양병설'이 너무 비현실적이요, 율곡이 실지로 내세운 주장이 아니라는 견해도 있는 것이 사실이다. 사실여부에 대한 판단은 남겨두고, 어떻던 '십만양병설'은 이 시기에 군사적 방어대책에 가장 치밀하고 적극적 관심을 가졌던 율곡과 연결될 수밖에 없는 이야기임에는 틀림없다. 이때 북병사(北兵使) 이제신(李濟臣)이 '오랑캐 방어대책(防胡策)' 20조목을 올렸는데, 왕명으로 2품 이상 관료들이 모여 의논하게 되었다. 병조판서인 율곡이 뒤늦게 회의에 참여했는데, 그가 오기 전 까지는 아무도 임금에게 보고하는 회계(回啓)의 초안을 작성하지 못하였다고 한다〈「연보초고」〉. 이 이야기는 당시 군사문제에 대해 율곡만큼 식견이 있던 인물이 조정에 없었음을 말하려는 것임을 알 수 있다.

고달픔을 서술하고 있다.

갔던 길이 삼천사백리,	去路三千四百里,
돌아오는 길도 삼천사백리,	歸路三千四百里,
걷고 또 걸어 육천팔백리,	行行六千八百里,
달이 가고 달이 오고 여섯 달이 지났네.···	月魄看看六回死,···
고국에서 사람 와도 소식 편지 못보니,	故國人來不見書,
머리 긁적이며 요동 바다 구름만 바라보고,	搔首看雲遼海涘,
변방 외로운 성 목탁소리에 잠 못 이루네.···	孤城木鐸不成眠,···
	「燕京途中, 寄舍弟」

그해 겨울에 돌아와 홍문관 부교리(副敎理)에 제수되고 사가독서(賜暇讀書)를 하였다. 33세의 젊은 나이에 서장관으로 임명되었던 것도 그의 탁월한 문장력이 크게 인정받았기 때문이다. 바로 이 때문에 37세때(1572) 중국에서 오는 사신을 마지하는 원접사 종사관(遠接使從事官)에 차출되었나. 그러나 이번에는 병으로 임무를 감당할 수 없어 사퇴하였다. 그는 45세때(1580) 「기자실기(箕子實記)」를 편찬하였다. 이 저술의 배경은 당시 명나라에 사신을 다녀왔던 윤두수(梧陰 尹斗壽)가 명나라에서 중국 인사들이 기자(箕子)의 사적을 물었을 때 대답하지 못했는데 돌아와서 자료를 모아 「기자지(箕子志)」를 편찬하였던 일이 있었다. 율곡은 윤두수의 「기자지」가 내용이 정밀하지 못함을 아쉽게 여기고, 기자의 존재가 중국문화에서 중요할 뿐만 아니라 옛 조선을 교화한 공적이 큼을 중시하여, 중국인이 기자에 대한 질문을 했을 때

를 대비하여 「기자실기」를 편찬하였던 것이다.

중국쪽 문헌인 『세종황제실록(世宗皇帝實錄)』과 『대명회전(大明會典)』 등에 태조 이성계가 이인임(李仁任)의 아들로 잘못 기록된 왕실의 종계(宗系)문제와 조선왕조의 창업과정에 태조가 추대되어 왕위에 오른 것이 아니라 고려의 네 임금을 시해했다고 기록된 무함(誣陷)이 문제이다. 이를 바로잡기 위해 조선왕조의 여러 임금들은 거듭 사신을 보내 변무(辨誣)에 심혈을 기울여 중국 황제들로부터 고쳐주겠다는 허락을 받았다. 마침, 율곡이 46세때(1581) 『대명회전』이 다시 간행되는 상황이었다. 이때 율곡은 왕명으로 잘못된 종계문제와 무함의 기록을 바로잡도록 요청하는 상주문(「本國請改宗系奏本」)을 작성하였다. 당시 율곡은 선조에게 "임금이 모욕을 당하면 신하는 죽어야 하는 것입니다. 종계가 무함을 받은 것은 역대 임금의 치욕이 큰 것입니다. 주청사(奏請使)는 마땅히 지성으로 황제의 조정을 감동시켜 일을 성취하면 돌아오고 일을 성취하지 못하면 연산(燕山: 북경 일대의 중국땅)에 뼈를 묻을 각오을 한 후에 성취할 수 있을 것입니다"라고 역설하였다. 조정에서는 율곡을 주청사로 보내자는 의견이 많았지만, 재상인 박순(思菴 朴淳)은 율곡이 조정을 비울 수 없다고 건의하여 김계휘(金繼輝)를 주청사로 보냈다. 당시 왕명에 따라 상주문을 율곡이 지어 올렸고, 선조도 이 상주문을 보고서 "이보다 더 잘 지을 수 없겠다. 큰 일이 장차 꼭 이루어질 것이다"라고 칭찬하였다 한다〈「연보」〉. 주청사가 종계를 고쳐주겠다는 황제의 승인을 받아 돌아오자, 율곡이 다시 황제의 허락에 감사하는 표문(「本國謝宗系准許改正表」)을 지어 올렸다. 이렇게 국가의 중대한 외교문서를 맡아서 작성하였다는 것은 당시 외교정책의 수행에서 율곡이 중심적 위치에 있었다는 것을 말해준다.

율곡이 47세때(1582) 명나라에서 황자(皇子)가 탄생한 사실을 알리러 사신이 왔는데, 명나라 사신은 한림원 편수(翰林院 編修)인 황홍헌(黃洪憲)과 공과 급사중(工科 給事中)인 왕경민(王敬民)이었으며, 이때 율곡은 명나라 사신들을 접대하는 원접사(遠接使)에 임명되어 의주(義州)에 까지 가서 영접했다. 명나라 사신들의 횡포가 매우 심하여 백성들의 고통도 가중되었는데, 율곡은 사신들을 원만하게 접대하여 큰 무리가 일어나지 않도록 함으로써, 우선 왕래하는 길가의 백성들이 큰 혜택을 입었다. 율곡이 의주의 의순관(義順館)에서 중국사신을 맞이하던 날 두 사신이 율곡을 만나보고는 역관에게 "이 사람이 「천도책(天道策)」을 지은 분이냐"고 물었다고 하니, 율곡의 명성은 중국 사신들도 이미 익히 듣고 있었던 사실을 알 수 있다. 오고 가는 도중에 율곡이 중국사신의 시에 화답하여 지었던 많은 시들과 몇편의 글들은 『율곡전서』와 뒷날 조선에서 편집된 『황화집(皇華集)』에 남아 있는데, 율곡의 문장에 중국사신들도 감탄하여 마지 않았다 한다〈「연보」〉. 당시 율곡의 친우인 최립(簡易 崔岦)은 평안도 성천부사(成川府使)로 있었는데, 율곡이 평소에 시로 이름나 있지 않기 때문에 중국사신과 시를 화답하는데 부족하지 않을까 염려하는 사람들이 있었지만, 도리어 율곡이 중국 사신들의 존경을 받을 것이라 확신하였다 한다. 과연 그 결과 어떤 원접사의 경우보다 율곡이 월등하였던 사실을 증언하고 있다〈崔岦;『簡易集』〉.

중국사신이 서울에 들어와 문묘(文廟)를 배알하고나서 율곡에게 『논어』에 나오는 공자의 말씀인 "자기를 극복하고 예법을 회복하는 것이 '인'을 하는 것이다(克己復禮爲仁)"라는 구절의 뜻을 강론하도록 요청하면서, 송나라 유학자들의 구식 문투에 구애받지 말 것을 요구하였다. 당시 명나라에는 양명학이 크게 유행하였는데, 조선의 유학자들이 주자학에만 사로잡혀 있는 것을 힐책하는 뜻이 들어 있었으나, 율곡은 「극기복례설(克己復禮說)」한 편을 지어서 보여주니, 중국 사신들이 5,6차례 반복 읽고나서는, "이 말이 극히 좋다. 중국에 전포해야겠다"고 칭찬을 아끼지 않았다 한다〈「연보」〉.

사신들이 돌아가는 길에 율곡의 고향 파주를 지나며 화석정(花石亭)에 올라 율곡을 위해 시를 지어주고 율곡이 이에 화답하였던 사실은 사신들이 율곡에 대해 얼마나 깊은 호감을 가졌던지를 잘 보여주는 대목이다. 부사(副使) 왕경민이 안주(安州)에 이르렀을 때 자신이 평양에서 기자묘(箕子廟)를 참배하고 지은 「알기자묘부(謁箕子廟賦)」를 율곡에게 보여주었다. 황경민은 자신이 일찌기 기자(箕子)의 옛 고을에 살 때 홍범당(洪範堂)에서 '홍범'의 뜻을 연구하였지만, 기자가 조선으로 들어갔다는 사적을 자세히 알 수 없어 유감스러웠던 일을 말하고, 조선에 와서 기자묘를 참배하게 되었으니 기자의 옛 사적을 알려달라고 요청해왔다. 율곡은 이때 그의 시에 화답하기도 하고, 앞서 그가 편찬해두었던 「기자실기(箕子實記)」를 보여주었다. 두 사신은 「기자실기」를 읽고서 경탄하여 마지 않았으며, 부사 왕경민은 "중국에는 본래 이와 같은 글이 없는데, 지금 원접사의 기록(「箕子實記」)이 이처럼 분명하니, 가지고 돌아가 간행하여 후세에 전해야 하겠다"고 하였다〈「연보」〉.

10월에 의주에서 사신들을 마지했다가 11월에 의주에서 전송하였던 40일 남짓한 기간동안 율곡과 중국사신 사이에는 인간적 신뢰와 우의가 깊어졌으니, 외교적 역할도 가장 잘 완수할 수 있었던 것이다. 의

주에서 작별하는 자리에서 두 사신은 석별의 아쉬움으로 서로 손을 붙잡고 눈물까지 흘리면서 떠났다 한다. 두 사신이 작별하면서도 서로 시와 글을 주고 받았고, 두 사신들이 율곡에게 남겨준 글에서도 깊은 우정과 작별의 아쉬움을 간절하게 밝히고 있음을 보여준다.

못난 사람이 변변찮게 봉명사신(奉命使臣)의 임무를 마치고 정해진 기일에 귀국하게 되었습니다. 생각하니 어진 임금께서는 융숭한 예로 대접해 주시고, 또 집사(율곡)께서는 정성을 기울여 다정하게 대하여 주셨습니다. 한 달 동안 정의(情誼)는 흡족했고 천리를 멀다 않고 수행하셨습니다. 나를 따뜻한 정으로 대해 주고 나에게 좋은 글도 주셨습니다. 문체는 웅장 화려하였고 위로함은 자상하였습니다. 통하지 않았던 것은 언어요, 서로 통한 것은 마음이었습니다. 한 달 동안 흉금을 털어놓고 담소하였으니, 그 의기(意氣)는 천고에 변하지 않을 것입니다.…막상 떠날 길에 다다르니 얼마나 서러운지 모르겠습니다. 대개 이별에 있어서의 상심된 정황은 자고로 비탄해 마지않는 것인데, 하물며 낯선 고장에서 서로 정담을 나누고 뒤에 만날 기약조차 없는 처지임에리까.…지생(知生) 황홍헌(黃洪憲)은 재배하고 율곡 이선생께 올립니다.

『皇華集』

귀국의 임금께서는 천조(天朝)에 충경(忠敬)하시어 사자(使者)에게까지 미치니 그 사랑의 정은 사람으로 하여금 감동케 합니다. 이에 족하(足下)께서 임금을 보좌하여 사절의 내왕을 영접하고 전송하는 일에 경건한 그 근면성은 물론이지만, 곧 화답하는 일절은 뜻이 진실하고 문장이 훌륭하니, 완상(玩賞)하매 '수후의 구슬(隋珠: 戰國時 楚나라 隋侯의 寶珠)'이나 '화씨의 벽옥(和璧: 戰國時 楚人 卞和가 찾아낸 璧玉)' 정도의 귀중한 가치를 지녔을 뿐이 아닙니다. 어찌 잊을 수 있겠습니까. 이제 이별하면 뒤에 회합할 기약이 없으니, 어찌 서운한 마음 가눌 수 있겠습니까.…지생 왕경민(王敬民)은 재배하고 국상(國相) 이율곡선생께 올립니다.

『皇華集』

중국 사신들은 율곡의 학문과 문장에 깊은 경의를 표하여 편지를 주고 받으면서도 율곡을 '이선생'이라 칭하여 지극한 존경을 표하였다. 그후 우리나라 사신들이 중국에 들어가면 우리 사신들을 접대하는 태도가 전날과 판이하게 달랐는데, 그 연유를 물었더니 "황홍헌·왕경민 두 사산이 돌아와서 우리들에게 경계하기를 '조선은 참으로 예의를 지키는 나라이다. 앞으로는 사신으로 오는 사람들을 반드시 예로 접대하여 삼가 소홀히 하지 말라'고 하였기 때문이다"라 하였다 한다. 이 두 사신이 율곡의 학문과 인품에 깊이 감복한 혜택이 뒷날의 우리 사신들에 대한 예우를 높여주기에 이르렀음을 말해주는 것이다〈「연보」〉. 당시 중국사신들과 율곡이 화답한 많은 시들은 중국사신의 요청으로 사신이 떠난 뒤에 정서하여 시첩(詩帖)으로 만들어 그 다음 성절사(聖節使)가 중국으로 가는 인편에 왕경민에게 보내기도 하였다〈「詩帖을 聖節使에게 맡겨 중국의 王給事中에게 보내다」〉.

율곡은 사신을 전송하고 원접사의 임무를 마친 다음에 조정에 돌아와 복명하는 상소(「復命後陳所經一路民弊啓」)에서도 사신을 맞고 전송하는 도중에 지방에서 부담한 부역을 살피고 백성들의 폐해를 구제하도록 요청하여 민생을 헤아리는 세심한 배려를 하고 있다.

일본과의 외교문제에서 율곡이 대사간이었던 46세때(1581) 임금이 일본사신을 근정전(勤政殿)에서 접견하였는데, 관례로는 여악(女樂)을 사용하게 되어 있었지만 삼사(三司: 司憲府·司諫院·弘文館)에서 서로 글을 올려, 여악을 쓰지 말고 멀리서 온 사신에게 예법을 보이도록 요청하였지만 뜻을 이루지 못하였다. 이때 임금이 삼사의 요청을 받아들이지 않은 사실을 비판하자 율곡은 "나라를 다스림에는 순서가 있는 것이니 먼저 거꾸로 매달린 듯한 백성들의 곤경을 풀어 놓고 난 뒤에야 예악(禮樂)을 바로잡을 수 있는 것이다. 어찌 예악부터 먼저 일삼겠는가"라 대답하였다. 그는 외교문제에서 원칙을 고집하기 보다 현실의 문제가 더 시급한 것임을 밝혔던 것이다. 그러나 이에 대해 율곡의 친우인 정철(松江 鄭澈)은 시위병관(侍衛兵官)으로 일본사신을 접대하는 여악을 보고나서 율곡에게 "형(兄)이 간관(諫官)의 어른으로서 이것을 그만두게 하지 못해 정전(正殿)에서 요귀(妖鬼)의 놀이를 하였으니, 옛 사람에게 부끄럽다"고 탓하였던 일도 있다〈『經筵日記』〉.

또한 그는 왕명으로 대마도주에게 보내는 예조의 답서를 작성하면서, 대마도주가 조선에 왕래하는 선척(船隻)의 크기나 숫자를 정하는 문제에서 조선정부가 대마도주의 요구를 들어주었는데도 대마도주의 이름으로 선척의 크기가 멋대로 정해져 약속을 지키지 않고 있는 사실에 대해 조목별로 그 부당함을 들고 경전을 끌어들여 의리로 준절하게 나무라면서, "대체로 큰 나라를 섬기고 작은 나라를 보호하는 것은 피차의 신의(信義)를 소중히 여기는 것이지, 이해를 돌보는 것이 아닙니다. 족하가 대대로 우리나라의 번병(藩屛)이 되어 계속 충정을 바친 것이 어찌 구구스럽게 양료(糧料)가 많고 적음만을 위해서이겠습니까. 반드시 신의가 그 사이에 있어서일 것입니다.…이제 만약 신의는 돌아보지 않고 이익만을 추구한다면 바로 맹자(孟子)의 '약탈하지 않고서는 만족해하지 않는다'는 말에 가까울 것이니, 양료의 많고 적음이 손익(損益)간에 얼마나 된다고 해서 이것을 가지고 천백 년이나 서로 믿어온 신의를 손상한단 말입니까〈「禮曹答對馬島主書」〉"라 하여, 이익만 추구하여 신의를 저버리지 말 것을 엄중하게 요구하고 있다. 일본에 대한 외교문제에서 율곡의 자세는 한편으로 달래며 한편으로 신의를 강조함으로써, 나라 사이에 분쟁의 여지를 만들지 않기 위한 세심한 배려를 보여주고 있는 것이다.

3. 외직(外職)에 나가 펼친 백성을 교화하는 행정

율곡의 관직생활은 조정에서도 임금의 측근에서 활동하였지만, 다만 두 차례 외직으로 나가서 한 지방의 목민관(牧民官)을 지냈던 일이 있다. 첫번째는 36세때(1571) 6월부터 이듬해 3월 사이 9개월간 청주목사(淸州牧使)로 나갔던 일이요, 두번째는 39세때(1574) 10월부터 이듬해 3월 사이 5개월간 황해도관찰사로 나갔던 일이다. 그가 외직에 나갔던 기간은 매우 짧았지만, 목민관으로서 그의 활동은 주목해야할 중요한 공적이 있다.

청주목사로서 율곡의 치적이 드러난 것은 향약(鄕約)의 시행을 들 수 있다. 그는 향약을 통해 한 지방의 풍속을 교화하는데 가장 큰 관심을 기울였던 것으로 보인다. 그는 향약이 조선에서 처음 시행되었던 것은 중종13년(1518)에 김안국(慕齋 金安國)이 「언해여씨향약(諺解呂氏鄕約)」을 인쇄 간행하여 반포하면서 시작하였음을 지적하고, 앞서 군수였던 이증영(李增榮)이 이 지역에서 향약을 처음 시행하였고, 그 뒤에 군수 이린(李遴)이 덜 것은 덜고 보탤 것은 보태어 규모를 갖추었던 사실을 토대로 삼아서, 이를 계승하고 「여씨향약(呂氏鄕約)」을 참고하여 다시 번거로운 것은 간추리고 소홀한 것은 세밀하게 하여 조약을 규정해 「서원향약(西原鄕約)」을 만들었다. 그는 청주지방의 향약을 정착시키는 방법을 제시하면서, "고을 수령이 몸소 행하는 실상이 없으면 계장(契長)에게 명령할 수 없을 것이고, 계장이 정직한 선비가 아니면 고을 사람들을 규찰할 수 없을 것이다. 고을 사람들이 선에 나아가고 악을 버리는 것은 계장에 달려 있고, 계장을 감화시키거나 격려하는 것은 고을 수령에게 달려 있다. 나는 당연히 착한 말을 널리 구하고 스스로 힘써서 게을리 하지 않아야 되지만, 계장과 유사(有司)도 마땅히 나의 뜻을 본받아 먼저 자신을 닦고 신칙하여 고을 사람들을 흥기시켜야 한다. 이렇게 해서 고을 사람들이 만약 흘겨 보는 뜻이 없어 윗사람의 감화가 마치 바람을 따라 풀이 눕듯 한다면 서원(西原: 청주)의 향약은 크게 변할 것이다〈「西原鄕約」〉"라 하여, 자신이 수령으로서 모범이 되어 향약 공동체의 계장과 유사를 이끌어가고, 계장과 유사가 고을 사람들을 이끌어가서 향약이 시행되는 기틀을 확보하기를 기약하였다. 이처럼 그는 향약을 통해 한 지방이 자율적으로 풍속을 아름답게 하는 교화를 이루도록 백성을 가르치는데 깊이 마음을 썼던 것이다.

향약의 조직으로는 청주지역을 25장내(掌內)로 나누고, 도계장(都契長) 4명을 두며, 장내 마다 계장 1명씩을 두고, 동몽훈회(童蒙訓誨) 1명, 색장(色掌) 1명을 두며, 이(里) 마다 각각 별검(別檢)을 두었다. 21조목을 제시하여, 선악적(善惡籍)을 두어서 풍속을 규찰하거나 환난에 서로 도우며, 규약을 위반한 자를 처벌하는 규정을 삼았다. 철마다 첫달 초하루에 향회(鄕會)를 열고, 지위와 신분과 나이에 따라 앉는 자리를 지정하며, 선악적을 회람하고 상벌을 의논하며 약법(約法)을 읽는 절차를 정하였다. 이처럼 향약을 통한 지역의 자치적 풍속교화를 이룸으로써 행정의 안정된 기반을 확보하고자 하였던 것이다.

율곡은 일찍부터 향약의 시행에 깊은 관심을 기울여 왔다. 그는 벼슬에 나가기전 고향 파주에 있던 25세때(1560) 예조에서는 왕명으로 군읍(郡邑)에 향약을 실시하도록 포고를 내렸는데, 이때 파주군수였던 변협(邊協)이 군내에 명령을 반포하고 고을 안의 부로(父老)들과 의논하여 「여씨향약(呂氏鄕約)」에 근거한 「파주향약」을 제정하여 시행하게 하였다. 율곡은 향촌의 자치적 규약이 유래한 연원과 파주에서 향약이 제정되는 과정을 서술하여 「파주향약서(坡州鄕約序)」를 지었던 일이 있다.

또한 그는 황해감사를 지낸 뒤인 42세때(1577)에도 해주 석담(石潭)에 물러나 있으면서 고을 유지들과 의논하여 「해주향약(海州鄕約)」을 만들었던 일이 있다. 「해주향약은」은 「서원향약」에 비교하면 내용이 매우 정밀할 뿐만 아니라, 주자가 남긴 뜻을 본떠서 빈민의 구제책이 담긴 「사창계약속(社倉契約束)」까지 첨가하고 있다. 곧 「해주향약」에서는 약계(約契)에 참여를 원하는 사람들이 모여서 약법(約法)을 의논하여 정한 다음에 도약정(都約正) 1인, 부약정(副約正) 2인, 및 직월(直月)·사화(司貨)의 직임을 선출하며, 새로 가입하는 자는 선성(先聖)·선사(先師)에게 분향 재배하고서 입약의례를 행하는 등 '입약범례(立約凡例)'를 자세히 규정하고 있다. 또한 「여씨향약」을 따라 향약은 '덕업을 서로 권함(德業相勸)', '과실을 서로 바로잡아줌(過失相規)', '예속으로 서로 사귐(禮俗相交)’, ‘환난을 서로 구제함(患難相恤)’의 4강령을 받아들이지만 절목(節目)은 실정에 맞추어 많이 달리하는 「증손여씨향약문(增損呂氏鄉約文)」을 정하였다. 격월 초하루에 서원에 모여서 집회를 열고 ‘약법’을 읽는 ‘회집독약법(會集讀約法)’의 약회의례를 규정하고 있다. 여기서 ‘해주향약’은 수령이 이끌어가는 향약이 아니라, 서원(書院)을 중심으로 지방의 선비들이 이끌어가는 자율적 향약으로서 서원과 향약의 기능을 결합시키고 있음을 보여준다. 이와더불어 「해주향약」에서는 지역의 자율적인 구휼제도로서 ‘사창’(社倉) 제도를 규정하여 ‘사창계약속(社倉契約束)’을 제시하였는데, 그 속에서 ‘사창법(社倉法)’은 11조목으로 ‘사창’의 설치와 운영의 제도를 자세하게 규정하고 있다.

그는 황해도관찰사로 나갔을 때 황해도 백성이 겪는 병통으로 멀리 변방에 수자리 나가는 군역(軍役)의 고통과 진상(進上)이 번다하고 과중한 폐단을 지적하여 민생의 안정을 위해 폐단의 개혁을 요구하였다. 여기서 그는 “임명을 받은 이래로 음식을 먹어도 단 맛을 모르고 잠을 자도 잠자리가 편안할 줄 모르며 오직 백성들을 어루만져 편안케 해줄 방법을 생각하여 작은 능력이나마 다하려 하였습니다. 다만 백성들의 병고가 이미 심각해져서 한 가지 약으로는 고치기 어렵게 되어 있습니다.⋯신이 뜻대로 처리할 수 있는 한도 내에서는 모든 폐해를 거의 다 제거하였으나, 백성들의 노고를 백분의 일도 구제하지 못하고 있습니다.⋯오늘날 ‘시무’로 다급한 것은 백성을 보호하는 것보다 더한 일이 없으며, 백성을 사랑하는 것이야말로 임금을 사랑하는 것입니다.⋯신이 차라리 초야(草野)에서 말라 죽을지언정 소나 양같은 백성들의 죽음을 차마 보고만 있을 수는 없습니다〈「陳海西民弊疏」〉”라고 하여, 백성의 안정과 보호를 최우선과제로 삼아 심혈을 기울이고 있으며, 임금을 사랑하는 길이 바로 백성을 사랑하는데 있음을 역설하였던 것이다. 그는 황해도관찰사에서 물러난 뒤인 45세때(1580)에도 황해도 백성의 고통을 풀어주고 제도의 폐단을 고쳐줄 것을 호소하는 상소(「陳黃海道民弊啓」)를 올려 백성들의 고통에 대해 절실한 염려를 보여주고 있다.

율곡이 황해도관찰사로 있을 때 간원(諫院)에서 황주 판관(黃州判官)인 최세해(崔世瀣)가 관청 창고를 탕진했다고 파직을 요청하여 임금의 윤허를 받았는데, 율곡은 이를 조사해보니 관청 창고에 손실이 없었음을 확인하고 최세해가 선정(善政)을 베푼 상황을 보고하면서, "대간(臺諫)의 말 한 마디 잘못으로 백 마디 천 마디의 직언(直言)들이 모두 헛되이 되었고, 지금 신의 한 마디 말은 성상께서 대간을 경시하시는 습성을 더 자라게 하였으니, 신의 직을 파면하여 대간의 체통을 존중하소서〈정철; 「松江日記」〉"라 하였다 한다. 그는 대간(臺諫)이 지방관의 과오를 잘못 보고한 사실을 밝히면서도 임금에게 대간의 직언을 가볍게 여기지 말도록 당부하는 배려를 하고 있음을 보여준다.

4. 당쟁의 소용돌이 속에서 화합을 위한 노력

율곡은 사화(士禍)의 시기가 끝나고 선비들이 정치를 주도하는 사림정치(士林政治)시대에 조정에서 활동하였으나, 이제 다시 사림들이 당파로 분렬하여 당쟁(黨爭)을 벌이는 당쟁시대에 관직생활의 대부분을 보내는 상황에 빠져들게 되었다. 당쟁의 발단은 심의겸(沈義謙)과 김효원(金孝元) 사이에 반목이 일어나면서 시작되었다. 심의겸은 왕실의 외척이었으나 사화가 일어나던 시기에 선비들을 구출하는 공적이 있어서 사림들의 지지를 받았던 인물이다. 김효원은 사림출신의 인물이지만 한때 세도권력을 장악했던 윤원형(尹元衡)의 문객으로 지냈다는 사실을 들어 김효원이 이조좌랑(吏曹佐郎)에 추천되었을 때 심의겸이 반대하여 좌절되었던 일이 있었다. 그후 김효원은 이조정랑(吏曹正郎)에 기용되었고, 율곡이 40세때(1575) 심의겸의 아우 심충겸(沈忠謙)이 이조정랑으로 추천되었는데 외척이라는 이유로 김효원이 반대하여 좌절되었다 이때부터 사림들이 심의겸을 지지하는 '서인(西人)'과 김효원을 지지하는 '동인(東人)'으로 분립하여 대립이 갈수록 격심하게 벌어졌던 것이다.

선비가 공론(公論)을 제시하는 주체라고 하지만, 현실에서는 선비들의 의견이 분열되어 갈등을 일으킴으로써 오히려 사회혼란의 원인이 될 수도 있다는 사실이 동서의 붕당(朋黨)으로 극명하게 드러나게 되었다는 사실을 주목할 필요가 있다. 실제로 율곡이 활동하던 선조때는 사림이 정치적 주도세력으로 자리 잡았지만, 사림들 사이에 분열이 일어나 당쟁을 일으키는 소용돌이에 휩싸이게 되었던 것이다.

앞서 재상을 지낸 이준경(東皐 李浚慶, 1499~1572)은 죽음을 앞두고 선조임금에게 올릴 유소(遺疏)를 남겼는데, 이 유소에서 사림이 분열하여 붕당이 일어날 조짐이 있음을 경계하였던 일이 있었다. 당시 37세때(1372)인 율곡은 병으로 고향에 돌아가 있다가 서울에 올라와 이준경이 붕당을 깨뜨리라고 요청한 유소의 소식을 듣고 이준경과 그의 유소를 격렬하게 비난하는 상소를 올렸다.

> 붕당의 이론은 어느 시대에 없으리오마는 오직 그들이 군자인지 소인인지를 살필 뿐입니다. 진실로 군자라면 천명 백명이 붕(朋)을 이루더라도 많을수록 더욱 좋은 것이요, 진실로 소인이라면 한 사람도 용납할 수 없는데 하물며 당(黨)을 이루는 것을 용납할 수 있겠습니까. 만약 간사한지 정당한지를 묻지 않고 갑자기 '붕당'이라 의심하여 깨뜨리려고 한다면 (後漢 桓帝때) 동경(東京)에서 당고(黨錮)의 재앙이나 (당나라 말기) 백마역(白馬驛)에서 청류(清流)들이 당한 참혹함이 반드시 일어나지 않는다고는 할 수 없습니다.…진실로 조정 신하들이 사사로운 붕당을 맺었음을 알았다면 어찌하여 재상 노릇 하던 날 입궐하여 아뢸

기회에 명백히 진술하여 무마시키는 유약한 도리를 끊지 않다가 죽음을 앞두고서 비로소 감히 문제를 일으켰으며, 또한 어떠한 사람들이 붕당을 맺었다고 분명히 말하지 않고 은밀한 말을 하여 전하로 하여금 여러 신하들을 모두 아울러 의심하게 한단 말입니까

「論朋黨疏」

그는 '붕당'의 문제를 논의한 옛 문헌으로 구양수(歐陽修)의 「붕당론(朋黨論)」이 가장 조리있고 주자(朱子)가 승상 유정(留正)에게 보낸 편지(「與留丞相書」)가 가장 절실함을 지적하여 임금이 읽고 군자와 소인들의 정상을 분명히 알아보기를 당부하며, 정자(程子)도 행실이 그르다는 탄핵을 받았던 일이 있고, 주자도 '거짓된 학설(僞學)'이라 비방받았던 일이 있음을 들어서, 사사롭게 붕당을 맺는다고 선비들을 모함할 수 있음을 경계하였다. 여기서 그는 이준경이 붕당의 분렬조짐을 제기한 것은 권력을 장악했던 간신들이 물러나고 선비의 기개가 겨우 살아나려는 시기에 틈을 엿보고 있는 소인들에게 사림을 붕당으로 지목하여 타도할 수 있는 빌미를 제공해 줄 수 있다는 깊은 우려를 거듭 밝히고 있다. 따라서 그는 이준경의 유소를 조목조목 반박하여 그 말이 선비들을 해치는 독이 될 수 있음을 경계하면서, "옛 사람은 죽으려 함에 그 말이 선하였는데, 지금 사람은 죽으려 함에 그 말이 악합니다"라고까지 격렬하게 비판하여, 죽음을 앞두고 올린 이준경의 유소가 선한 말이 아니라 악한 말임을 강조하였다.

그러나 곧이어 율곡이 40세때(1575)부터 사림들 사이에 붕당의 분렬은 현실로 드러나고 말았다. 이제 율곡은 사림들이 분렬하여 붕당으로

대립하는 한 가운데서 스스로 대처하지 않을 수 없는 처지에 놓이게 되었던 것이다. 동인과 서인으로 붕당이 일어나 당쟁이 벌어지자, 김효원은 부령부사(富寧府使)로 심의겸은 개성유수(開城留守)로 외직에 내려보냈지만, 당쟁은 갈수록 격화되었다. 이때 율곡은 김효원이 병이 들어 변경의 부령부사로 나가는 것이 적합하지 않다고 지적하며 내지의 수령으로 옮겨줄 것을 청원하는 상소(「請移補金孝元啓」)를 올리면서, '동·서'로 분렬된 사림(土林)의 양쪽을 조정하여 화합시키는 방안을 위해 진력하였다.

이러한 율곡의 조정을 위한 노력에 대해 동인이나 서인의 어느 쪽도 동의하지 않았다. 이때 어떤 사람이 율곡에게, "천하에 두 가지 다 옳거나 두 가지 다 그른 것이 없다. 그대가 요즈음의 일에 대해 옳고 그름을 가리지 않고 되도록 둘 다 온전히 하려 하기 때문에, 사람들의 마음이 불만을 품는 것이다"라 하였다. 이쪽 편이나 저쪽 편의 어느 한쪽을 택할 것이지 중간에 서서 방황하지 말라는 충고이다. 이에 대해 율곡은 "천하에 옳고 그름을 다투는 자들에는 진실로 양쪽이 모두 옳거나 양쪽이 모두 그른 경우가 있다. 백이(伯夷)·숙제(叔齊)가 서로 나라를 사양한 것이나 (紂를 정벌한) 무왕(武王)과 (말고삐를 잡고 못하게 무왕을 막았던) 백이·숙제가 그 뜻이 각각 달랐던 것은 둘 다 옳은 것이요, 춘추·전국시대에 의로운 전쟁이 없었으니 양쪽 다 그른 것이다. 요즈음 심의겸·김효원의 일은 국가에 관계된 것도 아닌데, 괜히 서로 질투 반목하여 조정까지 조용하지 않으니 이는 둘 다 그른 것이다. 이것이 비록 둘 다 그를지라도 모두가 선비의 무리(土類)이니, 마땅히 화해하여 서로 융합하는 것이 옳은 일이다. 반드시 이것을 옳게 여기고 저것을 그르게 여기려 한다면, 막 쏟아져 나오는 헐뜯는 말과 서로 질투 반목하는 형세가 언제 없어지겠는가〈「연보」〉”라 대답하였다. 이른바 옳은지 그른지를 따지면서도 한 쪽이 옳고 다른 쪽이 그르다는 흑·백으로 시비를 단순히 양분하는 판별이 아니라, 양쪽 모두에 옳은 점도 있고 그른 점도 있다는 ‘양시양비(兩是兩非)’의 논리로, 양쪽을 포섭하고 조정하고자 하였던 것이다. 곧 사림들이 분열하여 대립하는 현실에서 양쪽 모두에 정당성을 인정함으로써 양쪽을 모두 등용할 수 있는 길을 확보하고, 양쪽 모두에 부당한 점을 인정함으로써 주장을 받아들이는데 선택적 판단이 요구됨을 강조하게 된다.

율곡이 붕당의 조정에 나서자 친우인 정철은 율곡이 김효원을 감싼다고 의심하였고, 율곡은 정철에게 편지를 보내, 서인의 입장에 철저히 서서 김효원을 격렬하게 공격하는 정철의 태도가 옳지 않음을 간곡하게 타일러 깨우쳐주고 있다.

이 사람(김효원)에 대해 형은 볼 것 없는 소인으로 반드시 나라를 무너뜨리고 선비들을 살륙할 것이라 여기지만, 나로서는 명성을 추구하는 사람이라 여깁니다. …만약 그의 사람됨이 형의 말과 같아 털끝 만큼도 어긋나지 않아서 뒷날 다시 요직을 얻어 사소한 원한도 모두 보복하여 선비들을 죽인다고 하면, 형은 선견지명(先見之明)이 있었으니 웃음을 머금고 죽을 수 있어서 조금도 부끄러움이 없을 것이니, 그 죽음은 영광스러울 것입니다. 그러나 나는 간사한 사람을 옹호했다는 악명이 영원히 없어지지 않을 것이며 구차하게 살고자 해도 욕될 것이니, 뒷날의 근심은 나에게 있지 형에게 있는 것이 아닙니다. …(김효원이)

외지로 축출된 후에는 또 범을 묶어 놓은듯이 경중을 헤아리지 않고 단지 심하게 공격하려고만 하며, 장차 그 주변 사람들까지 연계시켜 인심을 흉흉하게 하고서는 모두 형을 이끌어 의지합니다. 내가 두려워함은 이렇게 하기를 그치지 않으면 나라 일을 그르친 책임은 형에게 있지 나에게 있지 않다는 것입니다.

「答鄭季涵」(一作乙亥)

형은 그(김효원)를 소인으로 단정하고 그를 아껴주는 사람은 모두 그들의 무리로 지목하여 비록 평소에 서로 깊이 친하던 사람이라도 의심하지 않음이 없이 일체 배척하니, 이는 김효원을 아끼는 자도 다 간사한 사람이 아니고 김효원을 배척하는 자도 다 바른 사람이 아니요 다만 마음이 공정한지 사사로운지에 달려 있을 뿐이라는 것을 모르기 때문입니다. …나는 '동'과 '서'를 깨뜨려 하나로 만들고자 하는데 힘이 미치지 못합니다. 만약 내가 '동'을 주장하거나 혹은 '서'를 주장했더라면 어찌 양편에서 모두 불쾌하게 여기겠습니까.

「答鄭季涵(丙子)」

정철 뿐만 아니라 율곡의 친우들은 대체로 서인을 옹호하는 입장이었지만, 율곡은 친우들의 비방이나 동인·서인 양쪽으로부터 비난을 받고 있음에도 불구하고 조정하는 입장에서 어느 한 쪽에 기울어지지 않는 정도(正道)를 보여주고 있는 것이다

율곡은 사림이 동서로 갈라진 분별의 위험을 심각하게 인식하여, '동·서' 두 글자는 나라를 망칠 화근임을 강조하였다. 곧 "선비의 무리

가 된 자로서 비록 의분에 북받쳐 탄핵할 의논을 하고 싶으나, 위로는 그것을 서로 공격하는 것이라 의심하실까 두렵고, 아래로는 그것을 자기와 다른 사람을 배척하는 것이라 의논할까 염려하여, 서로 돌아보며 근심하고 탄식하면서 감히 말하지 못합니다. 그래서 나라의 근본이 날로 곤궁해지고 나라의 명맥이 날마다 상해가니, '동·서' 두 글자는 곧 나라를 망칠 재앙의 씨앗입니다. …오늘날 쓸 만한 선비는 모두 동서의 색목(色目) 속에 들었습니다. …'동'으로써 '서'를 공격해도 불가하고 '서'로써 '동'을 공격해도 불가합니다. 만약 '동·서'를 다 배척하려 한다면 이는 전하의 조정이 비게 되니, 이 논의를 주장하는 자는 필시 소인 장돈(章惇: 北宋代 奸臣)·채경(蔡京: 北宋代 奸臣)의 무리입니다. 반드시 조화하고 진정시켜 같이 삼가고 서로 공경하게 하려는 자가 군자의 논의입니다〈「代白參贊仁傑疏」〉"라 하였다. 이처럼 그는 '동인·서인'의 붕당으로 공론이 펼쳐지지 못하여 나라가 위기에 놓이게 되었음을 지적하면서, 붕당을 이룬 인물들이 사림인 만큼, 사림의 분열을 조정하고 화합시켜 대립을 진정하게 하는 것이 군자의 주장임을 강조하면서, '동·서'를 모두 배척하는 것은 소인이 사림을 몰아내기 위한 주장으로 경계해야 할 것을 역설하였다. 이처럼 율곡은 사림이 분열하여 공론이 정립될 수 없는 위기적 현실을 변통하기 위해 '양시양비'의 논리로 분열의 조정과 화합을 추구함으로써 사림정치의 정착을 도모하였던 것이다. 그러나 붕당의 대립은 율곡 자신도 그 속에 휩쓸리지 않을 수 없을 만큼 조정자로서 역할을 할 수 있는 자리를 허용하지 않았던 것이 현실이다.

율곡은 44세때(1579) 대사간에 임명되자 사직 상소를 올리면서 '동·

서'의 붕당을 씻어내고 조정을 화합시키는 방도를 거듭 제시하면서, "예로부터 국가가 믿고 의지하는 것은 사림(士林)이라 합니다. 사림은 나라의 원기(元氣)라, 사림이 성하고 화합하면 그 나라는 다스려지고, 사림이 과격하고 분열되면 그 나라는 어지러워지며, 사림이 실패하여 다 없어지면 나라는 망하는 것입니다. …동인·서인의 이름이 한 번 나오고부터 조정에는 온전한 사람이 없게 되었으니, 또한 사림의 재앙이라 말할 수 있겠습니다〈「謝人司諫兼陳洗滌東西疏」〉"라 하여, 역사 속에서 사림이 화합하거나 분렬하였던 사례를 들면서, 국가의 명맥을 지탱하는 원기(元氣)로서 선비의 중요성을 역설하고, 심의겸과 김효원이 대립하여 붕당이 일어나게 된 과정의 실상을 자세하게 서술하였다. 또한 그는 당시 동인들이 심의겸 뿐만 아니라 정철·김계휘(金繼輝)·한수(韓脩) 등을 서인으로 격렬하게 배척하고 있는 사실에 대해, 그 부당함을 해명하였다. 여기서 그는 "인심이 함께 옳다 하는 것을 '공론(公論)'이라 하며, '공론'이 있는 곳을 '국시(國是)'라 합니다. '국시'란 한 나라의 사람이 의논하지 아니하고도 함께 옳다 하는 것이니, 이익으로 유혹하는 것도 아니고, 위엄으로 무섭게 하는 것도 아니면서 어린아이도 그 옳은 것을 아는 것이 곧 '국시'입니다"라 하여, '공론'에 기반하는 '국시'가 아니라 사사로운 당파적 견해로 '국시'를 삼을 수 없음을 강조하였다. 나아가 과격한 '당론'이 횡행하여 '공론'이 무너지면서 임금이 선비들을 의심하게 되면 간사한 무리들이 틈을 엿보다가 선비들을 희생시키는 '사화(士禍)'가 일어날 수 있음을 깊이 경계하였던 것이다. 이때 그는 자신의 상소에 대해서도 '당론'으로 비난이 쏟아지는 사실을 알면서도 헛된 명성이나 보존하고 있기보다 죽음을 무릅쓰고라도 충직한 말을 다하겠다는 결의를 밝히기도 하였다.

46세때(1581) 상소에서도 "정치의 득실(得失)은 '사론(士論)'에 달려 있다고 여깁니다. 선비들이 화합하여 하나가 되고, 거기에서 악한 이를 물리치고 선한 이를 등용하며, 옳은 것은 옳게 여기고 그른 것은 그르게 여긴 뒤에야 조정이 안정되고 사업이 일어날 수 있습니다. 혹시라도 그렇지 않고 먼저 저쪽과 이쪽을 나누고 자기와 다른 것을 찾아내면 취하고 버림이 공정하지 못하고 인심이 복종되지 않아서, 장차 '청론(淸論)'을 세우고 '국시(國是)'를 정할 수 없을 것입니다〈(「辭大司諫疏」)〉"라 하여, 선비의 의론 곧 '사론'의 분렬을 막고 선비들을 화평하게 하는 방법을 세심하게 제시하기도 하였다. 또한 48세때 올린 상소에서도 "사람을 관찰하는 도리는 오직 사특한지 정당한지만 분간할 뿐이지, 어찌 '동인'이냐 '서인'이냐를 분별할 것이겠습니까〈「陳情乞退疏」〉"라 하여, 당쟁의 대립에서 벗어나 정당한 도리를 기준으로 삼아야 할 것을 강조하면서, 자신은 양쪽을 조정하여 국사를 함께 하려 한 것이지만 자신의 의도를 이해하지 못한 선비들로부터 '동인'을 억누른다고 지목하여 배척당하고 있음을 밝히기도 하였다.

율곡은 죽기 전해인 48세때(1583) 한해는 촛불이 다 타고나서 꺼지기 직전에 마지막으로 가장 밝게 타오르듯이 관료생활에서 그의 역량을 아낌없이 발휘하였던 해이다. 그해 1월부터 6월까지는 병조판서를 지냈는데, 이미 1월에 그는 자신이 병이 심하여 병조판서의 직무를 수행할 수 없다고 간곡히 호소하는 사퇴 상소를 올리면서 아울러 폐단을 개혁하고 군사를 양성할 계책을 제시하였다. 그러나 이때 마침 북쪽 변경에 여진족이 침략해왔다는 급보가 있어서 더 이상 사퇴하지 못하고 병조판서로 나가서, 변경의 급무를 신속하고 효율적으로 처리했다.

이 무렵 선조임금은 율곡에 대한 신임이 깊어져 그만큼 율곡에 의지함이 커졌다. 율곡도 자신의 포부를 펼칠 수 있는 기회를 얻은 것이라 생각하여, 자신이 생각하는 개혁정책을 모두 임금께 진언하였고 행정의 현장에서 개혁의 실천을 위해 진력하였다. 그는 당면한 시무(時務)를 제시하면서, "조정을 화합시키고 정치의 폐단을 개혁하는 것은 근본이요, 군사와 양식을 조달하고 방비를 튼튼히 하는 것은 말단입니다〈「陳時事疏」〉"라 하여 근본과 말단을 갖춘 정치적 실천과제를 체계적으로 밝혔다. 여기서 그는 서얼과 천인을 모집하여 북쪽 변경에 보낼 것과, 서얼은 벼슬길을 열어주고 천인은 양인(良人)을 삼아줄 것을 요청함으로써 당시의 신분적 질서에 변동을 일으키는 상소를 올리기도 하였다.

이 상소를 받고서 선조는 "내가 우연히 경(卿)이 연전에 올린 상소를 열람하는데 마침 경의 상소가 또 이르러 전후에 걸쳐 정성스럽게 말하니, 경이 용렬한 임금을 잊어버리지 않는 높은 충성이 있음을 알겠다" 하고, 그가 올린 개혁정책에 대해 그동안 소극적 태도를 보였던 것과는 달리 적극적으로 깊은 관심을 보여주었다. 율곡의 주장은 과감한 개혁론이었고, 선조의 율곡에 대한 신임이 깊어졌으니, 바로 이 때문에 조정에서는 그의 정치적 반대세력이 뚜렷하게 드러나기 시작했다. 더구나 당시의 '동·서' 붕당과 연결되어 공격의 칼끝이 그를 향해 둘러싸인 처지에 놓이게 되었다.

이때 북쪽의 여진족이 또다시 쳐들어와 2만여 군사로 종성(鍾城)을 포위하였다는 급보가 들어와 상황이 매우 급박하였다. 당시 율곡은 병조판서로서 밤낮으로 군사를 동원하고 보급물자를 조달하는 군무(軍務)를 처리하는데 심혈을 기울였으며, 북쪽 변경으로 나가는 군사들을 위한 군마(軍馬)를 마련하는데 어려움에 처하자, 3등 이하의 사수(射手)들에게 말을 바치고 동원을 면제받도록 했는데, 임금의 승인을 받기 전에 시험삼아 명령을 내렸더니 말을 바치려는 자가 많았다. 이때 그는 한편으로 임금에게 보고하여 승인을 사후에 받으면서, 다른 한편으로 군사들에게 신속하게 말을 나누어 주어 변경으로 출정하게 하였다. 그러나 율곡이 먼저 임금의 승인도 받지 않고 권력을 멋대로 행사하여 말을 바치게 하였다는 비난이 일어나고, 이 때문에 삼사(三司: 司憲府·司諫院·弘文館)로부터 탄핵을 받게 되었다. 임금은 오히려 율곡을 적극적으로 옹호해주었으나, 율곡은 당시 분렬하여 서로 배척하는데 급급한 정치적 분위기를 보면서 물러날 뜻을 굳히고 시골로 돌아갔다. 이때 그는 병조판서에서 물러나 양화진(楊花津)에 나와 배를 타고 해주로 내려가면서 읊었던 시가 한 수 전하고 있다.

사방 멀리까지 먹구름 짙은데,　　　　四遠雲俱黑,
중천에 태양만이 바르고 밝구나.　　　中天日正明,
외로운 신하의 한줌 눈물,　　　　　　孤臣一掬淚,
한양성을 향해 뿌리누나.　　　　　　灑向漢陽城.

「去國舟下海州」

사방의 하늘에 먹구름이 뒤덮여 있다는 것은 당쟁에 빠져든 당시의 정국이 얼마나 암담한 상황이었는가를 말하고 있다. 또한 하늘 복판에 태양이 바르고 밝게 비치고 있다는 것은 이렇게 암담한 정국에도 임금의 마음만은 광명정대하다는 것으로, 임금에 대한 신뢰와 희망을 보여주는 것이다. 임금은 바르지만 신하들은 당쟁에 사로잡혀 서로 비난하고 배척하는데 몰두하고 있는 현실을 보면서, 나라의 장래를 진심으로 걱정 근심하는 마음이 북받쳤던가 보다. 시골로 내려가는 배를 타고서도 고개는 서울을 향하고서 눈물을 뿌리고 있는 자신의 모습을 보여주고 있다.

율곡이 탄핵을 받아 병조판서를 그만두고 해주로 내려간 뒤에 율곡의 친우 성혼(牛溪 成渾)은 율곡을 탄핵한 것이 부당함을 간곡하게 호소하는 상소를 올렸고, 양사(兩司: 司憲府·司諫院)는 다시 율곡을 배척하는 상소를 올렸으며, 태학생(太學生)들이 율곡을 옹호하는 상소를 올리면서 한동안 당쟁에 연결되는 시끄러운 정치적 쟁점이 되었다. 선조는 율곡을 배척하던 송응개(宋應漑)·허봉(許篈)·박근원(朴謹元)을 유배 보내면서 율곡의 무죄함을 적극 옹호하였지만 당쟁의 격류 속에서 부딪치는 시비의 대립은 한동안 계속되었다.

율곡은 48세(1583) 9월 이조판서에 임명되었는데 사양하는 상소를 올렸지만 받아들여지지 않아 10월에 조정에 나와 생애의 마지막 관직으로 이조판서의 직무를 담당하였다. 이조판서는 바로 인재를 천거하여 등용시키는 책임이 있는데, 동·서의 대립이 격렬한 가운데 양쪽을 조정하고 포용하는 정책을 시행하는 것이 얼마나 어려운 일이었을지는 넉넉히 짐작할 수 있다. 이때의 당파적 견해를 수습하기 어려움을 토로하였다. 곧 "양편이 서로 배척하는데 나만이 유독 입이 닳도록 다투어 변론하면서 반드시 '동·서'를 타파하려는 것은, 진실로 선비의 무리가 화합하지 않으면 끝내 나라를 다스려 나갈 수 없기 때문이다. 서인들이 내 말을 듣지 않다가 앞서 패배하였으니, 동인들은 이것으로 경계삼아야 할 것인데 또 오늘날이 있게 되었다. …지금은 내가 주장하고 있으니 이는 조정이 장차 이루어질 때이다. 지금 내가 '동인'편을 수습하고자 하는 것이 어찌 전일에 '서인'편을 수습하려는 것과 다르겠는가. 그런데 지금 명망있는 무리들은 나의 본심을 몰라 의심을 품고서 관망함이 이와 같은 지경에까지 이르렀다. 그러나 진실로 공평한 마음을 가진 자로 하여금 오랫동안 나의 하는 일을 지켜보게 하면 반드시 나의 본심을 알고 찾아와서 일을 함께 할 것이요, 지금처럼 버티고 서서 흘겨보고만 있지 않을 것이다〈「연보」〉"라고 하여, 동서화합에 대한 자신의 강한 책임감을 토로하였다. 그것은 대립하고 있는 현실을 극복하고 화합시켜갈 수 있다는 가능성에 대한 희망을 밝히고 있는 것이다. 이처럼 그는 생애의 마지막까지 동·서의 대립을 조정하는 인사정책을 추진하는데 심혈을 기울였다.

율곡이 '동·서'붕당을 해결하기 위해 상소를 올리고 여러 사람들과 서신으로 왕복한 내용을 보면, 그가 한결같은 지성으로 국가의 안위를 걱정하고 선비들을 보호할 대책을 찾았으며, 공평하고 정대한 주장으로 일관하였던 사실을 알 수 있다. 그러나 그가 정성을 기울여 공정함을 실현하려고 하였으나, 그에게 처음에는 동인·서인의 양쪽으로부터 비난이 쏟아졌고, 뒤에는 서인을 옹호한다는 동인의 배척을 피할 수가 없었던 것이 사실이다. 그만큼 당시 선비들의 당파적 의식이 얼마나 뿌리가 견고한 것이었고, 공정하게 조화를 추구하는 의론이 설 자리가 현실적으로 얼마나 좁았던 것인지를 확인할 수 있다.

5. 49세로 떨어진 큰 별

율곡은 죽기 전해인 48세때 한 해동안 병조판서로서 여진족의 변경 침범을 막아내고 이조판서로서 당쟁을 조정하는 인사에 정성을 기울였으나, 그 이듬해 49세때(1584) 정월 초부터 발병하여 다시 일어날 수 없는 병석에 누워 있어야 했다.

병석에서 병은 깊어가고 있는데, 친우 정철이 문병을 왔을 때는 그의 손을 굳게 잡고 사람을 등용함에 편중하지 말 것을 당부하였다. 정철은 평소 당파의식이 강한 인물이었던 만큼 간곡하게 충고와 당부를 하였던 것으로 보인다.

1월 14일 관북(關北) 순무어사(巡撫御史)의 명을 받고 나가는 친우 서익(萬竹 徐益)을 위해 방략을 알려주고자 병이 위중하다고 자제들이 만류하는데도 불구하고, "이는 국가의 큰일이니, 이 기회를 그냥 지나쳐 버릴 수 없다"하고, 부축을 받고 앉아서 입으로 불러주며 아우(李瑀)에게 받아 적게 하였다. 곧 ① 임금의 어진 덕을 선양할 것, ② 복속한 오랑캐 부족(蕃部)을 안무할 것, ③ 우리 임금의 위엄을 펼칠 것, ④ 배반

한 오랑캐를 제압할 것, ⑤ 사신들의 비용을 줄이어 백성들의 힘을 덜어줄 것, ⑥ 장수들의 재략을 미리 살펴 위급한 일에 대비할 것 등 여섯 조목의 방략을 제시하였던 것이다. 이것이 그가 죽기 전에 남긴 마지막 글이 되고 말았다. 그 이틀 뒤 1월 16일 서울의 대사동(大寺洞: 종로구 仁寺洞·寬勳洞일대) 집에서 세상을 떠났다〈「연보」〉.

병이 위중하자 임금은 비통에 빠졌고, 의원을 잇달아 보내 병을 보살피게 하였다. 드디어 율곡이 죽었다는 부음(訃音)을 듣고서 임금이 애통해 하여 곡소리가 바깥에까지 들렸다 한다. 그리고 임금은 "어진 재상이 서거하였으니, 내 마음이 지극히 아프다"고 하교(下敎)하였으며, 3일 동안 조회(朝會)를 정지하여 애도하도록 명하였다〈「연보」〉.

그는 임종 무렵에도 자제들과 제자들로 하여금 병수발을 하게 하고, 부녀들은 가까이 오지 못하게 하여 감정의 동요가 일어나지 않도록 하였다. 죽음을 앞두고서도 정신은 안정되고 한가로웠으며 한 마디도 가정 안의 일에는 언급이 없고 꿈속에서 말하듯 하는 것도 모두 나라의 일에 관한 것이었다고 한다〈「연보」〉.

임종하던 날 새벽에 부축을 받고 일어나서 자리에 깔았던 요를 바꾸라고 지시한 다음, 머리를 동쪽으로 향하고서 옷과 두건을 단정히 하고 편안한 모습으로 죽음을 맞았다고 한다. 선비로서 죽음을 맞이하는 단아한 모습과 천명을 순조롭게 받아들이는 평안한 자세를 보여주고 있는 것이다.

죽기 전날 밤 노씨 부인의 꿈에 흑룡(黑龍)이 침실에서 나와 하늘로 날아 올라가는 것을 보았다고 한다. 그가 태어나기 전날 어머니 사임당은 동해의 흑룡이 날아와 침실의 처마밑에 서리고 있는 꿈을 꾸었다

하고, 그가 죽음에 부인의 꿈에서 흑룡이 하늘로 날아갔다 하니, 그가 세상에 살았던 것은 『주역』 건괘(乾卦) 구이효(九二爻)의 '현룡(見龍)'으로 역사속에 드문 현명한 대신을 형상하였던 것으로 보인다. 구오효(九五爻)의 '비룡(飛龍)'으로 나타나는 어진 임금을 만나서 세상을 크게 이롭게 할 꿈을 가졌던 인물이었다. 그런데 뜨거운 정성으로 나라와 백성을 걱정하였지만, 세상은 당쟁의 소용돌이에 빠져 그의 뜻을 펼 수 없었고, 젊어서는 그의 개혁정책을 임금이 의심하여 시행되지 못했고, 마지막에는 임금의 신임을 받았지만 이미 당쟁으로 분렬된 정국 속에서 뜻을 펼칠 길이 없었던 것이 현실이었다.

불행하게도 49세라는 너무 젊은 나이로 일생을 마감하였으나, 나라와 백성을 위해 불태웠던 그의 열정은 혜성처럼 가장 어두운 밤하늘에 밝게 불타오르면서 떨어졌던 별이었던 것이라 하겠다. 비록 짧은 생애였지만 학자요 정치가요 외교가요 교육자요, 행정가로서 한 시대를 이끌어가며 시대정신을 밝힘으로써 역사 속에 불멸의 자리를 차지하고 있는 것이다.

죽은 다음에 보니 집안에 남아있는 재물이 없었다. 그래서 염습(斂襲)을 위한 의복은 모두 친구들의 부조를 받아서 마련할 수 밖에 없었다. 서울에 와서는 언제나 남의 집을 세내어 살았으므로 처자가 의탁할 곳이 없었다. 그래서 제자들과 친구들이 각각 비용을 염출하여 집을 사서 살게 하였다고 한다〈「연보」〉. 그가 평생에 얼마나 청렴하게 살았던 것인지를 잘 보여주는 이야기다.

임금께서 부의(賻儀)를 특별히 후하게 내려주셨고, 원근의 선비들이 모두 그의 죽음에 슬피 부르짖었으며, 아래로 비천한 노예나 시골 백성들까지도 모두 슬퍼하며 눈물을 흘렸다 한다. 발인하던 날에는 송별하는 사람들이 거리를 메우고 그 곡소리는 하늘에 진동하였다. 금군(禁軍)과 거리의 사람들이 모두 와서 햇불을 잡아 그 불빛이 도성문 밖으로 수십 리까지 비쳤다 한다〈「연보」〉. 그의 죽음을 슬퍼하는 백성들이 얼마나 많았는지를 알 수 있다. 3월 20일에 파주(坡州) 자운산(紫雲山) 기슭 부모님 묘소 가까운 자리에 장사지냈다.

친우 성혼은 율곡의 죽음에 애도하면서, "율곡은 '도'에 있어 그 큰 근원을 꿰뚫어 보았다. 그 이른바 '인심(人心)의 발동에 두 근원이 없고, 이치와 기질이 서로 발동(互發)한다고 할 수 없다'는 등의 말은 모두 실지로 터득한 것이다. 진실로 산과 강의 정기를 타신 분이요, 삼대(三代: 夏·殷·周) 때의 인물로서 참으로 나의 스승이었다. 그런데 하늘이 그를 빨리 빼앗아가 이 세상에 뜻을 펼 수 없었으니 애통한 일이다〈「牛溪年譜」〉"라 하였다. 큰 뜻을 세상에 펼치지 못하고 일찍 세상을 떠난 것을 못내 아쉬워하였다.

친우 이산해(鵝溪 李山海)는 남들과 말할 때 마다 "율곡은 성인이고, 송강(정철)은 병통이 많은 군자다"라고 하였고, 유성룡은 언제나 율곡을 칭찬하면서, "숙헌(율곡의 字)은 수십 년 장래의 일을 내다볼 수 있었는데, 우리 같은 무리는 몸소 직접 난(임진왜란)을 당해서도 어떻게 대처해야 할 줄을 몰라서 국사가 이 지경에 이르게 하였으니, 우리는 바로 숙헌의 죄인이다"라고 탄식하였다 한다〈安邦俊;『牛山集』〉. 율곡이 죽고 난 다음 친우들 사이에 그 인물됨이 얼마나 탁월하였는지를 새삼스럽게 깨달았던 것이다.

임진왜란을 겪고 난 다음에 유성룡이 개혁을 도모하려 하여도 사람들이 옛 관습에 젖어서 현실의 문제를 깨닫지 못한다고 탄식하자, 이덕형(李德馨)이 유성룡에게 "지금에 와서야 율곡은 마음이 공평하고 재주가 높음을 알겠소. 율곡이 살아계신다면 아마 공(公)과 더불어 서로 나라를 구제했을 것이오"라고 하니, 유성룡은 율곡을 칭찬하여, "숙헌은 일을 처리하는 데 매우 과감하였소. 동료들이 그 당시에는 경솔하게 보아, 그 군사를 양성하고 공안(貢案: 稅法)을 고치자는 말들이 모두 시대의 병폐를 환히 보고 한 것임을 알지 못했소. 숙헌은 재주가 놀라운데다 공평하였고 화합하는 사람이었소"라고 하였다 한다〈李德馨;「西崖遺事」〉. 율곡이 죽고 난 다음에 그 빈자리가 더욱 뚜렷하게 사람들의 가슴에 각인되었고, 평소에 그의 탁월한 식견과 인품이 새삼스럽게 닥아와 사람들의 마음에 깊은 아쉬움으로 남았던 사실을 보여준다.

제자로 신응구(晚退 申應榘)는 "선생(율곡)을 대할 때 마다 마치 높은 누각에 올라 팔 면의 창문을 활짝 열어놓은 것 같아서 사람으로 하여금 저절로 어긋나고 바르지 못한 마음이 없게 한다" 하고, 또 "나는 산으로 풍악산(금강산)을 보고, 사람으로 율곡선생을 보았다"고 하였다 〈申應榘;「遺事」〉. 스승에 대한 깊은 존경심과 그 인품에 깊이 감동되었음을 밝히고 있는 것이다. 또한 제자 김장생(沙溪 金長生)은 "율곡이 남과 말할 때에는 친밀한지 소원한지를 가리지 않고 격의없이 대화하여 남김없이 다 말해 버리고야 말았으니, 그 덕량(德量)의 웅대함을 볼 수가 있다. 다만 소인들에게 모함을 당한 것도 또한 이 때문이었다 〈金長生;「沙溪語錄」〉"고 언급한 사실에서 보면, 율곡은 누구에게나 감추고 가림이 없이 진솔하게 자신의 생각하는 바를 모두 밝히는 열린 마음을 보여주는 인물이었으며, 바로 이 때문에 반대파에 책잡히어 공격을 받았던 것을 알 수 있다.

그가 죽은 뒤에 그의 학문과 덕망을 사모하여 황해도 지역에 그를 제향하는 서원이 많이 세워졌다. ① 소현서원(紹賢書院)-해주 석담/제자들이 율곡의 유지를 받들어 율곡 사후 2년 뒤(1586) 은병 정사(隱屏精舍)에 주자(朱子) 사당을 세우고 정암(靜菴 趙光祖)·퇴계(退溪 李滉)를 동·서로 배향하였으며, 그후 11년 뒤(1596) 율곡을 배향했고, 광해군 2년(1610) 사액받았다. 황해도지역의 서원들은 소현서원을 모범으로 삼은 것이 많으며, 율곡을 모신 서원으로는 소현서원 이외에도 ② 연안부(延安府)의 비봉서원(飛鳳書院), ③ 배천(白川)의 문회서원(文會書院), ④ 황주(黃州)의 백록서원(白鹿書院), ⑤ 안악(安岳)의 취봉서원(鷲峯書院), ⑥ 재령(載寧)의 경현서원(景賢書院), ⑦ 장연(長淵)의 용암서원(龍巖書院), ⑧ 송화(松禾)의 도동서원(道東書院), ⑨ 은율(殷栗)의 봉암서원(鳳巖書院), ⑩ 봉산(鳳山)의 문정서원(文井書院), ⑪ 문화(文化)의 봉강서원(鳳岡書院), ⑫ 서흥(瑞興)의 화곡서원(花谷書院), ⑬ 신천(信川)의 정원서원(正源書院) 등 13곳이 있다.

그 밖에 경기도에는 ① 파주의 율곡 묘소 아래 광해군7년(1615)에 세운 자운서원(紫雲書院)과 ② 풍덕(豊德)에 숙종 원년(1675) 창건된 귀암서원(龜巖書院)의 두 곳이 있고, 강원도에는 ① 강릉에 인조14년(1636) 창건된 송담서원(松潭書院) 한 곳이 있다. 충청도에는 ① 황산(黃山)에 문인 김장생이 주도하여 세운 죽림서원(竹林書院)과 ② 청주(淸州)에 선조3년(1570) 창건된 신항서원(莘巷書院)의 두 곳이 있고, 경상도에도 ① 청송(靑松)에 숙종24년(1678) 창건하여 율곡을 주향으로 모시고 김장생을 배향한 병암서원(屛巖書院) 한 곳이 있다. 또한 평안도에는 ① 선천(宣川)의 문공서원(文公書院)과 ② 숙천(肅川)의 덕수서원(德水書院) 두 곳이 있으며, 함경도에도 ① 함흥(咸興)의 운전서원(雲田書院) 한 곳이 있다. 전국에 모두 22곳 서원에서 주향이나 배향으로 제사드려지고 있는 사실이 확인된다〈「院享錄」〉.

율곡이 죽은 뒤에도 당쟁의 분렬과 대립은 더욱 심화되어 갔으니, 동인쪽에서 율곡을 비난하는 주장이 많았고, 제자인 조헌(重峯 趙憲)은 율곡이 죽고나서 2년뒤(1586) 율곡이 모함을 당한 사실을 변론하는 상소를 올렸으나, 율곡을 비난하는 주장과 변호하는 주장이 여전히 뒤얽혀 있었다. 그러나 선조24년(1591) 종계(宗系)의 잘못이 바로잡혀지자, 율곡이 끼친 공적을 인정하여 광국원종(光國原從) 1등에 녹훈되었다. 사후 40년이 되던 해(1623) 대광보국숭록대부(大匡輔國崇祿大夫) 의정부 영의정에 추증되었고, 이듬해(1624)에는 '문성(文成: 道德博聞曰文, 安民立政曰成)'의 시호가 내려졌다. 오랜 기간동안 사방에서 율곡을 문묘(文廟)에 배향하도록 청원해왔는데 숙종7년(1681)에 문묘배향이 윤허되어 이듬해부터 성균관과 전국 향교의 문묘에서 제사드려졌다. 당쟁의 격렬한 대립 속에서 숙종15년(1689) 율곡은 문묘(文廟)의 제향이 철회되었다가 숙종20년(1694) 문묘(文廟)에 다시 배향되는 변동을 겪기도 하였다.

4부
생활 속의 풍모

栗谷評傳

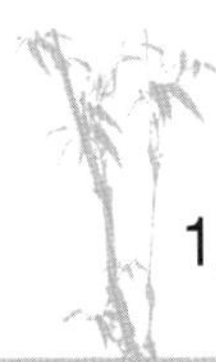

1. 물러나 후학을 가르친 교육자

1) 해주 고산구곡(高山九曲)과 강학활동

선비의 기본 역할은 벼슬길에 나가면 임금을 섬기고 백성을 보살피며 한 시대에 자신의 포부를 펼치는 것이요, 물러나면 후생을 훈도하고 저술을 하여 후세를 위해 가르침을 배푸는 것이다. 바로 이 점에서 율곡은 나아가 정치가·행정가로서의 큰 역할을 하였을 뿐 아니라 물러나 교육자·학자·시인으로서도 큰 업적을 이루었다.

율곡은 35세때(1570) 10월 병으로 홍문관 교리를 사직하고 처가가 있는 해주 야두촌(野頭村)으로 내려갔는데, 서울과 시골의 젊은 이들로 그의 문하에서 수학한 사람들이 많았다고 한다〈「연보」〉. 이때부터 그는 후학을 가르치는 스승의 길에 나섰던 것으로 보인다. 이듬해 여름 잠시 다시 서울에 올라와 홍문관 교리에 나갔지만 홍문관 부응교 등에 승진되었으나 사퇴하고 바로 해주로 돌아갔다. 그해 6월 친우·제자들과 더불어 가까운 고산(高山) 석담(石潭)으로 놀러 갔는데, 그곳에서 물

굽이를 따라 구곡(九曲)의 아름다운 경치를 유람하였다. 제4곡을 송애(松崖)라 이름붙이고 기문(記文)을 지었다. 여기서 그는 자연과 인간이 어울리는 세계를 깨우쳐주면서, "천리(天理)의 현묘함을 보고자 한다면 마땅히 홀로 있는 자리에 삼가는 것(愼獨)으로부터 시작해야 한다. 홀로 있는 자리에 삼가면 내 마음에 간격이 없고 내 마음에 간격이 없으면 천리가 유행한다. 홀로 있는 자리에 삼가지 않으면 내 마음에 간격이 있고, 내 마음에 간격이 있으면 천리가 막히기 때문이니, 우리 무리(吾黨)의 선비는 여기에 힘써야 할 것이다〈「松崖記」〉"라 하여, 자신의 덕을 닦아 자연과 조화를 이룰 것을 강조하였다. 이때부터 그는 이곳 고산구곡에 터를 잡고 살며 강학할 계획을 세웠다〈「연보」〉.

그는 39세때(1574) 10월부터 반년정도 황해도관찰사로 나가 있으면서 해주와의 인연은 더욱 깊어졌다. 41세때(1576)는 우부승지·대사간·이조참의·전라감사의 관직이 제수되었지만 모두 병으로 사퇴하였으며, 해주 석담에 청계당(聽溪堂)을 짓고 물러나서 강학하는데 뜻을 두었다. 당시 조정에서 율곡이 임금의 뜻에 거슬리면서 격렬한 말로 간언하자, 노수신(蘇齋 盧守愼)이 어떤 사람에게, "이이(李珥)가 경연에서 임금께서 듣기 싫어하는 말을 많이 하기에, 혹 무슨 일이 생길까 두려워서 내가 정지시키려고 했으나, 서로 알지 못하기 때문에 정지시키지 못했다"고 말한 일도 있고, 친우 정철은 "임금께서 '귀를 씻는다'는 시까지 인용한 전교(傳敎)를 들었으니, 내일이면 그만 떠나가겠구나"라고 말하기도 하였다 한다〈「연보」〉. 임금이 간언을 받아들이지 않으니 그가 조정에 머무를 뜻을 잃었고, 그래서 물러나 강학하려는 뜻을 세웠던 것임을 알 수 있다. 그 자신 참된 선비(眞儒)를 정의하면서, "세상에 나아가면 한 시대에 '도'를 행하여 이 백성으로 하여금 화락한 즐거움을 누리게 하고, 물러나 숨어있으면 만세에 가르침을 베풀어 배우는 이로 하여금 큰 잠에서 깨어나게 하는 것이다〈「東湖問答」〉"라 하였으니, 그가 벼슬에 나아갔던 것은 '도'를 펼쳐서 백성을 구제하고자 하였던 것이요, 그 뜻이 받아들여지지 않았으니 물러나서 후학을 가르쳐 '도'를 깨우치게 하고자 하였던 것임을 알 수 있다.

그러나 그가 해주 석담에 물러나 있을 때 양식이 떨어져 하루 한끼만 먹어야 할 정도로 그의 생활은 극도로 빈곤하였다 한다. 이러한 때에 황해도 재령(載寧)의 수령으로 와 있던 친구 최립(崔岦)이 쌀을 몇말 보내 주었는데, 받지 않고 돌려보냈다. 자제들이 양식이 떨어졌는데도 친구가 보내준 쌀을 거절한 까닭을 묻자, "국법에 뇌물을 받은 죄(贓罪)가 매우 엄하여 받는 자도 처벌이 동일하다. 우리나라 수령은 나라 곡식이 아니고는 다른 물건이 없다. …최립은 어릴적 벗이니, 만일 자기의 개인 재물로 구제해 준다면 어찌 받지 않을 리가 있겠느냐"라고 하여, 도학자로서 의리를 지켜 처신하는 엄격함을 잘 보여주고 있다.

42세때(1577) 그는 해주 고산구곡의 제5곡에 은병정사(隱屛精舍)를 짓고, 이듬해(1578) 「은병정사학규(隱屛精舍學規)」를 제정하여 강학의 기틀을 잡고 학풍을 일으키는데 세심한 관심을 기울였다. '학규'로서는 첫머리에 입학(入齋)의 규칙으로 사족(士族)과 서류(庶類)를 막론하고 다만 학문에 뜻이 있는 사람은 모두 재(齋)에 들어오는 것을 허락하며, 전날에 패악(悖惡)했던 사람이 들어오기를 원한다면 먼저 스스로 허물을 고쳤다는 사실을 확인한 다음에 허락할 것을 규정하고 있다. 학칙은 전부 21조목으로 규정하고 있는데, 학생들 사이에 당장(堂長)·

장의(掌議)·유사(有司)·직월(直月)의 직책을 선출하여 자치적으로 운영하게 하고, 매월 초하루와 보름에 스승과 제자가 모두 의복을 갖추고 문묘(文廟)에 분향(焚香)하는 의례를 행할 것과 매일 5경(五更: 날샐녘)에 일어나 침구를 정돈하고 청소하며 세수하고 의관을 단정히 하여 글을 읽을 것과 아침이 되면 모두 사당의 뜰에 가서 재배하고, 스승 앞에 나가 배례하며, 학생들이 서로 읍례(揖禮)하는 의례를 행하는 것을 비롯하여, 학교생활의 구체적 행동규칙을 제시하고 있다.

또한 그는 「은병정사약속(隱屏精舍約束)」을 정하여, 입재(入齋)한 모든 학생들이 일상생활 속에서 공부에 힘쓰고 행실을 바르게 닦도록 경계하는 말을 제시하고, 규칙을 따르지 않고 행실이 바르지 않는 자에게 벌칙까지 규정하여 매월 초하루에 모여 통독(通讀)하게 하였다. 그 조목 가운데, "말은 반드시 충성스럽고 신실하며 간략하고 때에 맞게 할 것이며, 문자와 의리에 유익한 이야기를 할 뿐이요, 세속에 비루한 말, 음란하거나 원망하는 말, 남을 다치게 하거나 사물을 해치는 말, 괴이쩍은 귀신 이야기나 점잖지 못한 말 등은 털끝 만큼도 입에서 내어서는 안된다. 행실은 반드시 고결하게 하여서 옛 성현(聖賢)을 좇아 법을 삼고, 이득(利得)을 보면 의리를 생각하고, 주고받는 것에 절도가 있으며, 이익을 도모하는 비루한 일은 일체 마음속에 두지 말고, 사치롭고 음란하고 번잡한 곳에는 일체 발을 들여놓지 않는다. 그리고 항상 광명하고 넓은 경지에 우뚝 서서 내 마음을 길러야 한다" 하여, 말과 행동을 삼가는 선비다운 기풍을 지킬 것을 요구하였다.

나아가 그는 은병정사의 학생들에게 당부하는 말에서도, "'도'에 들어가는 기본은 뜻을 세움(立志)을 원대하게 하고 마음가짐(存心)을 독실히 하는 데 있다. …뜻이 크지 않고 마음이 독실하지 않으면 비록 날마다 경계를 듣고 날마다 강론을 받더라도 이는 말 뿐이오 몸과 마음이나 성품과 감정에 무슨 영향이 있겠는가. 무릇 '도'라는 것은 아득히 깊고 먼 곳에 있는 것이 아니고 다만 일상생활 속에 있으니, 집에 들면 부모에게 효도하고 밖에 나가면 어른에게 공순하며, 거처할 때에는 공손하고 일에 손댈 때는 경근(敬謹)하며, 남을 대할 때는 충(忠)으로써 하고 이득을 볼 때는 의리를 생각하는 등 이러한 것일 뿐이다〈「示精舍學徒」〉"라고 하여, 학문이란 '도'를 밝히고 실천하는 것이요, '도'는 일상생활 속에서 의리에 맞게 행동하는 가운데 드러나는 것임을 거듭 간곡하게 타이르고 있음을 보여준다.

그는 해주에 있는 최충(崔冲)을 제향하는 서원인 문헌서원(文憲書院)의 학규를 규정했는데, 여기서도 "선비를 뽑는 법은 나이 많고 적음을 막론하고 그 뜻이 학업에 있고 이름과 행실에 오점이 없는 사람으로 가려서 원유(院儒)가 다 의논하여 입회를 허락한다.…만일 유생이 혹 세력을 끼고 들어오려고 하거나 혹 이를 통하여 감사(監司)나 주관(州官)을 만나 보려고 하는 자는 모두 입회를 허락하지 않는다〈「文憲書院學規」〉"고 하여, 입학(入院)도 자치적 결정으로 자격조건을 갖춘 자에게 허락하며, 권력을 등에 업은 불공정한 입학을 허락하지 않는다는 것을 그 첫머리에서 강조하였다. 또한 문헌서원 학규도 15조목으로 구성되어 있는데, 임원의 선발과 의례와 일상의 생활자세와 예절, 및 벌칙까지 구체적으로 제시하고 있다.

강학활동은 30대 후반이후 해주를 비롯하여 파주나 서울 등 그가 머물던 어디에서나 이루어졌지만, 특히 그에게 해주의 고산구곡은 강학의 자리로서 매우 소중한 의미가 있다. 그가 고산구곡으로 물러나 강학할 자리로 잡은 것은 주자가 복건성(福建省) 무이산(武夷山)의 무이구곡(武夷九曲)에서 강학하였던 사실을 본받은 것이기도 하다. 주자가 무이구곡 제5곡의 은병봉(隱屛峯) 아래에 무이정사(武夷精舍)를 짓고 강학하였던 곳으로 뒷날 무이서원(武夷書院)이 세워졌다. 율곡도 고산구곡에 '관암(冠巖: 一曲)', '화암(花巖: 二曲)', '취병(翠屛: 三曲)', '송애(松崖: 四曲)', '은병(隱屛: 五曲)', '조협(釣峽: 六曲)', '풍암(楓巖: 七曲)', '금탄(琴灘: 八曲)', '문산(文山: 九曲)'으로 이름을 지었다. 고산구곡의 제5곡을 '은병(隱屛)'이라 이름붙인 것은 무이구곡의 제5곡을 그대로 따온 것이고, 율곡도 제5곡에 '은병정사'를 짓고 강학하였으니 주자의 무이구곡을 철저히 본받으려 한 것이다. 또한 주자가 무이구곡 물길을 따라 뗏목(竹筏)을 저어 거슬러 올라가면서 경치를 읊은 노래 「무이구곡도가(武夷九曲櫂歌)」 10절을 지었는데 율곡도 이를 따라 「고산구곡가(高山九曲歌)」 10절을 우리말로 지었다. 현대의 표기법으로 옮겨보면 다음과 같다.

고산(高山) 아홉구비 연못, 사람들이 몰랐는데 / 띠풀 베어다 집짓고 사니 벗님들 다 오신다 / 아아! 무이산을 상상하고 주자를 배우리라.

일곡은 어디메뇨 관암(冠巖)에 해 비친다 / 편편한 벌판에 안개 거치니 원근이 그림이로다 / 솔 사이에 술 한 두루미 놓고 벗 오기를 기다리노라.

이곡은 어디메뇨 화암(花巖)에 봄 저물었구나 / 푸른 물결에 꽃을 띄워 들 밖으로 보내노라 / 사람들이 빼어난 경치 모르니 알게 한들 어떠리.

삼곡은 어디메뇨 취병(翠屛)에 잎 우거졌다 / 푸르른 나무에 산새 오르내리며 노래할 적에 / 반송(盤松)이 정겨운 바람 사랑하니 여름 더위 없구나.

사곡은 어디메뇨 송애(松崖)에 해 넘어 간다 / 못에 비친 바위 그림자는 온갖 빛이 잠겼어라 / 숲이 깊어서 더욱 좋으니 흥을 겨워하노라.

오곡은 어디메뇨 은병(隱屛)이 보기 좋아 / 물가 정사(精舍)가 정갈함도 가이없다 / 이 가운데서 강학도 하려니와 달을 노래하고 바람을 읊으리라.

육곡은 어디메뇨 조협(釣峽)에 물이 넓다 / 나와 물고기와 뉘가 더욱 즐기는고 / 황혼에 낚싯대 매고 달빛 이고 돌아오노라.

칠곡은 어디메뇨 풍암(楓巖)에 가을 빛 좋다 / 찬 서리 엷게 치니 절벽이 수놓은 비단이로다 / 차가운 바위에 혼자 앉아서 집을 잊고 있노라.

팔곡은 어디메뇨 금탄(琴灘)에 달이 밝다 / 옥 안족 거문고로 몇 곡을 타고나니 / 옛 곡조 아는 이 없어 혼자 즐겨 하노라.

구곡은 어디메뇨 문산(文山)에 한해 저무누나 / 기암과 괴석들이 눈 속에 묻혔어라 / 유람객 아니 와보고 볼 것 없다 하더라.

고산구곡을 정해놓고 율곡이 주자를 배우고 싶다는 뜻을 밝히면서도 그 산수의 아름다움을 얼마나 사랑했는지 짐작이 간다. 퇴계가 「도산십이곡(陶山十二曲)」을 시조형식의 우리말로 노래했던 것과 율곡이 「고산구곡가」를 시조형식의 우리말로 노래했던 것은 정취의 극진한 자리에서 한시(漢詩)로 표현하기 어려운 정감을 생생하게 살려낸 것이라 할 수 있을 것이다. 뒷날 송시열은 율곡의 「고산구곡가」를 도로 한 시형식으로 번역해놓았던 일이 있다. 조선말기 도학자인 유중교(省齋 柳重敎)는 그의 음악론에 관한 저술인 『현가궤범(絃歌軌範)』 속에 율곡의 「고산구곡가」 우리말 가사에 음률을 붙여 수록하면서, 노래로 부르게 하였다.

고산구곡은 율곡의 친우 최립(簡易 崔岦)이 「고산구곡담기(高山九曲潭記)」를 지은 것이 있는데, 해주 성밖 서쪽으로 45리 떨어져 있고 바다에서 20리 되는 곳에 제1곡이 시작되고 있음과 구곡의 하나하나에 풍광의 아름다움과 이름을 짓게된 정황을 자세히 기록하고 있다. 고산구곡은 그림으로도 자주 그려지고 병풍으로 만들어졌는데, 대표적인 것은 「고산구곡시화병(高山九曲詩畵屛: 국보237호)」이다. 이 병풍의 제시(題詩)는 송시열(尤庵 宋時烈)을 비롯한 노론계 학자들인 김수항(文谷 金壽恒)·송규렴(霽月 宋奎濂)·정호(丈巖 鄭澔)·이여(睡谷 李畬)·김수증(谷雲 金壽增)·김창흡(三淵 金昌翕)·권상하(遂庵 權尙夏)·이희조(芝村 李喜朝)·송주석(鳳谷 宋疇錫)의 10명이 지었고, 그림은 김이혁(金履赫)·김홍도(金弘道)·김득신(金得臣) 등 당대의 유명한 화원이나 문인화가들이 그린 것으로, 최립의 「고산구곡담기」와 송환기(宋煥箕)의 「발문(跋文)」까지 수록하여 12폭병풍으로 전해오고 있다. 이렇게 율곡이 자리 잡고 강학하던 고산구곡은 그의 「고산구곡가」와 더불어 뒷날에도 깊은 관심의 대상이 되었다.

2)『격몽요결』과「학교모범」의 저술과 교육정신

율곡은 42세때(1577) 해주에서 강학을 하면서 한편으로「해주향약」을 제정하여 백성들의 풍속을 교화하는 계몽활동을 하면서, 다른 한편으로『격몽요결(擊蒙要訣)』을 저술하여 배우는 사람들에게 도학(道學)에 들어가는 길을 제시하였다. 여기서 그는 "사람이 이 세상에 나서 학문이 아니면 사람다운 사람이 될 수 없다. 이른바 학문이란 것은 역시 이상스럽고 별다른 것이 아니다. …요즘 사람들은 학문이 일상생활에 있는 줄은 모르고 망녕되게 높고 멀어 행하기 어려운 것이라 생각한다. 그리하여 특별한 사람에게 미루고 자기는 자포자기하니, 얼마나 가엾은 일인가〈「擊蒙要訣序」〉"라 하여, 일상생활에서 인간의 도리를 밝히는 학문의 길을 타일러주고 있다.『격몽요결』의 제1장 '뜻을 세움(立志)'에서는 "처음 배우는 이는 먼저 뜻을 세우되 반드시 성인(聖人)이 될 것을 스스로 기약해야 하며, 조금이라도 자기 자신을 별 볼 일 없게 여겨 물러나려는 생각을 가져서는 안 된다. …뜻을 세우는 것과 밝게 아는 것과 독실하게 행하는 것 모두가 나 자신에게 달려 있으니, 어찌 다른 데서 구하겠는가"라 하여, 학문의 출발점으로서 성인이 되겠다는 자기완성의 목표를 정립할 것을 강조하였다. 이어서 '옛 습관을 바꿀 것(革舊習)', '자신을 지킬 것(持身)', '독서(讀書)', '부모를 섬김(事親)', '상례의 법도(喪制)', '제사의례(祭禮)', '가정생활(居家)', '사람을 접대함(接人)', '벼슬살이(處世)'의 10장에 걸쳐 배우는 사람이 노력하고 실천해야할 조목을 구체적으로 친절하게 제시하고 있다.

『격몽요결』은 후세에 초학자들에게 널리 읽혀졌다. 권시경(權是經)

이 표숙(表叔)으로 퇴계의 제자인 조목(月川 趙穆)에게 『격몽요결』을 드렸더니, 조목이 이를 읽고서 "율곡이 일찍이 퇴계의 문하에 종유하였으므로 소견이 높고 명석하여 이 책을 지었다. 이 책은 천하만세에 행해질 만한 것이지, 어찌 동방에만 행해지고 말 책인가"라고 극찬하였으며, 이로부터 권시경도 원나라의 허형(魯齋 許衡)이 『소학』을 신봉하듯이 『격몽요결』을 공경하고 신봉하였다 한다〈趙穆; 「遺事」〉. 곧 『격몽요결』이 퇴계학파 안에서도 매우 중시되었다는 사실을 보여주는 것이다.

율곡의 제자인 조헌(重峯 趙憲)은 특히 『격몽요결』을 극진히 중시하여 항상 가지고 다녔고, 길을 가다가 만난 선비에게도 『격몽요결』을 보여주면서 자신을 닦고 일에 대응하는 요령을 간추려서 갖추고 있으니 선비로서 읽지 않을 수 없다고 강조하였으며, 또 밤을 새워 배껴서 책으로 전해주기도 하였다 한다〈『重峯集』(重峯行狀)〉. 또한 조헌은 율곡의 저술에서 "『격몽요결』은 어린이를 바른 도리로 훈계하고 풍속을 예법으로 열어주는데 편리한 것이요, 『성학집요』는 자신을 닦고 가정을 바르게 하며 정치를 하는 도리를 갖추어 드러내었으니, 강령과 절목이 찬란하고 순서가 있다〈「辨師誣兼論學政疏丙戌十月公州提督時」〉"고 언급하였다. 그는 자신이 공주제독(公州提督)으로 있으면서 『격몽요결』로 향촌의 어린이를 가르치고 이어서 『소학』·『가례(家禮)』로 들어가고 이어서 『근사록』과 『사서』로 들어가게 하니 매우 쉽고 효과가 있었음을 지적하기도 하였다.

그후 1788년 정조임금은 강릉에 보존되어 있던 율곡 친필본 『격몽요결』을 보고 친히 서문을 지으면서, "이문성(李文成: 율곡)은 내가 존중하고 사모하는 분이다. 그 분의 『전서(全書)』를 읽고서 그 인품을 상상할 수 있었다. 요즈음 강릉에 그분이 손수 쓰신 『격몽요결』과 남기신 벼루가 있다는 이야기를 듣고, 얼른 가져다가 보았다. 점(點)과 획(畫)이 새롭고 시작과 끝이 한결같아, 영명(英明)하고 순수하신 뛰어난 자품과 맑은 바람 개인 달 같은 시원한 기상은 책을 펼쳐보는 순간 은연중 감지할 수 있어 홀연히 이문성과 2백여 년의 시대차가 있다는 사실을 망각하였으니, 그것은 이 책을 읽기까지 기다려서 그런 것이 아니었다〈「御製栗谷手草本擊蒙要訣序」〉"고 감동을 언급한 일도 있다. 정조가 지은 『격몽요결』 서문은 이병모(李秉模)를 시켜 써서 책 머리에 붙이게 하고, 2년뒤(1790) 정조는 황해도 관찰사 이시수(李時秀)에게 명하여 이 서문을 목판에 새겨 소현서원에 걸게 하였다. 이러한 사실은 『격몽요결』이 초학교육에 중요함을 정조임금에 의해 크게 인식되었음을 보여주는 것이라 하겠다.

　율곡은 47세때(1582) 선조의 명으로 「학교모범(學校模範)」을 지어올렸는데, 교육의 목표와 학업을 닦는 방법의 기준을 제시한 것이다. 그 첫머리에서 "하늘이 부여한 거룩한 덕을 그 누가 타고나지 않았을까마는, 스승의 도(師道)가 끊어지며 교육의 감화(敎化)가 밝지 못한 까닭에 진작시킬 수가 없었다. 그래서 선비의 습속이 야박해지고 양심이 마비되어, 다만 명예만을 숭상하고 실행에는 힘쓰지 않아서, 위로는 조정에 인재가 모자라 벼슬에 빈 자리가 많으며, 아래로는 풍속이 날로 퇴폐하고 윤리가 날로 무너져 없어지고 있다"고 하여, 교육이 무너지면서 인간이 타고난 선한 품성이 은폐되고 선비의 기풍과 사회의 도덕이 무너지는 현실을 지적하여 올바른 교육의 실현이 얼마나 중요한지를 역설하였다. 『학교모범』은 16조목으로 학생이 지켜야할 규범과 10조목의 스승을 선발하는 사목(事目)을 제시하고 있는데, 국가의 교육목표와 교육정책을 규정한 것이라 할 수 있다.

『학교모범』에서 제시한 16조목의 규범은 배우는 자가 학업을 닦기 위해 지켜야 할 사항을 순서에 따라 제시하고 있다. 곧 가장 먼저 ① '뜻을 세울 것(立志)'을 강조하면서, "배우는 자는 먼저 뜻을 세워야 하며, 도(道)로써 자신의 임무를 삼아야 한다. …곧바로 천지로써 마음을 세우고, 민생으로부터 극치를 세우며, 옛 성인을 계승하여 끊어진 학문을 잇고 만세를 위해 태평(太平)을 열어 주는 것으로 표준을 삼아야 한다"고 역설하였다.

그 다음 ② '몸을 단속할 것(檢身)'으로는 "성인이 되겠다는 뜻을 세우고 나서는, 반드시 구습을 씻어버리고, 오로지 배움을 향하여 몸가짐과 행동을 다잡아야 한다. …예(禮)가 아니면 보지 말고, 예가 아니면 듣지 말고 예가 아니면 말하지 말고, 예가 아니면 행동하지 말아야 한다"고 강조하였다.

③ '독서'는 몸가짐을 단속하고 나서 독서와 강학으로 의리를 밝혀 학문에 나아가야 공부의 방향을 바로 잡을 수 있음을 지적하고, 독서의 순서로 먼저 『소학(小學)』으로 근본을 배양하고, 다음에는 『대학(大學)』과 『근사록(近思錄)』으로 규모를 정립한 다음에 『논어』·『맹자』·『중용』과 『오경』을 차례대로 읽고 그 다음에 『사기(史記)』와 선현(先賢)의 성리(性理)에 관한 글들을 읽어가야할 것을 제시하였다.

그리고 선비가 행실을 닦아야 하는 조목으로 ④ '말을 삼갈 것(愼言)'과 ⑤ '마음을 간직할 것(存心)', ⑥ '어버이를 섬길 것(事親)', ⑦ '스승을 섬길 것(事師)', ⑧ '벗을 가릴 것(擇友)'을 들고, 나아가 ⑨ '가정생활(居家)', ⑩ '사람을 응접함(接人)', ⑪ '과거에 응시함(應擧)'의 구체적 실천 과제를 제시하였다.

나아가 배우는 사람이 덕을 닦는 규범으로서, ⑫ '의리를 지킬 것(守義)', ⑬ 충직함을 숭상할 것(尚忠)', ⑭ '공경을 독실하게 할 것(篤敬)'을 들었다. 끝으로 학교생활에서 지켜야 할 과제로서 ⑮ '학교에 거처함(居學)'에서는 학궁(學宮)에서 학령(學令)을 따라야 할 것을 지적하고, ⑯ '규약 읽는 방법(讀法)'으로 매월 초하루 보름에 여러 유생이 학당에 모여 문묘(文廟)에 배알하고 의례를 행한 다음 장의(掌議)가 소리높여 「백록동교조(白鹿洞敎條)」와 「학교모범」을 한 번씩 읽는 규칙을 제시하고 있다. 여기에 덧붙여 학생들의 행실과 학문성취에 모범이 되는 자를 선적(善籍)에 기록하여 권장하고, 학규를 지키지 않거나 학업에 태만하거나 행실이 좋지 못한 자를 출좌(黜座)나 출재(黜齋)를 하고 악적(惡籍)에 기록하여 징벌하는 제도를 구체적으로 규정하고 있다.

그는 특히 교육에는 스승을 가려서 임용함의 중요성을 강조하여 10조목의 스승을 뽑는 사목(事目)을 제시하고 있는데, "근래에는 훈도(訓導)의 임명에 그 자격을 가리지 않고 한갓 청탁에만 따르므로 스승의 자리가 도리어 가난한 선비의 입에 풀칠하는 밑천이 되고 말았다. 그래서 훈도의 이름이 천하게 여겨지는 바가 되어 서로 비웃고 나무라기까지 한다. 스승이 이미 자격자가 아니고 보면 선비의 기풍이 날로 쇠퇴하여질 것은 이치와 형세에서 필연적인 것이다"라고 하여, 당시 교육이 붕괴한 현실의 가장 큰 원인이 스승을 적격자로 임용하지 못함에 있음을 심각하게 인식하고 있음을 보여준다.

2. 후세를 위해 저술을 남긴 학자

1) 율곡의 저술

제자 김장생이 "율곡은 남의 질문에 대답하면서 조금도 생각하지 않고 말이 떨어지자 곧바로 대답하였으나 모두 이치에 맞았다〈金長生;『沙溪語錄』〉"고 언급하였다. 이 사실에서도 율곡이 학문을 강론하면서 천재적 명석함을 유감없이 발휘하였음을 엿볼 수 있다. 또한 친우 정철의 아들인 정홍명(鄭弘溟)이 "동고(東皐 李浚慶)는 눈에 차는 글이 없다(眼下無文)고 여겼으나 번번이 율곡을 칭찬하면서 '표현만 하면 문장을 이루어 가슴 속에서 흘러나오는 문장은 남들이 미칠 수 없다'고 하였다〈鄭弘溟;『畸菴雜錄』〉"하여, 이준경이 율곡의 문장을 극찬하였음을 소개하였다. 여기서도 율곡의 문장이 얼마나 설득력있는 명문장이었는지를 잘 드러내 준다.

율곡의 저술은 그가 죽고나서 27년 뒤인 1611년 해주에서 간행되었다. 문집의 편찬은 제자 박여룡(朴汝龍) 등이 성혼(牛溪 成渾)에게 여쭈어보고서 체제를 확정하였다 하며, 시집(詩集)은 제자 박지화(守菴 朴枝華)가 선집하였다 한다. 또한 『속집(續集)』·『외집(外集)』·『별집(別集)』은 박세채(玄石 朴世采)가 편찬하여 간행하였고, 1744년 이재(陶庵 李縡)가 율곡의 5대손 이진오(李鎭五)와 상의하면서 수정하고 합쳐서 『율곡전서(栗谷全書)』 38권으로 편찬하였으며, 5년이 지난 후 활자로 간행했다. 그 밖에 『습유(拾遺)』 6권이 있다〈「연보」〉. 이덕형(漢陰 李德馨)은 『율곡집』을 읽고난 소감으로, "율곡이 몸소 실천한 것이라든가, 학문상 조예의 깊이는 식견이 얕은 후생으로서 헤아릴 바가 아니나, 한번 그의 확립된 논점을 보면 사람으로 하여금 정신이 상쾌하게 하니, 그 하늘에서 타고난 기상(間氣)의 발현은 더욱 경의를 표하게 한다〈李德馨; 『漢陰手帖』〉"고 하여, 율곡의 저술에서 받은 깊은 감명을 토로하기도 하였다.

율곡의 저술 가운데서 성리설에 관해 성혼과 토론한 왕복편지나 경세론을 밝힌 상소문들은 그의 사상을 발휘한 가장 중요한 부분이다. 이와 더불어 경학(經學)에 관련해서는 40세때(1575) 왕명으로 『사서』의 소주(小註)를 깎아내어 편집한 저술이 있다. 김장생의 제자인 정홍명은 "율곡이 『사서』의 해석을 결단하고(訣釋) 소주(小註)를 비평하여 지운 것(批抹)은 극히 정밀하고 상세하여 후학들을 감동시켜 분발하게 할 수 있는 것이다. 그러나 경전(五經)에 까지 저술을 마치지 못하고 또 당세에 널리 유포되지 못한 것이 애석하다〈鄭弘溟; 『畸菴集』(漫述)〉"고 하였다. 이 저술이 처음에 전해지다가, 그후 『논어』와 『맹자』 부분은 유실되고 『대학』과 『중용』의 소주권평(小註圈評)만 남아있다.

또한 44세때(1579) 『소학』이 초학자들에게 긴급한 임무인데도 여러 주석들이 뒤섞이거나 착오가 많은 점을 해결하기 위해 여러 이론을 절충하고 자신의 견해를 보완하여 『소학집주(小學集註: 小學輯註라는 기록도 있음)』 6편을 저술하였다. 친구인 성혼이 『소학집주』에 발문을 지었다. 곧, "(율곡은) 『소학』의 주석과 이론이 여러 갈래요 올바른 해석으로 귀일되지 못함을 염려하여, 여러 학자의 주석을 취하여 번다한 것은 깎고 요긴한 것은 모으며, 장점은 집적하고 단점은 제거하였다. 한결같이 경전의 취지에 위반되지 않았으며, 명백하고 실질적이면서도, 혹은 상세하고 혹은 간략하게 하며, 또한 서로 발명이 되게 하였으니, 여러 말의 두 극단을 잘 절충한 것이라고 할 수 있다〈成渾; 『牛溪集』(小學輯註跋)〉"고 매우 높이 평가하였다. 그러나 정말 애석하게도 율곡의 『소학집주』는 현재 전해지지 않고 있다. 이렇게 중요한 율곡의 저술도 유실되어 남아 있지 않는 경우가 있다는 것은 당시 학자들의 소중한 저술들이 얼마나 많이 소멸되고 말았는지를 넉넉히 짐작할 수 있게 한다.

　율곡은 왕명에 따라 『사서』를 우리말로 번역하는 『사서언해(四書諺解)』의 작업에 착수했으나 『중용언해』는 완성하였지만 나머지는 초고 상태로 완성을 못하여 임금에게 올리지 못하고 세상을 떠났다. 『율곡사서언해』는 필사본으로만 전해오다가 1749년에 간행되었다. 선조는 다시 왕명으로 정구(寒岡 鄭逑) 등에게 『사서』를 언해하게 하여 관본(官本) 『사서언해』는 1588년 완성되고 1590년경에 간행되었다. 관본 『사서언해』는 『율곡사서언해』보다 160년이나 먼저 간행되었지만, 저작은 『율곡사서언해』가 더 빨랐으며, 내용에서도 더욱 정확한 것으로 평가되고 있어서 경전번역으로 선구적 업적의 하나이다.

또한『경연일기(經筵日記)』는 명종20년(1565)부터 선조14년(1581) 사이의 기록으로 율곡 자신이 경연에 참여하여 당시 경연에서 토론하였던 내용을 기록한 소중한 자료이다. 율곡의 친우 성혼은 “『일기(경연일기)』는 가장 격언이 많으므로 후세에 전할 만한 것이다. 백세 후에 이 사람(율곡)이 청천백일과 같았음을 아는데 아주 관계가 깊다. 그러나 판각해내면 반드시 유전하게 되어 큰 화를 초래할까 두려우니, 다만 나누어 수십 본(本)을 써서 여러 벗의 집에 간직해 두었다가 수십 년이 지난 뒤에 정사(精舍)에서 간행하였으면 한다〈成渾;『牛溪集』(與朴舜卿)〉”고 말했던 일이 있다. 율곡의 광명정대한 의리를 가장 잘 드러낸 글이지만, 당시 정치적 갈등이 심한 현실에서 문제가 될 수 있으므로 수십년 뒤에나 간행하기를 권하였던 사실을 확인할 수 있다.

그 밖에『율곡전서』에도 수록되지 않았고, 상당기간 잊혀져 있다가 뒤늦게 발굴되었던 율곡의 저술도 있다. 이런 경우로 율곡이『노자(老子: 道德經)』를 주석한 저술인『순언(醇言)』이 전해지고 있어서 여간 다행한 일이 아니다. 『순언』은『노자』에서 유교적 규범 속에 받아들일 만한 부분을 가려내어 ‘순수한 말’이라 인정하고, 이를 유교적 사유와 연관시켜 해석함으로써, 도학자인 율곡이『노자』를 유교사상 속에서 이해하는 관점을 보여주는 매우 독특하고 의미깊은 저술이다.

2) 대표적 저술로서 『성학집요』와 『동호문답』

율곡의 대표적 저술을 두 가지만 들어본다면 홍문관 부교리로 있던 33세때 겨울 사가독서(賜暇讀書)를 하고나서 그 이듬해(1569) 저술하여 임금에게 올렸던 『동호문답(東湖問答)』과 홍문관 부제학이었던 40세 때(1575) 저술로 임금에게 '성학(聖學)'의 체계를 제시한 『성학집요(聖學輯要)』가 있다.

(1) 『성학집요』의 성학(聖學) 체계

특히 『성학집요』는 퇴계가 1568년 선조에게 올린 『성학십도(聖學十圖)』와 더불어 '성학'을 체계화한 저술로 쌍벽을 이루는 것이라 하겠다. '성학'이란 성인을 이루는 학문이다. 동시에 제왕의 학문으로서, 그것은 유교의 학문적 이상이요, 사실상 '도학(道學)'이라는 말과 같은 내용을 가리킨다. 또한 『장자(莊子)』 천하(天下)편에서 말하는 안으로 성인의 지극한 덕을 갖추고 밖으로 왕도(王道)의 정치를 행하는 '내성외왕(內聖外王)'의 학문을 의미한다. 이런 뜻에서 퇴계의 『성학십도』가 '내성(內聖)'을 중시하는 수양론 중심의 '성학'이라 한다면, 율곡의 『성학집요』는 '내성'에 기반하여 '외왕(外王)'으로 나가는 것으로 수양론에서 경세론으로 지향하는 경세론 중심의 '성학'이라는데 특징이 있다고 할 수 있을 것이다.

『성학집요』는 율곡이 경전과 역사서 속에 들어 있는 학문과 정치에 요긴하고 절실한 말을 뽑아 모으고 차례대로 분류하여 엮은 것이다. 그는 이 저술을 임금에게 올리는 차자(箚子)에서, "다만 성인의 말로써 이치를 살피고, 이치를 밝혀서 행동으로 옮겨, 자신을 완성하고 사물을 이루는 노력을 다하면 될 뿐입니다. …제왕(帝王)의 학문하는 본말(本末)과, 정치의 선후(先後)와, 덕을 밝히는 실효(實效)와, 백성을 새롭게 하는 실적(實跡)에 대해 모두 대충이나마 큰 틀을 잡아 놓았습니다. … 제왕의 학문은 기질(氣質)을 바꾸는 것보다 절실한 것이 없고, 제왕의 정치는 정성을 다해 어진 이를 등용하는 것보다 우선하는 것이 없을 것입니다. 기질을 바꾸는 데는 병을 살펴 약을 쓰는 것이 성과를 거둘 것이요, 정성을 미루어 어진 이를 쓰는 데는 상하(上下)가 틈이 없는 것이 좋은 결과를 얻을 것입니다〈「進聖學輯要箚」〉"라 하여, 『성학집요』에서 제시한 성인의 말씀을 통해 정밀하게 이치를 살피고 실천을 독실하게 함으로써 '제왕의 학문'으로서 '성학'을 이룰 것을 간곡히 당부하였다.

『성학집요』의 서문에서도 성인의 '도'가 경전에 실려 있지만 특히 『대학』이 요령과 규모를 잘 드러낸 것임을 강조하였다. 여기서 그는 송나라의 진덕수(西山 眞德修)가 『대학연의(大學衍義)』를 저술한 전례를 주목하여, 그 제왕이 '도'에 들어가는 지점을 제시한 장점과 방만하여 핵심을 드러내지 못한 문제점을 음미하였다. 곧 『대학』의 취지에 따라 차례를 나누고 절목(節目)을 규정하면서 성현(聖賢)의 말씀을 정밀하게 가려내고 간략하게 요령을 드러내어 『성학집요』를 저술한 것임을 밝히고 있다. 따라서 율곡의 『성학집요』는 『대학』의 체계를 기준으로 삼고 진덕수의 『대학연의』를 본받았지만 그 문제점을 극복하여 간결하게 체계화하였고, 전체를 5편으로 구성하고 있다.

제1편의 '통설(統說)'은 수기(修己)와 치인(治人)을 합하여 말한 것으

로『대학』의 삼강령(三綱領: 明明德·新民·止於至善)에 해당하는 것이다.

제2편의 '수기(修己)'는『대학』의 '밝은 덕을 밝힘(明明德)'이요 팔조목(八條目)에서 '격물·치지·성의·정심·수신(格物·致知·誠意·正心·修身)'에 해당하는 것이며, 13장(總論修己·立志·收斂·窮理·誠實·矯氣質·養氣·正心·檢身·恢德量·輔德·敦篤·修己功效)으로 이루어졌다.

제3편의 '정가(正家)'는『대학』의 '백성을 새롭게 함(新民)'이요 팔조목에서 '제가(齊家)'에 해당하는 것이며, 8장(摠論正家·孝敬·刑內·敎子·親親·謹嚴·節儉·正家功效)으로 이루어졌다.

제4편의 '위정(爲政)'은 역시『대학』의 '백성을 새롭게 함(新民)'이요 팔조목에서 '치국·평천하(治國·平天下)'에 해당하는 것이며, 10장(摠論爲政·用賢·取善·識時務·法先王·謹天戒·立紀綱·安民·明敎·爲政功效)으로 이루어졌다.

제5편의 '성현도통(聖賢道統)'은『대학』의 진실한 업적(實跡)이라 하였다.

본론에 해당하는 제2·3·4편에서 마지막 장을 '공효(功效)'라 한 것은『대학』의 '삼강령'체계에서 '밝은 덕을 밝힘(제2편)'과 '백성을 새롭게 함(제3·4편)'이 각각 '지극한 선에 머물게 함(止於至善)'을 실현하는 것이라는 지적에 해당한다. 이처럼 율곡은『성학집요』를 철저히『대학』체계로 구성하고 있음을 보여준다. 또한 전체적으로『대학』의 체계를 실현하는 성과를 제5편의 '성현도통'으로 제시하고 있는 것도 율곡의 독특한『대학』해석의 일면을 드러내는 것이라 하겠다. 이런 의미에서 보면 율곡의 저술에서『격몽요결』이 초학자를 위해 학문의 기초를 바로잡는 것으로『소학』에 해당한다면,『성학집요』는 성학(聖學)

의 기본체계를 밝히는 것으로 『대학』에 해당하는 것이라 할 수 있다.

율곡이 『성학집요』를 올린 다음날 선조임금은 율곡에게 "그 글은 아주 절실하고 긴요하다. 이것은 부제학(율곡)의 말이 아니고 성현의 말씀이다. 다스리는 도리에 매우 보탬이 있겠으나 나같이 불민한 자로서는 행할 수 없을까 두렵다"라고 말했다. 이에 율곡은 "임금님께서 번번이 이렇게 하교가 계시니 신은 민망스럽기만 합니다. 옛날 송나라 신종(神宗)이 이르기를 '이것은 요순(堯舜)의 일인데 내가 어찌 감당할 수 있겠는가'라 말하자, 명도(明道: 程顥)가 걱정되는 기색으로 아뢰기를 '폐하의 이 말씀은 종사(宗社)와 신민(臣民)에게 복이 아닙니다'라 말했는데, 지금 전하의 말씀이 이에 가깝지 않겠습니까"라고 하였다〈「연보」〉. 선조가 왕도정치를 실현하는데 확신과 과감한 실천의지가 부족함을 간곡하게 일깨워주는 말이다.

율곡은 43세때 올린 상소에서도 『성학집요』가 성인의 격언으로 '자신을 닦는 큰 요령(修身大要)'임을 거듭 강조하면서, "자신을 닦는 실지 공부는 기질을 바로잡으며 병을 살피어 약을 쓰는 데 달려 있습니다. 지금 전하께서 뜻이 서지 않고 자신이 닦이지 않고 정치가 다스려지지 않는 것은 어떤 병의 뿌리가 있어서 그런 것입니까. 여기에 전하께서 돌이켜보고 찾아가야 할 길이 있을 뿐입니다. 어리석은 신이 가만히 보기에, 성상께서는 자기를 믿음이 과중하고 남을 따름이 부족합니다. … 옛날의 제왕들은 마음을 비우고 선을 따름으로써 덕으로 나아가는 근본을 삼지 않음이 없었습니다〈「應旨論事疏」〉"라 하였다. 『성학집요』에서 제시하고 있는 제왕의 학문을 실천하기 위해서는 군왕이 자신의 기질에 어떤 병통이 있는지를 인식하고, 그 병통을 치료하여 기질을 바로잡는 것이 중요함을 강조하며, 구체적으로 선조임금의 기질적 병통은 자기만 믿고 신하를 믿지 못하여 신하의 말을 받아들이지 못하는 것임을 지적하고 있는 것이다.

율곡은 『성학집요』를 완성하기 전에 초본을 허봉(荷谷 許篈: 許筠의 형)에게 보여주고 구상하는 체제를 설명하였다. 이를 보고서 허봉은 "그 중에 입지(立志)를 논한 한 조목의 글은 말의 뜻이 극히 정밀하여 학자의 병통에 적중한 것이다. 가히 임금의 약석(藥石)과 학자의 궤범(軌範)이 될 만하니, 마땅히 완미(玩味)하기를 반복해야 할 것이다〈許篈;「朝天錄」〉"라 하여, 특히 '입지'의 서술이 군왕에게나 학자들의 병통을 절실하게 제시하고 있는 것이라 칭송하고 있다.

또한 1732년 영조(英祖)임금은 경연에서 『성학집요』의 강론을 끝마치고 나서 친히 서문을 지었는데, 이 서문에서 "조리가 정연하고 처음과 끝이 관통하여 도학(道學)의 요령과 취지가 책을 펼치면 명료하게 드러나니, 자신을 닦는 법도요 나라를 다스리는 기준이다. …이제 그 책을 보고서 진심으로 감탄하였다. '기강(紀綱)'·'안민(安民)', 두 장(章)의 내용은 우연히 내 뜻과 부합되니, 나도 모르게 흠모하고 감복하는 바이며 세상을 돌아보고 개탄하노라. 아! 이 책을 옛날에 지어올린 것이라 말하지 말라. 구절마다 글자마다 우매한 나를 훈계한 듯하다. 어찌 그 분이 안계시다고 하겠는가. 이 책이 바로 그 분이다. 내 비록 민첩하지 못하나 존경하여 배운지 오래이다. …만일 이를 가슴에 새기어 실행하지 않는다면 이는 선정(先正: 앞 시대의 현인. 율곡을 가리킴)을 저버리는 일이 되리라〈英祖;「御製聖學輯要序」〉"하였다. 영조임금이 『성학집요』에 얼마나 깊이 감명을 받았는지를 생생하게 서술하고 있다. 이처럼 이 책은 후세의 군왕에게 왕도를 실현하는 지침이요 길잡이로서 지속적인 영향을 미치고 있었음을 보여준다.

(2)『동호문답』의 정치원리와 현실

『성학집요』는 수양론에 기반한 경세론으로서 정치원리(治道)를 제시한 것이라면,『동호문답』은 역사인식에 기반하여 정치원리와 정치현실을 일관시켜 제시한 것이다. 곧『동호문답』은『성학집요』보다 6년이나 먼저 저술된 것이지만, 그 내용에서 보면『성학집요』의 정치원리를 역사와 현실 속에서 구체화시키고 있는 것이라 할 수 있다.『동호문답』의 서술방법은 객이 묻고 주인이 대답하는 문답형식으로 전개하고 있는 사실에서도 현실 속에서 생동하는 문제의 실상을 가장 구체적이고 생생하게 드러내주고 있다. 바로 현실의 정치문제에 초점을 맞추고 있는 것이 이 저술의 중요한 특징이라 하겠다.

『동호문답』은 전체가 11조목으로 구성되어 있는데 그 내용을 보면 크게 두 가지 영역으로 구분해볼 수 있다. 전반부는 정치원리를 역사적 사실에서 확인하는 것으로, ① '임금의 도리를 논함(論君道)', ② '신하의 도리를 논함(論臣道)', ③ '임금과 신하가 서로 만나기 어려움을 논함(論君臣相得之難)'의 3조목은 정치원리를 중국역사의 사실에서 분석한 것이요, ④ '동방에 도학이 행해지지 않음을 논함(論東方道學不行)', ⑤ '우리나라에서 옛 도가 회복되지 않음을 논함(論我朝古道不復)'의 2조목은 우리나라 역사의 사실에서 정치원리를 논의한 것이다. 역사적 사실을 통하여 정치원리가 실현되거나 좌절된 구체적 양상을 논의하면서 본받아야할 모범과 경계해야할 과오를 구체적으로 검토하고 있다. 후반부는 우리의 현실에서 정치원리를 실현하기 위한 실천과제를 제시하는 것으로, ⑥ '당면한 현재의 시무를 논함(論當今之時務)', ⑦ '실지에 힘쓰는 것이 자신을 닦는 요령이 됨을 논함(論務實爲修己之要)', ⑧ '간사함을 변별하고 현인을 등용하는 요령을 논함(論辨姦爲用賢之要)', ⑨ '백성을 편안하게 하는 방법을 논함(論安民之術)', ⑩ '사람을 가르치는 방법을 논함(論敎人之術)', ⑪ '명분을 바르게 하는 것이 다스리는 도리의 근본이 됨을 논함(論正名爲治道之本)'의 6조목이다. 이것은 당시의 정치현실에서 수행해야할 정치적 과제들을 밝히고 있는 것이다. 곧 전반부 5조목은 중국과 우리나라의 역사를 통해 정치원리를 점검한 역사적 인식이라면, 후반부 6조목은 당면의 정치적 현실에서 실천해야할 정책을 논의한 현실적 인식이라 할 수 있다.

율곡은 정치의 기본원리를 군주와 신하의 '도'로 제시하면서, ① '임금의 도리를 논함'에서 정치의 기본양상을 다스림(治)과 혼란함(亂)으로 나누고, 다스림의 두 가지 양상으로서 '왕도(王道)'와 '패도(霸道)'를 구분하였다. 먼저 '왕도'는 인의(仁義)의 도(道)를 몸소 행하여 남을 차마 해롭게 하지 못하는 정치를 행하고 천리(天理)의 올바름을 다하는 것이라 밝혔다. '왕도'가 구현된 사례에서도 임금이 지혜가 뛰어나 호걸을 잘 부린 경우로 오제(五帝: 黃帝·顓頊·帝嚳·堯·舜)·삼왕(三王: 禹·湯·文王一武王)을 들고, 임금이 지혜는 부족하더라도 어진 인재에게 일을 맡긴 경우로 태갑(太甲: 商)과 성왕(成王: 周)을 들었다. '패도'는 인의(仁義)의 명목을 빌려 권도와 모략의 정책을 씀으로써 공리(功利)의 사욕(私慾)만을 채우는 것이라 규정하면서, 진 문공(晉 文公)·도공(悼公),

한(漢) 고조(高祖)·문제(文帝), 당(唐) 태종(太宗) 및 송(宋) 태조를 들었다. 혼란을 일으킨 군주를 세가지 양상으로 나누면서, 욕심에 동요되고 충언(忠言)을 물리치면서 자기만 성스러운 체하다가 스스로 멸망한 '폭군(暴君)'으로 걸(桀: 夏)·주(紂: 商), 여왕(厲王: 周)·이세(二世: 秦)·환제(桓帝: 漢)·양제(煬帝: 隋)를 들고, 정치를 잘하려는 뜻은 있으나 간사한 자를 분별하지 못하여 패망한 '혼군(昏君)'으로 덕종(德宗: 唐)·신종(神宗: 宋)을 들고, 나약하고 과단성이 없어서 구태만 되풀이하면서 날로 쇠약해져 가는 자는 용군(庸君)으로 난왕(赧王: 周)·희종(僖宗: 唐)·영종(寧宗: 宋)을 들었다.

②'신하의 도리를 논함'에서 벼슬에 나아가 천하를 선하게 하는 '겸선(兼善)'과 초야에 물러나 자신을 지키는 '자수(自守)'의 두 가지를 제시하였다. '겸선'의 신하로는 첫째, 바른 도리를 간직하고 요순시대의 이상정치를 실현하는 '대신(大臣)'으로 고(皐)·기(夔)·직(稷)·설(契)을 들고, 이들이 이른바 대신이다. 둘째, 항상 나라만 걱정하고 자신을 돌보지 않으며 진심으로 임금을 섬기고 백성을 보호하는 '충신(忠臣)'으로, 영무자(甯武子)·제갈량(諸葛亮)·적인걸(狄仁傑)·사마광(司馬光)을 들었다. 셋째, 직분(職分)을 지키고 능력을 발휘하여 한 직책을 감당할 만한 '간신(幹臣)'으로 조과(趙過)·유안(劉晏)·조충국(趙充國)을 들었다. '자수'에 힘썼던 신하로는 첫째, 탁월한 재능을 품었지만 홀로 도(道)를 즐기는 '천민(天民)'으로 이윤(伊尹)·부열(傳說)·태공(太公)처럼 나중에 성군(聖君)을 만난 경우와 주렴계(周濂溪)·정명도(程明道)·소강절(邵康節)·주회암(朱晦菴)처럼 도덕을 깊이 지니고서도 때를 못만난 경우를 제시하였다. 둘째, 스스로 학문과 역량이 부족함을 헤아려 수양하면서

때를 기다리는 '학자'로 칠조개(漆雕開)를 들었다. 셋째, 고결하여 초연하게 숨어 버린 '은자(隱者)'로 문지기 노릇한 신문(晨門), 거짓 미치광이 짓을 한 접여(接輿), 밭갈면서 숨어 살았던 장저(長沮)·걸익(桀溺)을 들면서 중도(中道)에서 벗어난 것으로 비판하였다.

율곡은 후세의 역사 속에서 '왕도'가 실현되지 않는 것은 '도학(道學)'에 밝지 못하기 때문이라 하고, 송나라때 정자(程子)·주자(朱子)에 의해 '도학'이 크게 밝아졌지만 군주가 '도학'을 알지 못하여 중책을 맡겨 쓰지 못했던 사실을 강조한다. 따라서 군주와 신하의 만남이 중요함을 강조하면서 중국의 역대 군왕이 '도학'에 어두워 어진 신하를 쓰지 못한 사실을 신랄하게 비판하였다. 그는 조선시대의 군주와 신하에 대해 언급하면서, 조선시대 군왕 가운데 세종(世宗)을 성군(聖君)으로 높였다. 곧 "유교를 숭상하고 '도'를 중시하며 인재를 양육하고 예악(禮樂)을 제정하여 후손에 법을 보였다. 우리나라의 정치가 세종에서 융성해졌으며, 오늘에 이르도록 남긴 은택이 끊이지 않았으니 우리나라 만년의 복은 세종에서 처음 기틀이 잡힌 것이다"라고 하여 세종을 극진히 높였다. 그러나 세종은 성군이었지만 신하로 허조(許稠)와 황희(黃喜)는 범속한 인물 가운데 조금 뛰어난 자일 뿐이라 이상정치를 실현하지 못하였다고 한다. 또한 성종(成宗)도 성군이었지만 신하들이 용렬한 무리라 폐단이 일어나기 시작했음을 지적하였다. 나아가 중종(中宗)은 다스림에 힘쓰고 정성으로 현인을 구하니, 조광조(靜菴 趙光祖)가 출현해서 임금의 총명을 열어주고 선비의 기풍을 크게 일으켰지만, 간신들의 모략으로 선비들이 일망타진되었음을 아쉬워하고 있다.

후반부에서 정치원리의 실현을 위해 당시에 시행해야할 실천과제를 제시한 논의는 대부분 그가 많은 상소문을 통해 주장한 정책들과 기본적으로 같은 성격의 것이다. 여기서 그는 삼대(三代: 夏·殷·周)의 이상정치를 실현하기 위해 군주가 가장 먼저 힘써야 할 과제로 '뜻을 세울 것(立志)'을 거듭 강조하고, 뜻을 세운 다음에는 '실지에 힘쓸 것(務實)'을 내세워 '도'를 추구하는 이상과 현실의 당면과제가 분리될 수 없다는 것이 그의 철학적 입장이면서 정치사상의 기본원리임을 보여주고 있다.

3. 시인의 정취
–벗들과 어울리며 술과 꽃을 사랑하고 유람을 즐기던 시인

1) 벗과 어울려 술잔을 기울이며

율곡은 밤낮으로 나라와 백성을 걱정하였던 정치가요 자신을 닦고 학문을 연마하는 경건하고 근엄한 도학자였을 뿐만 아니라, 벗과 어울려 술과 유람을 즐기고 꽃과 자연을 사랑하였던 정감이 넘치는 시인으로서 또 하나의 중요한 면모를 보여주고 있다.

그는 술을 탐닉하여 방탕하게 취하는 일은 없었으나 반가운 벗들과 어울려 술잔을 기울이며 시를 읊는 운치를 즐길줄 아는 시인이었다. 금강산으로 입산하기 전해인 18세때(1553) 읊은 시에서부터 술과 자연을 사랑하는 모습을 보여준다.

솔숲 아래로 거닐어 가서,

술 항아리 여니 푸른 솔빛 비쳐오네.

비는 기러기 날아가는 산 봉우리에 어둑하고,

냇물은 바위의 이끼를 씻어 주는구나.

步屧松林下,

開樽空翠來,

雨昏鴻外岫,

溪漱石邊苔.

「偶興」

시 속에는 사람을 언급하지 않아도 홀로 앉자 술을 마시는 것이 아니라 벗과 만나 술자리를 마련한 것임을 짐작할 수 있다. 솔숲 속에서 벗과 술잔을 들자니, 맑은 술은 푸른 솔빛이 담겨 있고, 먼 산은 비구름과 어울렸으며, 가까이 시냇물은 바위와 희롱하는 어울림의 아름다운 정경을 노래한 것이다. 21세때(1556)에도 황해도 배천(白川)에서 달빛 아래 술잔을 기울이며 읊은 시가 있다.

옷은 깊은 밤 이슬에 젖고,

구름은 한 줄기 바람에 걷히네.

서늘한 달빛 아래 술독을 여니,

사람은 수정궁 안에 있노라.

衣濕三更露,

雲收一笛風,

開樽凉月下,

人在水晶宮.

「白川邊酌月」

밤늦도록 바깥에 앉아 벗과 담소하다보니, 옷은 이슬에 젖어가지만, 반갑게도 한 줄기 바람이 밤하늘을 가리웠던 구름을 걷어준다. 밝은 달이 떠오르기를 기다려 술독을 열자, 술잔에 달이 비치고 사람은 달 속의 궁전 수정궁(水晶宮: 水精宮)으로 들어가는 황홀감을 노래한 것이다.

　어느 봄날 복사꽃이 피자 여러 벗들을 불러 모아 술자리를 베풀어 서로 시를 화답하며 즐길 때 지었던 시가 있다.

<table>
<tr><td>술 익자 작은 복사 꽃 피었기에</td><td>酒熟小桃發,</td></tr>
<tr><td>시 짓기 위해 벗들을 모았네.</td><td>論詩聚故人,</td></tr>
<tr><td>술병에는 봄의 정취가 담겼고,</td><td>瓶含春意思,</td></tr>
<tr><td>꽃은 흰 눈의 정기를 지녔구나,</td><td>花挹雪精神,</td></tr>
<tr><td>병이 들어 넘치는 술잔 겁나고,</td><td>病怯杯心凸,</td></tr>
<tr><td>게을러 새 싯귀에 놀랐다네.…</td><td>慵驚句法新.…</td></tr>
</table>

「與諸公會」

　복사꽃 피는 시절에 맞추어 벗들이 시 짓는 모임을 여니, 술은 저절로 따라온다. 술병에 봄날의 흥겨움이 가득하고 복사꽃은 겨우내 눈부시게 하얗던 설경(雪景)의 정기를 끌어온 듯 화사하다. 병든 몸이라 술을 많이 마실 수 없어 조심하면서, 그동안 시짓기 공부를 게을리 한 탓에 벗들의 새로운 싯귀에 감탄한다고 칭찬을 아끼지 않는다. 그는 여기서 이 시짓기 모임의 뜻이 옷에 묻은 먼지를 활활 털어내듯 세속에 찌들린 심신을 새롭게 하는데 있음을 덧붙이고 있다.

　뜰에 온갖 꽃들이 만발한 화창한 봄날 오랫동안 못만나던 벗 심장원(沈長源)이 찾아오자 술잔을 나누며 시를 토론하기도 하였다.

산 앞에서 술을 얻어 산 빛을 마시니,	山前得酒飲山光,
새 지저귀고 꽃 어여쁜 봄 낮이 길어라.	鳥碎花妍春晝長,
무한한 이별의 시름 오늘 다 털어 버리세나	無限別愁今日散,
귀에 가득한 솔바람 소리 피리보다 좋구려.…	松風吹耳勝簫簧.…

「贈沈景混(長源)」

산 아래서 술을 마시면서 술잔에 비친 산빛을 마신다고 한다. 푸른 산이 술잔에 녹아 입으로 흘러들어오니 장쾌하지 않을 수 없을 것이다. 맑은 새소리 화사한 봄꽃들이 가슴 속에 쌓였던 그리움과 한스러움을 깨끗이 씻어주는데, 피리소리 보다 아름다운 솔바람 소리까지 시흥을 고조시켜주고 있다. 술과 시와 그림같은 꽃, 그리고 자연의 음악이 우정과 한데 어울어져 있음을 보여준다.

율곡은 당시 초서를 잘 써서 초성(草聖)이라 일컬어지던 명필 황기로(孤山 黃耆老)가 죽었을 때 지었던 만사(輓詞)에서도 그의 호방한 한 평생 삶을 생생하게 그려내며 간절한 그리움을 표현하고 있다.

취한 붓놀림 맛좋은 술로 보낸 오십 평생,	醉墨甘觴五十年,
호쾌한 기상 버리고 병들어 못 일어났구려.	却將豪氣困沉緜,
옷은 서울장안 천 집 술에 얼룩지고,	衣黐洛下千家酒,
붓은 인간세상 만 집 부엌연기에 그을렸네.	筆染人間萬竈烟,
매화 언덕 봄 드니 혼이야 이미 돌아왔으련만,	梅塢有春魂已返,
학 노는 물가 주인 없이 달만 괜히 둥그네.…	鶴汀無主月空圓.…

「挽黃孤山(耆老)」

술집을 떠돌며 술에 취해 초서를 휘갈겨 쓰던 그 호쾌한 기상도 오십 평생으로 끝내고 말았지만, 봄날 언덕에 매화가 화사하게 피었으니 그의 혼이 응당 돌아왔으리라 확신을 밝히고 있다. 그러나 물가의 집에는 주인이 죽고 없는 사실을 탄식하며 통곡하고 그 풍모를 그리워하는 정을 간절하게 읊었다.

2) 꽃을 사랑한 시인

율곡은 꽃에 대해서도 세심하게 애정을 기울였던 시인이다. 진(晉)나라 때 유명한 시인 도연명(陶淵明: 陶潛)이 사랑했던 국화꽃에 애정을 기울여, 술잔에 국화꽃잎을 띄우고 지은 시가 있다.

서리 속의 국화를 사랑하기에	爲愛霜中菊,
노란 꽃잎 따서 술잔에 가득 띄웠네.	金英摘滿觴,
맑은 향기 술맛을 돋구고,	淸香添酒味,
수려한 빛깔 시인의 정취를 적셔 주네.…	秀色潤詩腸.…
	「泛菊」

서리 속에 핀 황국을 보면서 아마 혼자 술잔을 들었던 것 같다. 뜨락의 국화꽃을 술잔에 담아 함께 마시고 있다. 술잔을 기울이며 국화꽃의 맑은 향기를 마시고 술잔에 뜬 국화꽃잎의 아름다운 빛깔에 도취하여 시정(詩情)이 솟아난다는 고백이다. 그는 도연명이 무심히 국화꽃잎을 따며 시를 읊었던 일이나, 전국시대 초(楚)나라의 시인 굴원(屈原)

이 국화꽃을 맛보았다는 시를 생각하면서, 그들이 국화와 정담을 나누었던 것은 자신이 국화꽃을 시와 술로 더불어 즐기는 것만 못하다고 자부하기도 하였다. 또한 율곡은 도연명과 굴원을 생각하며 국화꽃을 읊기도 하였다.

아름다운 빛깔 채취할 때 도연명이 가엾고,	佳色掇時憐靖節,
떨어진 꽃 밥 짓는 곳에 굴원이 애석해라.	落英餐處惜靈均,
가을 서리가 한 번 동쪽 울타리에 내렸는데,	秋霜一著東籬畔,
이 꽃만 있을 뿐, 그 사람은 없구려.	只有此花無此人.
	「詠菊」

국화 꽃잎을 딸 때면 도연명이 "동쪽 울타리 아래서 국화꽃을 따면서 / 한가로이 남산을 바라보네(採菊東籬下, 悠然見南山.〈「飮酒」 20首의 第5首〉)"라고 읊은 시를 생각하며 도연명을 그리워하고, 떨어진 국화꽃을 보면 굴원이 "아침에는 목란꽃에서 떨어진 이슬을 마시고 / 저녁에는 가을 국화 떨어진 꽃을 먹는다(朝飮木蘭之墜露兮, 夕餐秋菊之落英.〈「離騷」〉)"라고 읊은 시를 생각하며 굴원을 그리워하고 있음을 보여준다.

율곡은 33세때(1567) 무렵 외숙 한정수(韓正脩)가 살던 두미(斗尾: 현재 한강의 팔당댐이 있는 부근)을 찾아갔을 때 지은 시에서는 국화꽃을 읊으면서, "노란 국화 곁에 파랗게 끼인 이끼/ 이것이 바로 숨어 사는 이의 길이라오(黃花挾蒼苔, 此是幽人路.〈「斗尾十詠」(菊逕秋露)〉)"라 하여, 국화꽃을 산림에 은거한 선비의 기풍으로 노래하였다. 또 매화꽃의 맑은 기상을 노래하기도 했다.

<table>
<tr><td>매화는 본래 맑으니,</td><td>梅花本瑩然,</td></tr>
<tr><td>달빛에 비치면 물빛인 듯하네.</td><td>暎月疑成水,</td></tr>
<tr><td>서리와 눈이 흰 자태를 더해 주어</td><td>,霜雪助素豔,</td></tr>
<tr><td>맑고 차가움이 뼛속까지 스며드네.</td><td>淸寒徹人髓,</td></tr>
<tr><td>이 꽃을 대하면 마음을 씻어주니</td><td>對此洗靈臺,</td></tr>
<tr><td>오늘 밤엔 한 점 앙금도 없겠네.</td><td>今宵無點滓.</td></tr>
</table>

「斗尾十詠」(梅梢明月)

달빛아래 물빛처럼 맑고 서리와 눈 속에 더욱 맑은 자태를 드러내는 매화를 바라보면서 그 맑은 기상이 뼛속까지 스며들어 한 점 번민도 남기지 않고 자신의 마음을 깨끗이 씻어주는 감흥을 읊은 것이다.

율곡은 연꽃에도 각별한 애정을 보여주고 있다. 연꽃은 송나라때 도학자 주렴계(周濂溪: 周敦頤)가 특히 사랑하여 「애련설(愛蓮說)」의 글을 남겼던 꽃이다.

<table>
<tr><td>구름이 푸른 산을 반쯤 뱉았다 삼켰다 하다가,</td><td>雲鎖靑山半吐含,</td></tr>
<tr><td>별안간 흩날리는 비 서남쪽을 씻어 주네.</td><td>驀然飛雨灑西南,</td></tr>
<tr><td>어느 때 가장 시상(詩想)을 재촉하던가,</td><td>何時最見催詩意,</td></tr>
<tr><td>연잎 위의 옥구슬 두서너 개 구를 무렵.</td><td>荷上明珠走兩三.</td></tr>
</table>

「催詩雨」

달이 뜨거나 눈이 내리거나 꽃이 피거나 비가 오는 자연의 변화에 따라 시가 짓고 싶어지는 때가 많겠지만, 율곡은 자신이 그 중에서 가장 왕성하게 시흥(詩興)이 일어나는 시간을 바로 비가 처음 내리기 시작할 때 넓은 연잎 위에 빗방울이 옥구슬이 되어 구르는 광경을 바라보는 순간이라고 하였다. 율곡이 연꽃에 얼마나 흥취를 가졌던지를 잘 보여준다.

율곡은 원주(原州) 치악산(雉嶽山) 아래 살던 최응(崔顒)을 찾아갔던 일이 있었다. 최응의 집에는 제법 큰 연못이 있고, 연못 가운데 섬을 만들어 그 위에 지은 작은 정자가 있었던 것 같다. 최응은 이 연지도(蓮池島)의 정자에서 다음 날 떠나는 율곡을 위해 술자리를 베풀었을 때 지은 시가 있다.

파란 연못에 성긴 빗줄기 지나가니,
새삼 서늘함이 비를 따라 생겨나네.
연꽃 향기는 술독 곁에 은은하고,
숲의 메아리는 어둠 속에 맑게 들려오네.…

碧沼過疎雨,
新凉隨雨生,
荷香樽外細,
林響暝來淸.…
「蓮池島上小閣…」

연꽃은 촉촉이 젖은 빗 속에 더욱 은은한 향기가 살아나는가 보다. 초가을 비 내리는 연못 속 정자에는 은촛불의 그림자가 일렁이는데, 밤이 늦도록 술잔과 시를 주고 받으며 작별의 아쉬움 속에 정담을 나누었던가 보다. 연꽃 향기와 더불어 주인과 객이 담소하는 소리가 밤의 어둠 속 숲에 맑게 메아리가 되어 들리는 것을 음악처럼 듣고 있다.

3) 황주(黃州)기생 유지(柳枝)를 사랑했지만

꽃은 아니지만 '말을 알아듣는 꽃(解語花)'으로 일컬어지는 것이 기생이다. 율곡이 황해도 황주(黃州)기생 유지(柳枝)와 얽힌 이야기가 전하고 있다. 그가 39세때 10월부터 40세때 3월 사이에 황해도 관찰사로 있는 동안 황주로 순시를 나갔을 때 기생 유지를 처음 만났던 일이 있었다. 유지는 선비의 서녀로서 어미가 기적(妓籍)에 있어서 기생이 되었는데, 당시 16세가 채 못되는 어린 기생으로 자색이 고왔다. 유지는 방기(房妓)로 와서 율곡을 모셨는데 율곡은 정욕의 느낌이 없었다고 한다. 그 뒤로 율곡이 원접사(遠接使)로 지나가는 길이나, 둘째누님을 뵙는 일로 황주를 왕래할 때면 유지가 언제나 율곡을 방에서 모시고 자기를 원했지만, 율곡은 촛불을 밝히면서 더 이상 가까이하지 않았다 한다. 그러나 율곡은 「유지사(柳枝詞)」를 지어 은근하게 정(情)을 표현하였다. 이러한 율곡의 태도에 대해 사이좋게 어울리면서도 방탕하지 않았던 것이라 지적하기도 한다〈李有慶;「遺事」〉.

기생 유지에 대한 기록은 『율곡집』에 실려 있지 않지만, 후인들이 관심깊게 논의한 일이 있다. 박세채(南溪 朴世采)는 젊었을 때 들은 이야기를 기록하면서, 율곡이 47세때 원접사로 황주에 도착했을 때 황주군수가 유지라는 재주와 자색이 출중한 기생을 침실로 보냈는데, 율곡은 유지에게 "너의 재주와 자색을 보니 매우 사랑스럽지만 다만 한 번 사사롭게 만나면 의리상 마땅히 집에 데리고 가서 살아야 하니 이것은 매우 중대한 일이라 내가 할 수 없다"고 하면서 내보냈다고 한다. 그 후에 율곡이 해주에 살 때 유지가 밤중에 멀리서 찾아왔는데, 율곡은 「유지사(柳枝詞)」 한편을 지어주고 물리쳤다는 것이다. 또한 박세채는 박지계(潛冶 朴知誠)의 논의가 이와 같지만 김집(愼獨齋 金集)의 견해는 이와 상반하여 어느 것이 정론인지 모르겠다고 언급하였다〈朴世采;「記少時所聞」〉.

박세채의 기록에 대해 이희조(芝村 李喜朝)는 1700년 해주목사로 있을 때 율곡의 방손(傍孫)인 이신(李紳) 등의 집에서 율곡이 친필로 유지에게 지어준 시의 원고와 「유지사」를 얻어보고, 이 시와 「유지사」의 서문과 전문을 기록하였다. 이희조는 율곡의 기록에 근거하여 율곡이 유지를 처음 만난 것은 황해도 관찰사로 황주를 순시갔던 40세 때 1월2일의 일임을 확인하고, 박세채는 원접사로 나갔던 47세때 유지를 처음 만났다고 기록한 것이 잘못되었음을 고증하였다. 또 48세 때 율곡이 해주에 있으면서 황주로 왕래할 때 유지가 밤고지 강마을(栗串江村)로 율곡을 찾아왔을 때 「유지사」를 지어주었다 하여, 유지가 해주로 밤중에 율곡을 찾아왔다는 박세채의 기록이 잘못되었음을 논증하고 있다. 또한 이희조는 율곡이 유지에게 지어준 시와 「유지사」를 박세채가 『율곡집』을 편찬하면서 수록하지 않은 것은 이 글을 못 보았기 때문인지 뒷날의 판단을 위해 유보해둔 것인지 의문을 제기하기도 하였다〈李喜朝;「書栗谷柳枝詞草本後」〉.

율곡은 40세의 중년으로 16세의 어린 기생 유지를 처음 만났을 때 시를 지어주었고, 다시 48때에는 24세의 성숙한 기녀 유지를 앞에 두고서 밤새 정담을 나누며 「유지사」와 3편의 시를 지어주었는데, 그 가운데 첫째 수의 시를 보면 율곡이 유지를 마음으로 깊이 사랑했었음을 엿볼 수 있다.

타고난 자태 가냘퍼 선녀처럼 어여쁘고,　　　天姿綽約一仙娥,

십년을 알고지내니 정분도 깊어졌네.　　　十載相知意態多,

오(吳)땅 소년처럼 마음이 목석같아서가 아니라　　　不是吳兒腸木石,

다만 병든 쇠약한 몸이라 향기로운 꽃 사양하네.　　　只緣衰病謝芬華.

〈제목 없음〉

이 시도 『율곡집』에 수록되지 않았지만, 당시에 율곡의 친우들 사이에는 잘 알려졌던 것 같다. 친우 최립(簡易, 崔岦)은 율곡의 「황주기유지권(黃州妓柳枝卷)」 속의 절구 가운데 지금은 전하지 않는 둘째 수(首)에 차운하는 시를 지었던 일도 있다. 이를 보면 율곡은 유지에게 준 시를 묶어 「황주기유지권」이란 시집을 만들었었던 것 같기도 하다.

4) 산수의 유람을 즐기며

율곡은 책상머리만 지켰던 학자가 아니라 사방으로 산수의 유람을 즐겼던 인물이기도 하다. 그는 19세때(1554) 금강산에서 불도(佛道)를 닦고 있을 때에도 밤새 선방에서 참선하고 새벽에 구정봉(九井峰)에 올라 해돋이 광경을 보았다. 이때, "푸른 것이 바다요 붉은 것은 하늘로 점차 분리되니 / 멀리 바라보고 비로소 동해 큰 줄을 알았네(靑紅漸分水與天, 極目始知東海大.〈「楓嶽登九井看日出」〉)"라고 읊으며, 동해바다가 아득히 넓음을 찬탄하고 있다.

강원도 오원역(烏原驛)에서 동해바다를 읊은 시에서 하늘과 바다가 맞닿아 하나의 가없는 세계를 이루는 광경을 찬탄하였다.

<table>
<tr><td>

동해바다 만경창파,

시인의 한 눈에 모두 들어오네.

고기잡이 배도 보이지 않으니,

하늘과 물을 어이 분별하랴.

</td><td>

東溟萬頃波,

摠入吟眸裏,

不見採魚船,

寧分天與水.

</td></tr>
</table>

「題烏原驛」

옥계동(玉溪洞) 깊은 산골짜기로 찾아들면서 읊은 시가 있다.

<table>
<tr><td>

맑은 시내 따라가자니 걸음마다 더디고,

기이한 바위에 매달린 폭포 눈꽃이 나르네.

시냇물 끝나는 곳에 도인(道人)이 있으련만,

길 끊어지고 구름 깊어 쓸쓸히 돌아서누나.

</td><td>

行傍淸溪步步遲,

奇巖懸瀑雪花飛,

羽人應在水窮處,

路斷雲深惆悵歸.

</td></tr>
</table>

「入玉溪洞」

깊은 산골 냇물의 맑은 소리를 들으며 걷자니, 깊은 상념에 젖어 걸음이 더디지 않을 수 없고, 바위벼랑에서 폭포가 떨어지며 눈꽃 같은 물보라가 날리니 눈길이 오래 머물 수 밖에 없었을 것이다. 산속으로 더욱 깊이 들어가면 시냇물이 처음 시작하는 곳에 분명 세상을 벗어나 도를 닦는 사람이 있을 줄 알면서도 도인을 만나고 싶은 마음과 세상으로 돌아가야 한다는 생각 사이에서, 길이 끊어지고 구름 깊은 산 어귀에서 돌아서는 자신의 마음을 음미하고 있다.

율곡은 바닷가와 산 속을 찾아 유람하는 한 편 친우들과 강에서 뱃놀이를 하기도 하였다. 29세때(1564) 고향 파주로 떠나게 되었을 때 전

송하러 나왔던 이순인(李純仁)·조확(趙擴)·윤기(尹箕)·최립(崔岦)·최
경창(崔慶昌)·조대남(趙大男: 姊兄) 등 친우와 아우(李瑀)가 함께 한강의
하류 양화나루(楊花渡) 부근 선유도(仙遊島)에 배를 띄우고 뱃놀이를
하였다. 이때, "술 싣고 배 저어 물 굽이 돌아드니 / 푸른 산 은은한 곳
에 바다 문이 열리네(載酒撑船水一隈,　靑山隱向海門開.〈「李伯生·趙公
保…與余共泛舟于楊花…」〉)"라고 읊었던 구절이 있다. 또한 45세때
(1580) 김위(金偉)가 경차관(敬差官)으로 지나가는 길에 남강(南江)으로
율곡을 찾아왔는데, 그 다음날 다시 강 위의 배로 찾아와서 같이 배를
타자고 하여 아우와 함께 작은 배에다 거문고를 싣고 뱃놀이를 하려고
했었다. 그런데 마침 바람결에 조수가 거슬러 와서 배가 건널 수가 없
어 강물만 바라보았을 때 지은 시가 있다.

조각배에 거문고 싣고,　　　　　　　　　　一葉載玉軫,

천상의 선랑(仙郎)과 기약했건만.　　　　　相期天上郎,

바람과 조수가 노를 방해해서,　　　　　　風潮阻柔櫓,

아스라한 안개만 쓸쓸히 바라보았네.　　　悵望烟蒼茫.

　　　　　　　　　　　　　　　「金汝器以敬差官, 訪余于南江…」

　비록 뱃놀이를 하지는 못했지만 조각배에 거문고를 싣고 뱃놀이를
하려 하였으니, 뱃놀이에서 벗과 더불어 술과 시를 주고 받으면서 거
문고를 타며 노래를 부르는 풍류를 즐겼던 생활모습의 일면을 상상할
수 있다.

5부
인물에 대한 평가

栗谷評傳

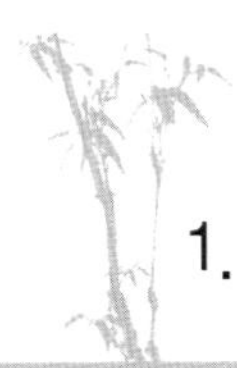

1. 선대의 인물론

율곡은 예리한 통찰력과 논리적인 판단력이 탁월하였던 만큼, 당면한 문제를 분석하고 대책을 강구하는데서도 체계적 인식을 보여주었을 뿐만 아니라, 인물의 평가에서도 매우 엄정한 평가태도를 보여주고 있다. 그는 역사서의 기록을 섭렵하여 중국의 제왕과 신하들에 대해서도 철저한 비평의 관점을 보여주었으며, 연산군때의 임사홍(任士洪)과 중종때의 남곤(南袞)·심정(沈貞)과 명종때의 윤원형(尹元衡)·정순붕(鄭順朋)·이기(李芑)·김안로(金安老)·이량(李樑)·심통원(沈通源) 등에 대해서는 그들이 권력을 농단하고 사화(士禍)를 일으켜 선비들을 살육하는 등 온갖 간악한 행위를 저질렀던 죄악과 사회의 풍속을 퇴폐하게 하고 민생의 고통을 극심하게 하였던 죄악상을 격렬하게 비판하였다. 무엇보다 그들이 탐욕을 채우는데 급급하여 나라의 기강을 무너뜨렸으며, 선비의 기개를 꺾고 입을 틀어막아 나라를 멸망의 지경에 까지 빠뜨렸던 죄인으로 비판함으로써, 역사의 심판역할을 수행하였던 것이다.

그러나 그의 인물론은 이 시대를 이끌어 갔던 선비와 조정의 명신(名臣)들에 대한 인식을 중심으로 볼 필요가 있다. 그가 조선사회의 앞 시대 인물과 당시대 인물에 대해서도 날카로운 비판적 평가를 하고 있었던 것은 그의 '선비' 곧 '참된 선비(眞儒)'에 대한 이상형을 전제로 한 것임을 주목해야 할 것이다. 먼저 율곡이 우리나라 앞 시대 인물을 평가한 경우로 정몽주(圃隱 鄭夢周)와 김시습(梅月堂 金時習) 및 이언적(晦齋 李彦迪)의 경우를 살펴볼만 하다.

(1) 정몽주(圃隱 鄭夢周, 1337~1392)

율곡은 삼국시대와 고려시대의 임금이나 신하들의 사업은 오로지 꾀와 힘으로만 하였을 뿐이요 '도학'을 숭상한 인물이 없음을 지적하고 오직 고려말의 정몽주 한 사람을 인정하였다. 그러나 그는 "정몽주가 선비(儒者)의 기상이 조금 있었으나 그 역시 학문을 성취하지 못하였고, 그가 행한 일을 살펴보면 충신에 지나지 않는다〈『東湖問答』〉"라 하여, 그 공적을 한정시키면서 참된 선비(眞儒)로 인정하지는 않았다. 또한 그는 "성리(性理)에 관한 담론은 전혀 들을 수 없다가 고려 말엽에 와서 정포은(鄭圃隱)이 비로소 이학(理學)의 시조로 일컬어지기는 하나, 그 언론과 풍지(風旨)는 상세히 알 수 없고, 후인들이 다만 한 몸으로 5백 년 동안의 퇴폐하고 파괴된 강상(綱常)을 떠받쳤음을 알고 있을 뿐이다〈道峯書院記」〉"라고 하였다. 이색(牧隱 李穡)이 정몽주를 '우리나라 이학의 시조(東方理學之祖)'라 일컬었던 사실도 내용을 알 수 없다고 인정하지 않고 다만 강상을 지킨 충신이라 인정할 뿐이다.

정몽주에 대해 율곡은 '참된 선비(眞儒)'라 보지 않았지만, 율곡학맥의 김집(金集)과 송시열은 정몽주를 '참된 선비'로 보고 있어서, 견해의 차이점이 드러나기도 하였다. 이에 대해 조선말기의 김평묵(重菴 金平黙)은 "율곡은『춘추』에서 사람에게 진선진미(盡善盡美)함을 요구하는 것으로 의리를 삼은 것이요, 신독재(김집)와 우암(송시열)은 단지 핵심적 요긴함을 열어주며 밝혀주고 이끌어준 공로를 들어 말한 것이다. 말에 각각 합당함이 있으니 이쪽을 붙잡고 저쪽을 의심해서는 안된다〈金平黙;「大谷問答」〉"고 하여, 율곡학파 안에서 정몽주에 대한 율곡과 후학의 평가가 상반된 것을 종합하는 입장을 보여주기도 하였다. 이러한 지적을 보면 율곡의 인물평가 입장이 매우 엄격한 원칙론 내지 이상론에 서 있는 것임을 엿볼 수 있다.

(2) 김시습(梅月堂 金時習, 1435~1493)

김시습은 생륙신(生六臣)의 한 사람으로 일컬어지며 세조의 왕위찬탈에 항의하여 승려가 되었던 인물이다. 율곡은 47세때(1582) 왕명으로「김시습전(金時習傳)」을 지어올렸던 일이 있다. 여기서 그는 김시습이 세 살에 시를 지을 줄 알았으며, 다섯 살에는『중용』과『대학』에 통달하여 '신동'이라 일컬어지던 천재였음을 지적하고, 세종께서 불러들여 승정원을 통해 시 짓기를 시험해보고 크게 격려하였던 사실과 단종이 왕위에서 물러날 때 김시습은 21세로 삼각산(三角山)에서 독서하다가 세조의 왕위찬탈 소식을 듣고는 문을 닫아 걸고 3일동안 나오지 않다가 이에 크게 통곡하고서 서적을 몽땅 불사르고 불문(佛門)에 들어가 승명(僧名)을 설잠(雪岑)이라 하였던 사실 등을 자세하게 소개하였다.

김시습의 인물됨에 대해, "뛰어나게 호걸스럽고 재질이 영특하였으나, 대범하고 솔직하여 위의(威儀)가 없고 너무 강직하여 남의 허물을 용납하지 못했다. 시대를 슬퍼하고 세속을 분개한 나머지 심기(心氣)가 답답하고 평화롭지 못하였다. 그리하여 스스로 세상을 따라 어울려 살 수 없다고 생각하여 드디어 육신에 구애 받지 않고 세속 밖을 노닐었다"고 논평하였다.

또한 김시습의 문장에 대해, "물이 솟구치고 바람이 부는 듯하며, 산이 감추고 바다가 머금은 듯, 신(神)이 메기고 귀신이 받는 듯, 특출한 표현이 거듭거듭 나와 사람으로 하여금 실마리를 잡을 수 없게 하였다"고 극찬하였다. 나아가 도리(道理)에 대해, "비록 음미하여 탐색하며, 마음을 간직하고 성품을 배양하는 공부가 적었지만, 탁월한 재능과 지혜로써 이해하여, 횡(橫)으로 말하거나 수(竪)로 말한 것이 대부분 유가(儒家)의 본지를 잃지 않았다. 선가(禪道)와 도가(道家)에 대해서도 또한 대의를 알았고 깊이 그 병통의 근원을 탐구하였다. …마음으로는 유교를 숭상하고 행동은 불교를 따라 한 시대에 괴이하게 여김을 당하였으므로, 짐짓 미쳐서 이성을 잃은 모양을 하여 진실을 가렸다"고 하여, 기본적으로 유가의 입장에서 불가와 도가의 '도'를 깊이 인식하면서도 그 오류의 근원을 파악하고 있었던 것으로 지적하였다.

김시습의 행적에 대해 온갖 괴이한 행동들을 언급하였다. 김수온(金守溫)·서거정(徐居正) 등 조정의 명망높은 선비들이 그의 희롱을 당하기도 하고, 영의정 정창손(鄭昌孫)이 모욕을 당하면서도 그를 용납했던 사실을 지적하였다.

「김시습전」의 끝에 율곡은 김시습을 평가하여, 문장(文)에서는 타고 나면서 아는(生而知之) 경지로 높이면서, 거짓으로 미친 짓을 하여 세상을 도피한 뜻이 가상하지만 유교의 인륜을 포기하고 방탕하게 행동한 것을 허물로 지적하였다. 결론으로 "절의(節義)를 표방하고 윤리를 심었으니, 그 심지를 극치에 까지 추구해 보면 일월(日月)로 더불어 광채를 다툴 만하다. 그러므로 그 기풍(氣風)을 접하면 나약(懦弱)한 사람도 감흥하여 일어서게 될 것이니, 비록 백세(百世)의 스승이라 한다 하여도 과언이 아닐 것이다"라 하여, 단종을 위한 그의 '절의'정신을 후세에 귀감이 될 것으로 높였다. 「김시습전」은 왕명으로 지은 글이지만, 김시습의 탁월한 점과 취약점을 거울에 비쳐보듯 객관적으로 서술하고 있는 도학자로서 율곡의 관점을 잘 보여준다.

(3) 이언적(晦齋 李彦迪, 1491~1553)

이언적은 주자의 철학적 기본입장인 이치를 주장으로 삼는 '주리론(主理論)'의 성리설을 명확히 밝혔다는 점에서 퇴계로부터 도학의 모범으로 높이 평가되었다. 그러나 제자 김장생이 율곡에게 회재(晦齋: 이언적)와 퇴계가 첩을 두었던 일이나 을사사화때의 일에 다 같이 과오가 있는데 왜 회재만 허물하는지를 물었던 일이 있었다. 이때 율곡은 "사람을 관찰하는 방법은 마땅히 덕(德)을 이룬 뒤와 덕을 이루기 이전을 구분하여야 하는 것이다. 퇴계의 실수는 젊었을 때 있었지만, 회재는 이미 늙어서 이런 실수가 있었으니, 구별하지 않을 수 없는 것이다

〈「語錄」〉"라고 하였다. 율곡은 이언적이 늙은 뒤에도 처신에 문제가 있음을 지적하여 도학자로서 자신을 단속하지 못한 허물을 지적하였던 것이다. 또한 율곡은 46세때(1581) 「회재대학보유후의(晦齋大學補遺後議)」를 저술하여, 이언적의『대학보유(大學補遺)』를 자세하게 비판하였다.『대학보유』는 이언적이『대학』을 해석하면서 주자의『대학장구(大學章句)』를 묵수하지 않고 자신의 독자적 해석을 하여 그의 경학적 특성을 보여주는 대표적 업적이었다. 따라서 율곡이 이언적의『대학보유』를 비판한 것은 사실상 이언적의 학문적 세계도 인정하지 않고 있음을 보여주는 것이다. 그는 제자들에게 이언적의『대학혹문보유(大學或問補遺)』한 권을 가져다 보도록 허락하면서, "옛 글은 널리 인용하였으나, 도무지 경서(經書)의 뜻을 바르게 해석한 것이 없다〈「語錄」〉"고 비판하였던 사실에서도 이언적의 학문적 권위를 전반적으로 거부하고 있었던 것이라 하겠다.

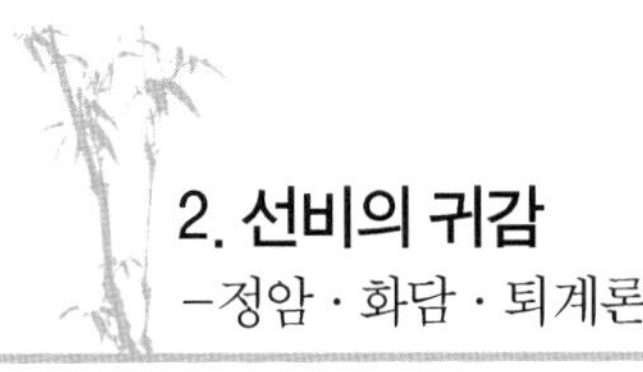

2. 선비의 귀감
―정암 · 화담 · 퇴계론

맹자는 "옛 사람은 뜻을 얻으면 백성에게 은택을 입히고, 뜻을 얻지 못하면 자신을 닦아 세상에 드러난다. 궁색하면 홀로 자신을 선하게 하고(獨善其身), 현달하면 천하를 아울러 선하게 한다(兼善天下)〈『맹자』(盡心上)〉"고 하였다. 율곡도 같은 맥락에서 '참된 선비'(眞儒)를 정의하여 "세상에 나아가면 한 시대에 '도'를 행하고(行道於一時), 물러나면 만세에 가르침을 베푼다(垂敎於萬世)"〈「東湖問答」〉고 언급하였다. 곧 '천하를 아울러 선하게 한다'는 것이 '한 시대에 도를 행한다'는 것이요, '홀로 자신을 선하게 한다'는 것이 '만세에 가르침을 베푼다'는 것으로 연결된다. 선비의 이상형을 상황과 처지에 따라 이렇게 두가지 양상으로 파악한다면 율곡은 조선시대 선비로서 정암 조광조(靜菴 趙光祖)를 '한 시대에 도를 행한' 모범으로 삼고 있다면, 화담 서경덕(花潭 徐敬德)과 퇴계 이황(退溪 李滉)은 '만세에 가르침을 베푼' 모범으로 보고 있는 것이라 하겠다.

(1) 정암 조광조(靜菴 趙光祖, 1482~1519)

율곡이 가장 높였던 인물은 조광조이다. 44세때(1579) 조광조를 제
향하는 도봉서원(道峯書院)의 기문(記文)을 지었는데, 여기서 그는 조
선시대에 들어와 오직 조광조가 김굉필(寒暄堂 金宏弼)의 학맥을 이어
'도학'을 크게 이루었음을 지적하면서, "몸가짐은 반드시 성인이 되고
자 하였고, 조정에 서서는 반드시 '도'를 행하고자 하였다. 그 정성을
다하였던 바는 임금의 마음을 바로잡고, 왕도정치를 펼치며, 의리의
길을 열고, 이욕의 근원을 막는 것을 먼저 힘써야 할 일로 삼았다.
'도'를 주창한 지 얼마 되지 않아서 선비의 기풍(氣風)이 크게 달라졌
다〈「道峯書院記」〉"고 밝혔다. 곧 조광조의 학문은 '성인'을 이루고자
하는 것이요, 그의 사업은 '한 시대에 도를 행하고자' 하는 것이었던
'참된 선비'임을 지적하면서, 그가 세상에 나가 '도'를 행하고자 하면서
추구한 사업을 '임금의 마음을 바로잡음(格君心)', '왕도정치를 펼침(陳
王政)', '의리의 길을 열어줌(闢義路)', '이욕의 근원을 막음(塞利源)'의 네
가지 주제로 집약하여 제시하고 있다. 이 네가지 주제는 바로 '도학'에
서 추구하는 세상에 '도'를 행하기 위한 기본과제이다.

또한 율곡은 45세때(1580) 조광조의 묘지명(墓誌銘)을 지었던 일이
있었다. 그는 조광조가 천거과(薦擧科: 賢良科)를 설치하여 어진 인재를
불러들이고, 소격서(昭格署)를 폐지하여 국가의 사전(祀典)을 바로잡으
며, 묵은 폐단을 개혁하고 옛 제도를 점차 일으켜 도학의 이상정치를
펼쳤음을 극진히 높였다. 그러나 현실의 문제로서 당시 선비의 논의가
너무 서두르고 과격함을 보고서, 조광조 자신이 왕도정치의 실현에 실

패할 것을 헤아려 사퇴하려 하였지만 임금의 허락을 받지 못하였으며, 결국 기회를 엿보던 간신들의 모함에 빠져 기묘사화(己卯士禍, 1519)에 많은 선비들과 함께 죽임을 당하고 말았음을 지적하였다. 여기서 그는 하늘이 선한 사람을 반드시 북돋아 주고, 악한 사람을 반드시 멸망하게 하는 것이 화복(禍福)의 이치인데, 현실에서는 오히려 선한 사람들이 죽임을 당하고 악한 사람들이 안락을 누리는 사실을 돌아보면서도, 조광조가 죽은 다음에 임금과 신하가 그의 의로움을 모두 높이 받들어 그에게 영의정(領議政)의 벼슬이 추증(追贈)되고 문정(文貞)이라 시호(諡號)가 내려져 존숭되는 것이 바로 구름이 잠시 태양을 가렸다가도 반드시 다시 햇볕이 나듯이 하늘의 상벌이 정당하게 내려지는 것임을 강조하기도 하였다.

나아가 율곡은 "하늘이 어진 사람을 내는 것은 반드시 무언가 시키려고 함이 있어서이니, 나아가서는 이 백성을 구제하게 하고, 물러나서는 그 교훈을 세우고자 한 것이어늘, 지금 선생(조광조)은 나아가서 마침내 그 도(道)를 능히 실행하지 못하였고, 물러나서도 그 교훈을 후세에 드리우지 못하였다. 날마다 밝힌 학문이 크게 이룩되지 못하였고, 은미한 말의 실마리를 찾아서 상고할 수도 없게 되었다"고 하여, 조광조가 이상정치를 실현하려고 애쓰다가 실패한 사실을 지적하며 안타까워하였다. 그러나 율곡은 사람들이 모두 조광조가 그 때(時)를 만나지 못하였다고 좌절한 점을 말하지만, 그는 이제 선조 임금이 조광조의 학문과 덕업을 지극히 숭상함을 들어서, "선생(조광조)이 천리(天理)를 밝히고 인심을 맑힌 공로가 이에 널리 드러나게 되었다. …선생의 '도'는 막힌 동안은 짧고 통한 동안은 길어서 넉넉히 후세의 임금을 위해 태평시대를 열어 주는 셈이니 하늘이 (조광조의) 목숨을 헛되게 내지 않음을 이에 믿을 수 있게 되었다〈「靜菴趙先生墓誌」〉"고 하여, 살아서 비록 이상정치의 실현에 실패하였더라도 죽은 뒤에 그의 정신이 더욱 빛나게 다시 살아나고 있음을 강조하였다.

또한 그는 조광조가 기묘사화에 희생되면서 그 이상정치(至治)가 실패한 사실에 대해, "오직 한 가지 애석한 것은 조광조가 출세한 것이 너무 일러서 실용을 이루는 학문이 아직 크게 성취되지 않았고, 함께 일하는 사람들 중에는 충성스럽고 어진 이도 많았으나 명성을 좋아하는 자도 뒤섞여 나왔으니, 논의가 너무 날카롭고 일하는 것도 점진적이지 않았으며, 임금의 마음을 바로잡는 것으로 근본을 삼지 않고 단지 형식을 갖추는 것을 앞세웠다. 간사한 무리들이 이를 갈며 올가미를 설치하고서 틈을 엿보는 줄을 모르고 있다가, 신무문(神武門: 景福宮의 北門)이 밤중에 열리자 여러 어진 이들이 모두 한 그물에 걸려들고 말았다〈『東湖問答』〉"고 하였다. 당시 조광조와 함께 활동하던 신진사류(新進士類)들이 급진적이며 과격하고 형식적인데 빠졌던 문제점과 조광조의 학문이 아직 미숙한 점이 있었음을 지적하기도 하였다.

(2) 화담 서경덕(花潭 徐敬德, 1489~1546)

율곡의 고향 파주와 서경덕이 은거하던 개성은 거리가 멀지 않았고, 또 조정에서도 서경덕의 제자들인 박순(朴淳)·허엽(許曄)·남언경(南彦經) 등과 폭넓게 교류하였으니, 서경덕의 학문에 대한 이해가 평소에 깊었던 사실을 짐작할 수 있다. 그는 43세때(1578) 서경덕이 은거하여

살았던 개성의 화담으로 놀러가 서경덕의 아들 서응기(徐應麒)를 만나
시를 지어 주기도 하였다.

지인(至人)이 세상 떠난(觀化) 뒤에,

나그네 빗속에 찾아 왔네.

길은 산 비탈에 젖었고,

구름은 들길에 그윽이 일어나네.

돌 이끼는 제 멋대로 푸르고,

골짜기 물은 마음껏 흘러가누나.

그대 만나 선친의 자취 묻다가,

그 전형 남아 있어 더욱 반가웠네.

至人觀化後,

有客雨中遊,

道在巖阿潤,

雲生野逕幽,

石苔隨意綠,

山澗盡情流,

逢君問先迹,

更喜典刑留.

「遊花潭…」

율곡은 이 시에서 서경덕을 '지인(至人)'이라 일컬었다. 장자(莊子)는
"오직 '지인'이라야 세상에 노닐면서 한쪽에 치우치지 않고, 사람들에
순응하면서 자기를 잃지 않는다〈『莊子』(外物)〉"라 하여, 여유자적하면
서 고고하게 독립한 인격이라 하였고, 순자(荀子)는 "하늘과 땅의 분별
에 밝으면 '지인'이라 할 수 있다〈『荀子』(天道)〉"고 하여, 천도(天道)와
인도(人道)에 통달한 인격이라 하였으니, 성인의 경지를 가리키는 극
진하게 칭송하는 호칭이다. 서경덕의 죽음을 '관화(觀化)'라 표현 한 것
도 삶과 죽음을 자연의 조화현상으로 관조하여 사생관에 통달한 인물
의 죽음을 가리키는 듯 하다.

마침 찾아가는 날이 비가 내리고 있었다. 산길의 험한 바위 비탈이

젖어서 미끄러워 속인이 쉽게 들어오지 못하게 하고, 들에는 구름이 피어나고 들판의 형상을 분명하게 볼 수 없게 하니, 자연의 조화가 범상하지 않다. 여기에 돌의 이끼가 푸르름과 골짜기의 냇물이 흘러가는 기세가 자연 대로요 아무 거침이 없는 것은 자연의 이치를 궁구하여 '기(氣)'철학을 주장하였던 서경덕의 사상세계를 묘사하는 것 같다. 서경덕의 아들을 만나 옛 자취를 일일이 묻는데, 서경덕의 글을 읽으며 그려보았던 것과 일치하니 살아 있는 사람을 만나듯 반가움을 표하고 있는 것이다.

율곡은 서경덕의 학문을 개괄적으로 평가하면서, "그의 이론은 장횡거(張橫渠: 張載)의 학설을 주로 하여 정자(程子)·주자(程子)와는 약간 달랐으나, 자득(自得)의 즐거움은 남이 측량할 수 없었다. 언제나 마음 가득히 희열을 느끼며 세상의 득실이나 시비나 영욕이 모두 마음에 들어오지 않았다. …그가 저작한 문집이 세상에 전해지는데, 논의할 때는 가끔 성현(聖賢)의 말과 차이가 있기 때문에 이황(李滉)은 그를 유자(儒者)의 정통이 아니라 하였다〈『경연일기』〉"고 하여, 장횡거의 기학(氣學)을 주로 따랐기 때문에 정자·주자의 이학(理學)에 어긋남이 있어서 퇴계는 서경덕을 도학의 정통으로 인정하지 않았음을 지적하였다. 그러나 서경덕의 학문이 지닌 가장 중요한 의미가 자신만이 깨달은 자득(自得)의 창의성에 있음을 주목하였으며, 이와더불어 서경덕의 삶은 스스로 도취하여 세상의 이해관계에 무관심한 탈속의 경지를 지니고 있었음을 강조하였다.

서경덕에게 죽은 뒤 벼슬을 높여주는 '증직(贈職)'을 청원했을 때, 선조임금은 "서경덕의 저서를 보니 '기(氣)'와 '수(數)'를 논의한 것이 많고 자신을 닦는 일은 언급하지 않았으니, 이것은 수리학(數理學)이 아닌가. 그리고 그 공부에 의심나는 데가 많다"고 하여 반대하였던 일이 있었다. 당시 서경덕의 제자인 박순이 적극적으로 변호하였으나 선조가 납득하지 않자, 율곡은 "(서경덕의) 공부는 참으로 학자가 마땅히 본받아야 할 것은 아닙니다. 서경덕의 학문은 장횡거에서 나왔으니 그 저서가 성현의 취지에 꼭 맞는다고 말한다면 신은 알 수 없습니다. 다만 세상의 이른바 학자들은 단지 성현의 학설을 모방하여 말하기만 하고 중심에는 깨달음이 없는 경우가 많지만, 서경덕은 깊이 생각하고 멀리 파고들어 스스로 깨달은 오묘함이 많으니, 문자나 언어에 얽매인 학문은 아닙니다〈『경연일기』〉"라고 서경덕을 변호하였다. 곧 율곡은 서경덕의 학문이 지닌 도학 정통에서 드러난 문제점을 지적하면서 그 독자적 창의성이 지닌 가치를 짚어주어 선조를 설득함으로써, 서경덕에 대한 '증직'의 허락을 받았다.

율곡은 박순에게 서경덕의 학문이 성현에 어긋난 대목을 지적하면서, "장횡거의 의론은 본래 어폐가 있어 한 쪽에만 집착하였다. 화담의 주장은 너무 지나쳐서 '음양'이 열리고 닫히는 돌쩌귀의 오묘함이 '태극'에 있는 줄을 모르고서, 바로 한번 '양(陽)'이 생기기 전에 기(氣)의 '음(陰)'한 것을 '음양'의 근본인 줄 알았으니, 성현의 뜻에 어긋남이 없겠습니까〈「答朴和叔」〉"라고 하였다. 그것은 '이학'의 입장에서 변화하는 현상세계를 가리키는 '음양'의 근원은 이치인 '태극'으로 보아야 하는데, 이와달리 서경덕은 '음양'의 근본을 '기'로 인식함으로써 '기학'의 세계관에 빠져있다는 문제점을 명확하게 지적하고 있는 것이다.

서경덕의 제자 허엽이 서경덕을 추존하여 기자(箕子)의 도통을 이을 만한 사람이라 하다가, 서경덕의 학문이 장횡거에서 나왔다는 율곡의 견해에 반박하여, "화담의 학문이 소옹(康節 邵雍)·장재(橫渠 張載)·정이(伊川 程頤)·주희(晦菴 朱熹)를 겸하였다고 한다면 옳을 것이다"라 하였다. 여기서 율곡은 전날 허엽이 퇴계에게 서경덕을 장재에 비교할 수 있다고 주장하자, 퇴계가 "화담의 저술 가운데 어느 글이 (장횡거의) 『정몽(正蒙)』에 견줄 수 있고, 어느 글이 「동명(東銘)」과 「서명(西銘)」에 견줄 수 있겠는가?"라고 반문했던 일을 소개하면서, 전날에는 서경덕을 장재에 견주어도 반박을 받았는데, 이제 와서 소옹·장재·정이·주희의 학문을 겸하였다고 하는 것은 알지도 못하고 망녕되게 말하는 것이라 비판하기도 하였다〈『경연일기』〉. 율곡은 자신이 높이 평가하는 서경덕의 학문세계를 인정하지만, 제자들이 서경덕을 높이는 주장을 결코 받아들이지는 않았다.

그러나 율곡은 서경덕의 철학이 지닌 관점의 착오를 한마디로 "'기(氣)'를 '리(理)'로 인정하는 병통'이 조금 있다"고 지적하면서, 동시에 서경덕의 성리학적 통찰의 예리함을 바라보고 있다. 곧 율곡은 서경덕이 『대학』의 소주(小註)에 나오는 진순(北溪 陳淳)의 말을 반박하면서 "'리'와 '기'는 원래 서로 떨어져 있는 것도 아니요, 혼합하여 있는 것도 아니다"라고 한 언급과 더불어, 주렴계(周濂溪)의 「태극도설(太極圖說)」을 논하면서 "「태극도설」에서 '오묘하게 결합하여 응집한다(妙合而凝)'고 말한 것은 주자(朱子)가 '혼융하여 틈이 없다(渾融無間)'고 말한 것만 못하다"라고 한 언급을 들면서, 율곡은 "후세에 반드시 그 해석을 알 사람이 있을 것이다"라 하였다〈鄭弘溟;「畸菴雜錄」〉. 율곡의 이 말은 서경덕이 보여준 성리설의 깊은 통찰은 결코 가볍게 논의할 수 있는 것

이 아니라 근원적 세계에 대한 한 차원 높은 인식임을 평가하고 있는
것이다.

(3) **퇴계 이황**(退溪 李滉, 1501~1570)

율곡은 퇴계를 직접 만나 가르침을 받고 스승으로 존경하면서도 퇴
계의 성리설 이론과는 다른 입장에 서 있었던 만큼 비판적 견해도 분
명하게 드러내고 있다. 율곡은 35세때(1570) 퇴계가 죽자, 퇴계의 인물
을 서술하면서, "성품은 온순하고 옥처럼 순수하였다" 하고, 그 처신에
대해 "평소에 장중함을 지키려 힘쓰지 않아 보통 사람과 크게 다름이
없는 것 같았으나, 벼슬에 나아가고 물러남과 사양하거나 받아들임의
절도에서는 털끝만큼의 어긋남도 없었다" 하여 그 온화하고 겸허한 풍
모와 의리에 어긋남이 없는 강직한 지조를 지적하였다. 또한 그 학문
에 대해서는 "문장으로 인하여 '도'에 들어갔으며, 의리가 정밀하여 한
결같이 주자(朱子)의 가르침을 준수하였고, 여러 학설의 차이에도 두
루 밝아 널리 통달함을 얻었으며, 주자의 학설에 절충시키지 않은 것
이 없었다〈『경연일기』〉" 하여, 철저한 주자학자였음을 확인하였다.

퇴계가 벼슬에서 물러나기를 힘썼으나 임금이 퇴계에 대한 신임이
깊었다. 명종은 말년에 여러 번 퇴계를 불렀으나 사양하고 나오지 않
자, '어진 이를 불러도 오지 않음을 탄식한다(招賢不至歎)'라는 제목으
로 근신(近臣)들에게 시를 짓게 하였고, 화공(畵工)을 시켜 퇴계가 사는
도산(陶山)의 경치를 그려 오게 하여, 극진하게 공경하고 사모함을 보
였던 사실을 소개하였다. 이와 더불어 선조 즉위초에 이상정치(至治)

를 실현하기 위해서는 퇴계가 임금의 덕을 성취시켜야 한다는 것이 선비들의 중론이었고 선조임금도 퇴계를 불렀으나 나오지 않았다. 이에 대해, "퇴계는 스스로 재주와 지혜가 큰 일을 감당할 수 없다고 헤아렸다. 또한 쇠퇴한 시대에 풍속은 퇴폐하여 유자(儒者)가 일하기 어렵다고 여겼으며, 임금의 마음도 다스려 보겠다는 정성이 부족하고, 대신도 학식이 없는 터이라 한 가지도 믿을 것이 없다고 판단한 때문에 간곡히 작록(爵祿)을 사양하고 기어이 물러나고자 하였다〈『경연일기』〉"고 언급했다. 퇴계가 물러나기를 힘쓴 이유로서 그 스스로 재주와 지혜가 나라를 다스리는 큰 일을 감당할 수 없다고 생각했다는 것은 율곡의 일관된 입장에서 보면 겸양하였다는 뜻이 아니라, 실제로 한 시대에 정치를 이끌어가기에는 역량이 부족했다고 인식했던 것으로 보인다.

율곡은 43세때(1578) 해주 석담에 은병정사(隱屛精舍)를 짓고 주자사(朱子祠)를 세웠는데, 이때 그는 "주렴계·정명도·정이천 이후로 여러 현인들이 크게 성취함을 모으고 절충하여 박문(博文)과 약례(約禮)의 양쪽이 지극하며, 노선의 맥락이 분명하여 학자로 하여금 의지하여 '도'에 들어가게 함에는 주자 같은 이가 없다. 우리나라에서 '도학'을 창도하고 요순(堯舜)시대의 임금과 백성을 만드는 것으로 자신의 책임을 삼을 수 있는 사람으로는 정암(靜菴) 같은 이가 없으며, 삼가 주자문하의 이루어진 법도를 지키면서 몸소 행하고 마음으로 터득하여 후생의 모범이 될 만한 사람으로는 퇴계(退溪) 같은 이가 없다〈「연보」〉"고 하여, 주자사(朱子祠)에 조광조와 퇴계를 배향할 계획을 세우고 의례와 규약을 만들었다. 이처럼 그는 우리나라에서 주자의 정통으로 조광조와 퇴계를 높이면서, 그 역할과 성격을 제시하였다.

성균관의 유생들이 상소하여 김굉필(金宏弼)·정여창(鄭汝昌)·조광조·이언적·이황 등 다섯 현인을 문묘(文廟: 공자를 주향으로 모신 사당)에 종사(從祀)하기를 청하였을 때, 선조는 경솔히 결정할 수 없다고 보류하였다. 이때 율곡은 "고려왕조에서 종사(從祀)한 사람으로 정몽주 한 사람외에 설총(薛聰)·최치원(崔致遠)·안향(安珦)은 '도학'에 관계가 없으니, 의리대로 정한다면 이 세 분은 다른 곳에서 제사지내는 것은 옳지만 문묘에 배향함은 잘못이다. …김굉필과 정여창은 언론과 취지가 미미해서 드러나지 못하였고, 이언적은 그의 출처가 자못 논의될 만한 것이 있다. 오직 조광조는 도학을 주창하여 밝혀서 후인을 교도하였으며, 이황은 의리에 침잠하여 일대의 모범이 되었으니, 이 두 분만 내세워 종사하자고 하면 누가 불가하다고 하랴〈『경연일기』〉"라 하여, 조광조와 퇴계가 이 시대의 '도학'을 대표하는 가장 우뚝한 인물임을 역설하기도 하였다.

나아가 율곡은 우리나라 '도학'의 전통을 개관하면서 조광조와 서경덕과 퇴계의 학문적 위치와 성격을 대비시켜 평가하고 있다. "권근(陽村 權近)의 『입학도(入學圖)』는 모순된 것 같고, 정포은(圃隱 鄭夢周)은 이름은 '이학(理學)'의 원조(元祖)라고 부르지만 내가 보기에 그는 사직(社稷)을 편안케 한 신하이지 유학자(儒者)는 아니다. 그렇다면 도학은 조정암(靜菴 趙光祖)에서부터 비로소 일어나 퇴도(退陶: 퇴계)선생에 이르러서야 유학자의 모습이 이미 이루어졌다. 그러나 퇴도는 성현의 말씀을 준수하고 실행하는 사람 같고, 그가 스스로 발견한 곳은 보이지 않는다. 서화담(花潭 徐敬德)은 자기의 견해는 있으나 그 한 구석만을 본 자이다"라 하여, 우리나라 도학의 시조로서 조광조를 확인하고, 퇴계가 규모를 갖춘 유학자이지만 독창성이 결여되었으며, 서경덕은 독창적이지만 부분적인데 한정되어 있다는 한계를 지적하기도 하였다.

또한 율곡은 중종 말년에 서경덕이 '도학'으로 유명하였던 사실을 들면서, "서경덕의 이론은 '기(氣)'를 '리(理)'로 인식한 곳이 많았으며, 퇴계가 이를 병통이라 생각하고 글을 지어 변론하고 반박하니, 그 논지가 밝고 통달하여 배우는 자들이 믿고 복종하였다. 이황은 이 시대 유가(儒家)의 종주(宗主)로 조광조 뒤로는 그에 비할 사람이 없었다. 이황의 재주와 국량은 조광조를 따르지 못하나 의리를 깊이 연구하여 정밀함을 다한 것에서는 조광조가 그를 따르지 못할 것이다〈『경연일기』〉"라 하여, 서경덕의 성리설에 주자학에 어긋나는 문제점을 퇴계가 정밀하게 비판하였다는 사실을 들고, 재주와 국량에서는 조광조가 퇴계를 앞서며 의리의 정밀함에서는 퇴계가 조광조를 앞서는 것으로 평가하고 있다. 율곡은 조광조의 제자 백인걸(白仁傑)에게 "자품(資稟)을 논하면 정암(靜菴)이 월등히 나으나, 조예(造詣)로 말하면 퇴계(退溪)가 낫다〈『경연일기』〉"고 언급하였던 것도 조광조와 퇴계 사이에 도량과 학문에서의 각각 장단점이 있음을 지적하였던 말이다.

명나라때 대표적 주자학자로 나흠순(整菴 羅欽順)에 대해 퇴계는 그 성리설이 주자와 다른 점을 비판하였지만, 율곡은 나흠순의 성리설이 깊이있고 창의적임을 매우 좋아하는 차이점을 드러내었다. 따라서 율곡은 친우 성혼(成渾)에게 보낸 편지에서, "요사이 나정암(整菴 羅欽順)·퇴계·화담 세 선생의 학설을 보니, 나정암이 최고요, 퇴계가 다음이며, 화담이 또 그 다음인데, 그 중에 나정암과 화담은 '스스로 깨달은 맛(自得之味)’이 많고 퇴계는 ‘본받는 맛(依樣之味)’이 많다〈「答成浩原」〉” 고 하여, 학설의 우열을 등급으로 제시하기도 하였다.

곧 율곡은 나흠순이 전체를 바라보았으나 다 밝지 못한 점이 조금 있으며, 기질이 탁월하기 때문에 말이 혹 지나쳐 ‘리’와 ‘기’를 하나로 보는 ‘이기일물설(理氣一物說)’을 내세웠다고 지적하였다. 이에 비해 퇴계는 주자를 깊이 믿고 공부가 깊어 주자의 뜻에 부합되지 않는다거나 전체를 보지 못했다고 말할 수는 없지만, 환하게 관통하는 지경에는 아직 이르지 못하여 ‘리’와 ‘기’가 서로 발동한다는 ‘이기호발설(理氣互發說)’을 주장한 것이라 언급하였다. 또한 서경덕은 문자에 구애되지 않고 자기 견해를 내세우면서 ‘기’를 ‘리’로 보는 병통에 빠졌지만, ‘리’와 ‘기’가 서로 떠나지 않는 오묘한 곳을 환하게 본 점에서는 선현의 글만 읽고 모방하는 부류가 아니라 인정하기도 하였다.

나아가 율곡은 “퇴계는 ‘본받는 맛’이 많으므로 그 말이 구애가 있고 조심하였으며, 화담은 ‘스스로 깨달은 맛’이 많으므로 그 말이 즐겁고 호방하였다. 조심하였기 때문에 실수가 적고 호방하였기 때문에 실수가 많으니, 차라리 퇴계의 ‘본받음(依樣)’을 취할지언정 화담의 ‘스스로 깨달음(自得)’을 본받아서는 안된다〈「答成浩原」〉”라 하여, 퇴계의 ‘본받음’의 학풍을 학문하는 모범으로 받아들이고 있는 것이다. 이처럼 율곡은 조선의 ‘도학’전통에서 선비의 귀감이 되는 인물로 조광조·서경덕·퇴계를 높이면서도 그 학문적 특징과 한계를 엄밀하게 비판적으로 검토하고 있음을 보여준다.

그러나 조선말기 율곡학파의 학자인 김평묵(重菴 金平黙)은 “퇴계선생의 학문은 매우 순수하고 정대하니, 진실로 그 까닭을 찾는다면 정자·주자를 독실히 믿어 갈라지지 않은 것이다. 만약 중국에 있었다면 마땅히 이동(延平 李侗: 주자의 스승)과 진덕수(西山 眞德秀: 주자의 제자) 사이에 있을 것이니, 어찌 나정암과 더불어 같이 논할 수 있겠는가〈金平黙;「大谷問答」〉"라고 하여, 나흠순 보다 퇴계가 월등하게 뛰어남을 강조하였다. 여기서 김평묵은 나흠순이 퇴계보다 재주가 높지만, 정자·주자를 믿지 않고 자신의 견해를 수립하였기 때문에 그 견해가 오류에 빠졌다고 비판하였다. 따라서 김평묵은 나흠순이 퇴계 보다 뛰어나다고 우열을 평가한 율곡의 언급에 대해, "아마 한 때 해본 말씀인 것 같으니 정론(定論)이 될 수 없다. 다시 나흠순과 퇴계의 글에 나아가 자세히 읽으면 알 수 있을 것이다〈金平黙;「大谷問答」〉"라고 하여, 율곡의 견해를 거부하고, 나흠순 보다 퇴계가 뛰어남을 강조하였다. 이러한 견해 차이는 주자의 이론체계와 일치를 중시하는 정통주의 주자학자로서 김평묵의 입장과 주자의 정신세계를 창의적으로 해석하는 것을 중시하는 개방적 주자학자로서 율곡의 철학적 입장의 차이를 드러내주는 것이라 할 수도 있을 것이다.

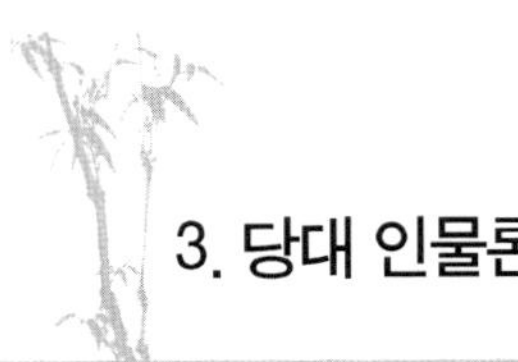

3. 당대 인물론

율곡이 활동하던 16세기 후반에는 선비들이 조정에 진출하면서 많은 인재들이 등장한 시기였다. 또한 율곡은 자신의 『경연일기』에서 앞 시대의 간신배들이나 선비에 대한 평가와 더불어 당시 조정에 있던 관료들은 물론이고 초야의 명망있는 선비들에 이르기 까지 많은 인물들에 대해 예리한 인물평을 하였다. 그의 인물평이 너무 날카로웠던 것은 사실이나, 그의 안목과 심술이 공정하였다면 그 만큼 이 시대 인물들의 실상을 엿볼 수 있고, 이와 더불어 율곡의 인물을 보는 입장과 통찰력을 엿볼 수 있는 것이 사실이다. 그의 많은 인물평 가운데 중요한 인물을 몇 사람들어서 살펴볼 필요가 있을 것이다.

(1) 조식(南冥 曹植, 1501~1572)

퇴계와 동갑으로 영남의 강우(江右)지역을 대표하는 유학자였던 조식(南冥 曹植)에 대해, "조식은 세상을 피하여 홀로 서서 뜻과 행실이 높고 깨끗하니, 진실로 한 시대의 일민(逸民)이다. 그러나 그의 논의와 저술을 보면 학문에 실제로 체득한 주견이 없고 상소한 것을 보아도 역시 세상을 경륜하고 백성을 구제하는(經世濟民) 방책은 못되었다. 이로 보아 비록 그가 세상에 나와 일을 했다 하더라도 능히 치도(治道)를 성취시켰으리라고는 기필할 수 없다. 그러므로 문인들이 그를 추중하여 '도학군자(道學君子)'라고까지 하는 것은 진실로 실상에 지나친 말이다. 그러나 근대에 '처사'라고 하는 이들로서 조식과 같이 시종 절개를 보전하여 천 길 벼랑같은 기상을 가진 사람이 얼마 없었다〈『경연일기』〉"라 하여, 그 지조와 기상은 높이 평가하였지만 학문이나 세상을 경륜할 역량은 인정하지 않았다.

(2) 이준경(東臯 李浚慶, 1499~1572)

당시 이준경(李浚慶)·권철(權轍)·홍섬(洪暹)이 삼공(三公: 영의정·좌의정·우의정)이 되었을 때, "권철과 홍섬은 본래 용렬한 재질로 직위의 품계에 따라 정승이 되었고, 이준경만은 인망이 다소 있었으나 다만 재주와 식견이 부족하고 성질이 거만하여 선비에게 몸을 굽히고 말을 들어 주는 아량이 없는데다가, 재해가 극심하여 인심이 뒤숭숭한 때를 당하여 별로 건의한 것이 없으므로 선비들의 여론이 그를 그르게 여기자, 이준경 역시 스스로 편안하지 못하였고, 이로 인하여 새로 진출한 선비들과 화합하지 못하였다"고 지적하였다. 퇴계가 마지막으로 벼슬에서 물러날 때 선조 임금이 조정의 선비로 누가 믿을 만하며, 누가 '도학'하는 사람인지 물었는데, 퇴계는 이준경이 큰 일을 맡길 수 있으니 신임하여 의심하지 말 것을 당부하고, 기대승(奇大升)은 학문하는 선비지만 다만 아직 정밀한 경지에는 이르지 못하였다고 천거했던 일이 있었다. 율곡은 이 사실을 소개하면서, "이문순(李文純: 퇴계. 文純은 諡號)은 덕이 높은 유종(儒宗)으로 임금께서 어진 인재를 구하는 때에 천거한 사람이 단지 두 사람뿐이었다. 그러나 이준경은 수상(首相) 자리에 있으면서 임금을 마땅한 '도'로 이끌 수 없었고, 출중한 인재들을 널리 불러들이지 못하면서, 뻣뻣하고 오만하여 남을 용납하는 도량이 없으며, 단지 현실의 법규만 준수하여 선비의 의논을 막아 버리니, 머릿수만 채워 놓은 신하만도 못한 셈이다. 기대승은 재주가 탁월하지만 기질이 거칠어 학문이 정밀하지 못한데 자부함이 너무 높아서 선비들을 경시하며, 자기와 견해가 다른 사람은 미워하고 견해가 같은 사람은 좋아한다. 만약 임금의 신임을 얻는다면 그 집요한 병통이 장차 나라를 그르칠 것이다. 이문순(퇴계)의 현명함으로도 그 추천하는 바가 이와 같으니, 사람을 알아본다는 것이 어찌 어렵지 않겠는가〈『경연일기』〉"라 하였다. 율곡은 이준경과 기대승의 단점을 예리하게 지적하고 믿을 수 있는 신하로서 최악의 경우에 속함을 드러내었던 것이요, 동시에 퇴계가 인물을 알아보는 안목이 매우 부족하였던 점을 비판하였던 것이다.

특히 영의정이었던 이준경(東皐 李浚慶)은 죽은 뒤에 올린 상소(遺疏)에서 조정의 신하들 사이에 붕당(朋黨)의 분열이 있으니 타파해야 한다고 건의했는데, 이에 대해 율곡은 이준경이 붕당이 일어남을 알았다면 영의정으로 있을 때 왜 밝히지 않았는지, 그리고 누가 붕당을 맺는지를 분명히 말하지 않아 임금이 모든 신하를 의심하게 하는지를 지적하면서, "옛 사람은 죽으려 할 때 그 말이 선했는데, 지금 사람은 죽으려 할 때 그 말이 악합니다〈「論朋黨疏」〉"라고까지 이준경을 격렬하게 비판하였다.

(3) **백인걸**(白仁傑, 1497~1579)**과 박순**(思庵 朴淳, 1523~1589)

백인걸은 조광조의 제자로 고향이 파주였으며, 같은 파주 출신의 율곡·성혼과 학문토론 하기를 매우 좋아하여 자주 어울렸고, 율곡은 백인걸을 대신하여 상소문을 짓기도 하였다. 그러나 율곡은 백인걸에 대해 "지조와 기개는 뛰어났으나 학술이 거칠었으며, 과감한 직언을 좋아하였으나 현실에 합당하지는 못하였다"고 지적하였다. 또한 성혼이 "백공(백인걸)의 재주는 바둑에다 비하자면 때로는 묘한 수를 두어 국수(國手)를 대적할 만하나, 때로는 어지러운 수를 두니 믿을 만한 재주가 못된다〈『경연일기』〉"고 논평한 말을 인용하기도 하였다.

박순은 서경덕의 제자로 조정에서는 율곡과 매우 가깝게 지냈다. 율곡은 선배 관료였던 김계휘(金繼輝)와 조정 신하가운데 나라를 경륜할 인물을 논의하면서, "박순은 사람됨이 겉과 속이 결백하고 정성된 마음으로 나라 일을 걱정하니 조정 신하 중에 그와 비견할 만한 사람이 없으나, 정신과 기백이 약하여 큰 일을 감당해 내지 못할 것 같다. 백인걸은 마음씀이 범속하지 않고 임금을 사랑하는 뜻이 간절하지만, 기질이 거칠고 학문이 정밀하지 못하여 일을 해내지 못할 것이다. 퇴계 같은 이는 학문이 정밀하고 덕망이 높아서 위로는 임금의 사랑을 받고 아래로는 사림(士林)의 중망을 지고 있어 큰 일을 해낼 수 있으나 끝내 큰 일을 맡을 의사가 없으니, 이는 아마 스스로 재주가 부족하다고 생각한 것이다〈『경연일기』〉"라고 말했던 일이 있다. 이 시대에 나라를 다시 일으켜 세우는 큰 일을 담당할 인물로 박순·백인걸·퇴계의 세 사람을 들면서 각각 장점과 문제점을 함께 들고 있음을 보여준다.

백인걸이 어느 때 경연에서 박순을 가리켜 "재주는 있으나 덕은 없다"고 말한 일이 있었던가 보다. 뒤에 백인걸은 자신의 실언을 인정하는 상소를 올리면서 "오늘날 조정 신하로서 학문의 방향을 아는 이로는 박순만한 이가 없고, 재능이 중임을 부탁할 만한 이로도 박순만한 이가 없으며, 정성스럽게 나라를 걱정하는 이로도 또한 박순만한 이가 없습니다. 그러나 신이 평일에 항상, 박순이 재주와 성의는 진실로 겸비하였으나 덕량(德量)이 부족함을 미진하게 여겼으므로 완전하기를 바라는 뜻이 있었습니다〈「代白參贊(仁傑)疏」〉"라 하여 자신의 본의가 아님을 변명하였는데, 이 상소문을 율곡이 작성하였던 사실을 보면, 백인걸·박순과 율곡은 정치적인 동지였음을 짐작할 수 있다.

(4) 노수신(蘇齋 盧守愼, 1515~1590)과 기대승(高峯 奇大升, 1527~1572)

노수신은 이언적·퇴계·김인후·기대승 등과 학문적 토론을 벌였던 당대의 명망높은 학자였다. 을사사화(1545) 이후 오랜 귀양살이에서 풀려나온 뒤 이조판서로 기용되었을 때, 율곡은 노수신에 대해 "재앙을 만나 징벌을 받은 후 기개와 지조가 위축되어 그 정치적 사무를 처리하는 것이 한결같이 대중의 습속을 따르고 조치함이 마땅함을 얻은 것이 없어 사림(士林)이 실망하였다〈『경연일기』〉" 하여, 정치적 실무에서는 무능하였음을 비평하였던 것이다.

그러나 율곡은 노수신이 병으로 물러나기를 청하자 선조임금에게 "노수신은 젊어서부터 좋은 명성이 있었으므로 정승이 되기 전에는 사람들이 모두 '이 사람이 정승이 되면 태평정치를 이룰 수 있을 것이다'라고 하였습니다. 그러나 정승이 된 뒤로 별로 건의하는 말이 없자 사람들이 그 직분을 수행하지 못함을 비웃었습니다. 노수신으로선 건의하고 싶었지만 주상의 뜻이 변혁하여 소통시키기를 원하지 않으시니 진퇴가 극히 어려운 처지라 부득이 물러가기를 청한 것입니다. …이 사람이 경세제민(經世濟民)할 재주가 있는지는 알 수 없사오나, 조야(朝野)를 진정시키는 데는 넉넉할 것입니다"라 하여, 노수신의 사퇴를 허락하지 말도록 건의하였다. 곧 노수신이 정승으로서 역할은 못하고 있지만 그 책임은 임금이 건의를 잘 들어주지 않는데도 있음을 지적하고, 노수신이 조정 안팎을 안정시키는 역할을 할 수 있는 덕망이 있음을 인정하기도 하였다.

기대승은 퇴계와 사단칠정(四端七情)논쟁을 벌였던 당대의 대표적 성리학자 가운데 한 사람이다. 이 논쟁에서 기대승이 보여준 이론의 뛰어남은 율곡도 인정하고 있다. 율곡은 32세때(1567) 기대승과 더불어 '지(知)'의 '지선(至善)' 문제에 관한 토론을 벌이기도 하였다〈「與奇明彦(大升)」〉. 김계휘가 기대승이 어떤 사람인지 묻자, 율곡은 "기대승은 한 세상을 덮을 듯하니, 역시 비상한 선비이다. 다만 자부함이 너무 지나쳐 온화하고 겸허하게 착한 것을 받아들이는 의사가 없어 반드시 사림(士林)의 지지를 받지 못할 것이니, 어떻게 큰 일을 할 수 있겠는가〈『경연일기』〉”라 하여, 기대승의 높은 기개를 인정하면서 자만심에 빠져 남을 용납하는 덕이 없음을 비판하고 있다. 그는 기대승의 학풍에 대해, “널리 열람하고 잘 기억하며, 기개가 장하여 담론하면 온 좌중을 굴복시켰다. …그 학문은 박식함과 광대하게 펼침을 힘쓸 뿐이요, 마음을 다잡고 실천하는 공부는 없었다. 또 이기기를 좋아하는 병통이 있어 남이 자기에게 순종하는 것을 좋아하기 때문에 기개있는 선비와 화합하지 못하고 아첨하는 자가 많이 따랐다〈『경연일기』〉”라 하여, 박식한 지식인으로 한정시키고 독선이 강한 인물로 평가하고 있다.

율곡은 조식(曺植)이 기대승을 만나보고, “이 사람이 뜻을 이루면 반드시 그 시대의 정치를 그르칠 것이다”라고 평가했다는 사실과, 기대승도 조식을 유자(儒者)가 아니라 하여 조식의 허물을 말하자, 조식의 제자들과도 사이가 나빴음을 소개하기도 하였다. 또한 백인걸도 기대승에 대해, “자신감이 너무 지나쳐 반드시 나라 일을 그르칠 것이다”라고 평가했던 일이 있었다 한다. 기대승이 죽었을 때 어떤 사람이 “사문(斯文: 儒敎)이 불행하여 이 사람이 갑자기 죽었다”고 하자, 이 자리에 있던 조식의 제자 최영경(崔永慶)이 화를 내면서, “기대승은 재주와 학식은 조금 있으나 병통이 크게 있다. 을사년(을사사화)의 여러 간신들을 공로가 있다 하였고, 남명(南溟 曺植)이 조정을 요란하게 하였다 했으니, 이러한 편견을 가지고 만일 일을 벌였다면 반드시 정치에 해를 끼쳤을 것이다. 이 사람의 죽음이 사문의 불행이 될 것이 무언가〈『경연일기』〉”라 하였다 한다. 율곡 자신은 “사문이 불행하여 기대승이 일찍 죽었다”는 말에 대해, “사문이 다행하여 기대승이 일찍 죽었다”고

까지 극심하게 말하였던 일도 있다고 한다. 한마디로 율곡은 기대승과 성리설에서 일치하는 입장도 있었지만 경세론에서 달라질 뿐만 아니라, 상당히 심한 거부감을 가졌던 것으로 보인다.

(5) 유성룡(西厓 柳成龍, 1542~1607)

유성룡은 퇴계의 대표적 제자 가운데 한 사람으로 조정에서 율곡과 친밀한 사이였다. 율곡은 유성룡에 대해, "재주와 식견이 있고 일을 설명하여 임금께 아뢰는 것이 능하므로 경연에서 계사(啓辭)를 하면 사람들이 모두 찬탄하였다. 다만 한 마음으로 공무를 받들지 못하고 때로는 이해관계를 돌아보는 뜻이 있었으니, 군자가 부족하게 여겼다〈『경연일기』〉"고 평하여, 학식과 언변이 뛰어났음을 인정하면서 공사(公私)의 분별을 확실하게 못하는 문제점을 지적하였다. 언젠가 율곡은 "유성룡이 재주와 기개는 참으로 아름다운데 다만 자기보다 나은 사람을 시기하는 병통이 있어, 나와 함께 일을 하려고 하지 않는다. 우리 무리가 죽고 나면 반드시 그 재주를 실시할 것이다"라고 말했던 일이 있고, 임진왜란이 일어난 이후 유성룡이 나라 일을 담당하면서 언제나 조정에서 율곡의 선견지명과 재능을 크게 칭찬하였는데, 어떤 사람이 유성룡은 율곡을 죽은 뒤에야 인정한다고 하자, 성혼은 이 말을 듣고 "유성룡은 본래 그러하다. 그가 어찌 율곡의 어짊을 몰랐겠는가. 단지 자기보다 나은 사람을 싫어해서 죽은 뒤에 인정하는 것인데 그것이 무슨 도움이 있겠는가. 남명(南冥 曺植)의 시에, '사람이 바른 선비 좋아하는 것이 / 호랑이가죽 좋아하듯 하네 / 살았을 때는 죽이려 들다가 / 죽은 뒤에야 아름답다 일컫는구나(人之好正士, 好虎皮相似, 生前 欲殺之, 死後方稱美)”라고 한 것이 있는데, 유성룡이 이에 가깝다〈「연보초고」〉”고 말했다는 기록이 있다. 유성룡은 율곡의 탁월한 식견에 시기심을 가져 살았을 때는 반대하다가 죽은 다음에야 율곡의 선견지명을 극찬하였다는 말이다.

율곡은 마치 저울 위에 올려놓고 물건의 무게를 달 듯이 모든 인물의 장점과 단점을 엄정하게 평가하는데 탁월한 능력을 발휘하였던 것 같다. 그러나 사람을 평가하다보면 그 단점의 평가가 평가받는 사람에게 너무 아프게 주어질 수 있는 것이 사실이다. 객관적 평가에 엄격하면 할수록 율곡의 눈에는 온전한 사람이 남아 있기가 참으로 어려운 일이라는 것은 펴할 수 없게 된다. 그러나 율곡의 인물평은 사관(史官)이 직필(直筆)로 역사적 사실을 서술하듯 군왕에서부터 대신과 초야의 선비에 이르기까지 앞 시대의 인물과 당대의 인물들에 대해 매우 자세하고 폭넓은 평가를 남겨주고 있는 것은 그의 여러 업적 가운데 하나라 하겠다.

6부
도학(道學)의 학문세계

栗谷評傳

1. 사칠론(四七論)과 인심도심론(人心道心論)의 성리설

1) 심성론의 인간학적 성격

심성론(心性論)은 주자학의 형이상학적 기본개념인 태극(太極)—음양오행(陰陽五行) 내지 '리(理)'—'기(氣)'의 구조에 근거하여 해석되면서 성리학 이론의 중심문제를 이루어 왔다. 특히 조선시대 성리학에서는 심성론의 문제에 초점을 맞추고 정밀한 토론을 전개함으로써 학문적 핵심과제로 삼아왔던 것이 사실이다. 심성론의 문제는 '마음(心)'과 '태극'을 일치시키거나, 마음(心)·성품(性)·감정(情)의 개념을 이치(理)와 기질(氣)에 배속시켜 해석하면서 주리설(主理說) 혹은 주기설(主氣說)의 입장을 취하여 관념적 논쟁을 전개시켜 갔다.

심성론이 제기되는 성리학적 문제의식의 전제는 도덕적 주체로서 인간자신에 대한 인식을 추구하는 것이다. 인간존재는 도덕적 실천을 함으로써 의미있는 존재라는 이해가 성립한다. 여기서 인간존재에 내재되어있는 도덕적 근거를 인식하고 도덕적 실천의 가능성과 방향을 확인하기 위해 심성론에 대한 이해를 심화시키고 있는 것이다. 이런 의미에서 심성론의 문제는 원초적으로 '인격의 도덕적 실현을 위한 실천적 관심'에서 출발한 것이라 할 수 있다.

2) 마음의 전개양상과 '인심'(人心)·'도심'(道心)의 구조

율곡은 마음을 하나의 통합된 인격적 주체로 이해한다. 성품(性)과 감정(情)과 의식(意)이 마음에 떠오르는 무슨 독립적 실체가 아니라 이들은 모두 마음의 양상이라 파악하고 있다. 그는 "아직 발동하지 않은 상태를 성품이라 하고, 이미 발동된 상태를 감정이라 하며, 발동하여 헤아리는 것을 의식이라 한다"고 성품·감정·의식의 개념을 정의하고서, "마음은 성품과 감정과 의식의 주체이므로 아직 발동하지 않거나 이미 발동하거나 헤아리는 것을 모두 마음이라 일컬을 수 있다〈「答成浩原」〉"고 하여, 마음의 통합성을 명백하게 제시하였다. 곧 성품과 감정과 의식은 마음의 다양한 전개과정에서 드러나는 양상을 가리키는 말이라 할 수 있다. 성품·감정·의식 사이에는 아직 발동하지 않은 것(未發)과 이미 발동한(已發) 것이라는 양상의 차이가 있고, 성품에서 감정·의식으로 발동하여 나온다는 연속성이 있다. 그러나 마음의 이 세 가지 양상이 단지 하나의 통합된 존재라는 점을 비유해보자면, 마치 한 사람이 집에서는 가장이요 직장에 가면 기능공이요 상점에 가면 손님이 되는 것과 같다. 이처럼 성품·감정·의식도 모두 하나의 통합된 마음이 드러내는 다양한 양상을 분석하여 인식한 것임을 의미한다.

그는 성품을 '하늘의 이치가 사람에게 부여된 것(天理之賦於人者)'이

라 함으로써 하늘의 이치가 내재한 자리는 바로 마음으로 보아, 성품
과 마음을 일체로 파악하고 있다. 특히 마음을 '성품과 기질이 합하
여 한 몸에 주재가 되는 것〈「人心道心圖說」〉'이라고 한 정의에서는 마
음과 몸의 관계를 밝혀주고 있다. 마음은 몸을 주재하고, 몸은 마음
의 주재를 받는다는 인식은 마치 임금과 신하의 관계처럼 구별이 엄
격한 것으로 이해할 수도 있다. 그러나 율곡은 엄격하게 몸과 마음을
이원적으로 분리하기를 요구하지 않는다. 오히려 그는 인간의 몸이
기질로 이루어진 것처럼 마음도 기질로 이루어져 있음을 주목하고
있다. 몸과 마음이 하나의 통합된 인간존재를 이루는데, 이 인간존재
의 주체를 마음으로 인식하는 것을 의미한다. 실제로 몸(身)은 신체
라는 부분적 의미와 함께 자신으로서 몸과 마음을 합친 전체적 의미
를 지닌다.

　이러한 일체성의 중시는 그의 성리설을 관통하는 관점이다. 그는
'리'·'기'관계의 인식에서도 "'리'와 '기'는 본래 합치된 것이요, 처음
합하는 때가 있지 않다. '리'와 '기'를 둘로 보려는 것은 모두 '도'(道)
를 알지 못하는 것이다〈「答成浩原 · 理氣詠呈牛溪道兄」〉"라고 단호하
게 밝히고 있다. 이처럼 그는 '리'·'기'가 서로 분리되지 않으며, '심
(心)'·'신(身)'이 따로 떨어져 있는 것이 아니요, '성(性)'·'정(情)'·'의
(意)'가 독립된 존재가 아님을 강조하는 일원론의 입장에 서 있음을
밝혀준다.

　율곡에 있어서 성품·감정·의지는 마음의 발생과정에서 여러단계를
가리키는 명칭이라 한다면, 인심과 도심은 마음의 작용이 지향하는 가
치에 대한 '평가적 이원성'을 보여주는 것이요, '존재적 이원성'을 말하

는 것이 아니다. 주자가 "하나의 마음이 성명(性命)의 올바름에 근원하기도 하고, 형기(形氣)의 사사로움에서 생기기도 한다〈「中庸章句序」〉"고 하여, '인심'과 '도심'의 구별을 규정하였을 때도 성명과 형기, 또는 올바름과 사사로움은 대립된 가치의식을 내포하고 있다. 여기서 율곡은 감정의 발동에서 도덕적 가치(道義)를 위하여 발동하는 것을 '도심'이라 하고 신체적 욕구를 위하여 발동하는 것을 '인심'이라 대립적으로 구별하면서도, 인심과 도심은 "처음부터 두 마음이 아니요, 단지 발동하는 자리에서 두 단서가 있다〈「人心道心圖說」〉"고 언명한다. 곧 인심과 도심은 마음의 독립된 두 존재양식이 아니라 두가지 상반된 가치에로 지향하는 것일 뿐이다.

　율곡에 있어서 인심·도심은 '리'와 '기'라는 서로 다른 존재론적 요소에 근거하여 고정된 것이 아니요, 하나의 마음이 추구하는 가치지향의 두가지 방향일 뿐이다. 따라서 인심과 도심은 마음이 지향하는 방향이 바뀌는데 따라 언제든지 한쪽에서 다른 쪽으로 바뀔수 있다.

　사람의 마음이 '성명'의 올바름에서 곧바로 나왔으나 혹 순응하여 이룰 수 없어서 사사로운 의식이 사이에 끼어들면 이것은 도심으로 시작하였다가 인심으로 끝맺는 것이다. 혹 '형기'에서 나왔으나 올바른 이치를 저버리지 않았으면 진실로 도심에 어긋나지 않는 것이요, 혹 올바른 이치를 저버렸으나 그릇됨을 알고 굴복시켜 욕심을 좇지 않으면 이것은 인심에서 시작하였다가 도심으로 끝맺는 것이다.

「答成浩原」

　　이것이 바로 율곡에 있어서 인심과 도심이 서로 시작과 끝이 된다는 '인심도심상위시종설(人心道心相爲始終說)'이다. 인심이 도심으로 바뀌거나 그 반대로 바뀔 수 있는 가능근거는 인심과 도심이 마음의 기계적 발동현상이 아니라 의식을 통해 헤아리고 판단할 수 있기 때문이다. 율곡이 "인심과 도심은 감정과 의식을 포함하여 말한 것이다〈「答成浩原」〉"라고 하는데서 의식의 헤아림이 인심과 도심을 자각하게 하고 서로 변하게 하는 근거임을 확인할 수 있다. 인간에게는 대상적 가치가 다른 만큼 마음의 지향이 인심과 도심으로 갈라져 나타나는 것은 필연적인 현상이다. 그러나 마음은 인간의 주체이므로 사람이 자신의 마음을 대상에 지배되도록 맡겨두어 악(惡)에 빠지게 해서는 안된다. 따라서 '형기'의 사사로움을 지향하는 인심도 '성명'의 올바름을 지향하는 도심에 상반되지 않도록 제어될 수 있어야 하는 것이다. 이것은 마음을 다스리는 치심(治心)의 과제이다〈「人心道心圖說」〉. 올바른 가치를 지향하는 도심은 지켜야 하며 확충(擴充)시켜야 한다. 그러나 욕심에 빠지기 쉬운 위태로운 인심은 정밀하게 살펴야 한다. 정밀하게 살피는 것은 바로 의식의 작용이다. 정밀하게 살피는지 여부에 따라 인심·도심의 상태는 상반된 결과를 초래한다. 곧 마음에서 '형기'의 작용을 지각하고 자세히 살펴서 올바른 이치를 따르게 하면 '인심이 도심의 명령을 듣는' 결과를 낳고, 정밀하게 살필 수 없어서 마음이 지향하는 데로 맡겨두면 '인심은 더욱 위태롭고 도심은 더욱 미약하게 되는(人心愈危, 道心愈微)' 결과를 낳는 것으로 분별한다. 심성론에서 인심도심설을 제기하는 출발점과 귀결점은 바로 올바른 가치를 지향하고 사사로운데 빠지지 않도록 마음을 다스리는데 있다. 여기서 그는 도심으로 절제함으로써 인심이 도심의 명령을 듣는 '치심(治心)'의 조건에서는 '인심'과 '도심'이 일치하는 것임을 확인하고 있다.

3) 사단칠정설(四端七情說)과 본연(本然)·기질(氣質)의 '성'(性)

율곡은 마음이 이미 발동하여 있는 상태를 감정이라 보고 아직 발동하기 이전의 양상인 성품이 발동하여 감정으로 나타나는 것으로 본다. 따라서 마치 나무에서 땅 속의 뿌리와 땅위의 가지 사이의 관계처럼, 한 마음에서 성품이 발동한 것은 감정이요, 모든 감정은 성품에 근본을 두는 일체임을 인식하도록 요구하고 있다. 나아가 대상의 자극을 받아 이미 발동한 마음인 감정은 『맹자(公孫丑上)』에서 말한 '사단'과 같이 인간의 선한 성품의 증거가 되는 감정이거나 『예기(禮運)』에서 말한 '칠정'과 같이 인간의 일상적 감정이거나 모두 성품에 뿌리를 두고 있는 것이다. 다만 '사단'이 선한 감정을 가리키는 것인데 비해 '칠정'은 선하고 악한 감정을 모두 가리킨다는 도덕적 가치에서 뚜렷한 차이를 보이고 있다.

율곡은 이 '사단'과 '칠정'의 관계를 두 방향으로 갈라져 나간 대립적 감정이 아니라 칠정 가운데서 인간의 도덕적 평가에 따라 선한 감정만을 표출시킨 것을 '사단'으로 파악하였다. 이처럼 율곡에 의한 사단과 칠정의 관계에 대한 인식은 이 감정들이 하나의 근원에서 발생되어 나온 것으로서 본래 같은 차원이요 동일한 위상을 차지하는 것이라 본다. 다만 선악의 도덕성에 따른 평가에서 차이를 드러내는 것으로 구별하고 있는 것일 뿐이다.

따라서 사단·칠정의 감정을 이기론(理氣論)이라는 우주론적 존재형식으로 해명할 때도, 퇴계는 사단을 이치가 발동하고 기질이 따르는 것(理發而氣隨之)이라 하고 칠정을 기질이 발동하는데 이치가 타고 있는 것(氣發而理乘之)이라 하여 대립관계(七對四)로 파악하였지만, 율곡은 이를 반대하여 양쪽 모두 '기질이 발동하는데 이치가 타고 있는' 포섭관계(七包四)로 파악한다6⟨「答成浩原」⟩. 율곡이 추구하는 관심은 인간 감정의 통합적 전체성을 확인함으로써 인간의 주체적 능동성을 확립하는데 있다고 할 수 있다. 선악의 도덕적 의식은 인간이 평가하고 선택하여야 할 가치인 것이요, 도덕적 가치에 의해 인간 감정이 분열되어 나오는 것이 아니라고 본다. 그만큼 인간존재의 도덕적 주체성을 주목한 것으로 보인다.

율곡은 심성론에 적용되는 우주론적 존재형식인 이치(理)와 기질(氣)의 성격을 규정하여 "발동하는 것은 기질이요 발동하게 하는 것은 이치⟨「答成浩原」⟩"라 한다. 여기서 발동하는 작용의 기질과 그 원리로서의 이치는 서로 개념적으로 구별은 되지만 실제에서는 분리될 수 없는 일체임을 확인하게 된다⟨「理氣詠」⟩. 다만 도덕적 성격에서 보면 이치는 순수한 선(理本純善)으로 도덕적 선의 기준이 되지만, 기질에는 맑거나 혼탁한 차별이 있으니(氣有淸濁) 이치의 순수한 선을 항상 그대로 실현시키기 어려운 현실적 조건을 이루는 것이다. 이치를 깨끗한 물에 비유하면 기질은 깨끗하거나 더러운 물그릇에 비유될 수 있다.

---

6 이상은(李相殷)은 기대승(高峯 奇大升)이 사용한 용어에 따라 퇴계의 사단대칠정절(四端對七情說)을 '대설(對說)'로 기대승의 칠정포사단설(七情包四端說)을 '인설'(因說)로 대비시켜 해석하고 있다.⟨이상은, '四七論辯과 對說·因說의 意義', 『아세아연구』, 통권49호⟩

"기질은 이치를 담는 그릇이다.〈「人心道心說」〉" 기질이 발동하지 않는 이치의 상태는 순수한 선이지만, 선과 악이 갈라지는 계기는 기질이 발동할 때에 맑은 기질이 발동한 것이 선이요 혼탁한 기질이 발동한 것이 악이라 본다. 여기에 선악의 인간내재적 조건으로서 기질의 맑음과 혼탁함의 문제가 제기된다[7].

율곡은 선악의 도덕성은 인간의 판단과 선택으로만 결정되는 것이 아니라 보고, 인간 내재적 기질의 조건을 주목한다. 곧 그는 사물의 경우 기질의 치우치고 막힘이 고정되어 있어서 변화시킬 수 없지만 오직 인간만은 마음이 허령(虛靈)하고 밝아서 기질의 맑거나 혼탁하거나 순수하거나 잡박함에 따른 차이를 변화시킬 수 있다고 본다. 이에 따라 그는 수기(修己)의 수양방법으로서 기질을 교정하여 바로잡는 '교기질(矯氣質)'의 문제를 제시하고 있다.

그는 '교기질'의 방법을 마치 어린아이가 거문고의 기예(技藝)를 익히는 경우처럼 처음에는 듣기가 괴로웠던 소리도 쉬지않고 노력함으로써 음률을 이루게 되고 마침내 지극한 경지에 이르면 그 소리가 맑고 조화로우며 원활하게 굴러서 말할 수 없이 오묘하게 되는 사실에 비유하고 있다〈『聖學輯要』〉. 이처럼 그는 인간이 학문을 통해 스스로 노력함으로써 자신의 혼탁하고 잡박한 기질을 맑고 순수하게 바로잡

---

7 '기(氣)'를 우리 말로 옮길 때, '기운(氣運)'이라 한 것은 '기'의 운행으로 우주론적 '기'의 작용현상을 가리키는 말이라 한다면, '기질(氣質)'이라 한 것은 '기'의 형질로서 개체의 신체적 요소를 이루고 있는 '기'의 성질이라는 의미로 쓰며, '형기(形氣)'라 한 것은 '기'가 사물의 형체로 드러나는 현상을 가리키는 말로 쓰고자 한다. 때로는 '기'가 '기운'·'기질'·'형기'의 어느 쪽으로도 특정화시켜 분별하기 어려운 복합적 의미로 쓰이는 일도 있는 것이 사실이다.

음으로써, 이를 통해 강한 기상과 밝은 지혜를 발휘할 수 있음을 강조하고 있는 것이다.

우주에서의 기질은 모이고 흩어지는 과정에 따라 만물과 인간존재를 구성하는 기질로 구체화된다. 성품은 바로 하늘의 이치가 인간의 기질 속에 부여된 것이다. 기질에서 보면 마음과 성품도 감정도 모두 기질이지만, 이치에서 보면 어떤 기질에도 그 근거에 이치가 내재되어 있는 것이다. 따라서 율곡은 성품의 이해에서 본연한 성품(本然之性)과 기질 속의 성품(氣質之性) 사이의 관계를 사단과 칠정의 관계와 같은 구조로 파악하여 구별한다. 곧 이치와 기질을 합친 성품의 전체는 기질 속의 성품이며, 기질 속에서 단지 이치만을 추출하여 가리키면(單指) 본연한 성품이라 본다.

율곡은 기질이 그 속에 성품을 포괄하고 있음을 강조한다. 곧 인간이 태어나면서부터 기질 속에 함께 갖추어져 있기 때문에 '성'이라 한다는 것이다. 여기서 그는 기질을 그릇에 비유하고, 성품을 물에 비유하고 있다〈「論心性情」〉. 실제의 인간성품을 마치 그릇에 담긴 물처럼 기질 속에 부여된 성품으로 파악함으로써, 기질과 성품이 통합된 인격의 구체적 모습을 제시해준다. 따라서 그는 인간의 성품이 선하다는 낙관론이나 악하다는 비관론에 젖지 않고 기질이 지닌 악의 가능성을 직시하게 한다. 이에 따라 기질의 변혁이며 동시에 자신의 변혁을 통하여 선의 실현을 추구하는 것으로 도덕적 책임을 지는 주체적 인격성을 확인시켜주고 있다.

4) 세계의 존재영역―천지·만물·인간

'기'에는 바르고 치우친 차이와, 통하고 막힌 차이와, 맑고 혼탁한 차이나 순수하고 잡박한 차이 등 다양한 차이가 있다. 세계 안에서는 이처럼 기질이 지닌 성질의 차이에 따라 다양한 존재의 영역이 나타나게 된다. 곧 지극히 바르고 지극히 통하는 기질을 얻은 존재가 천지이다. 치우치고 막힌 기질을 얻은 존재가 만물이다. 바르고 통하는 기질을 얻었으나 동시에 기질의 혼탁하고 순수하고 잡박한 정도에서 무수한 차이를 보이는 존재가 인간이다.

인간존재는 바르고 통하는 기질을 얻었다는 점에서 천지의 지극히 바르고 지극히 통하는 기질과 비교하면 그 수준의 지극함에는 못미치기 때문에 하늘(天地)과 인간 사이에 기질의 바르고 통하는 정도의 차이는 분명하게 인정하지 않을 수 없다. 그러나 인간은 기질이 바르다(正)는 온전성과 정당성에서 하늘과 일치하며, 통한다(通)는 소통성과 유행성에서 하늘과 일치하는 것임을 지적하여, 하늘(天地)과 인간이 소통하고 일치함을 기질에서 확인시켜준다. 이처럼 기질에서 보면 '천인합일론(天人合一論)'이 성립하는 범위와 더불어 그 한계가 뚜렷하게 드러난다. 또한 만물의 치우치고 막힌 기질은 인간의 바르고 통하는 기질과는 본질적으로 상반성을 보여준다. 만약 성품이 기질과 분리될 수 없다는 율곡의 입장에서 보면 인간과 만물 사이에 기질의 차이를 인정하는 것은 바로 성품의 차이를 의미하게 된다.

율곡은 존재영역들 사이에 기질의 차이와 더불어 그 성품이 지닌 성격의 중요한 차이를 주목하고 있다. 천지는 기질이 지극한 수준에 이르렀으므로 성품도 정해져 있어서 변하지 않는다. 만물도 또한 기질이 치우치고 막혔으므로 성품이 정해져서 변하지 않는다. 이에 비해 인간만이 바르고 통한 기질을 얻었지만, 그 지극한 수준까지 끌어올릴 수도 있고 뒤떨어질 수도 있는 가변적 존재이다. 또한 인간이 지닌 기질에는 맑고 혼탁하거나 순수하고 잡박한 정도에서 무한히 다양한 차이를 일으키며 이 기질이 변할 수 있다〈「答成浩原」〉. 이처럼 인간의 기질이 변하는 것은 인간의 성품도 변할 수 있음을 말해준다. 여기서 인간이 지닌 기질 속의 성품이 변할 수 있다는 것은 인간성품이 현실적으로 천지나 만물과 다른 독특한 위치를 지니고 있음을 밝히는 것이다.

5) 인간존재의 차별성―성인(聖人)·중인(中人)·하등인(下等人)

인간이 기질의 다양한 차이에 따라 성품이 가변적이라면 인간 사이에도 여러 차별성이 찾아질 수 있다. 율곡은 기질 속의 성품이 지닌 차이에 따르는 인간의 인격적 차등에 깊은 관심을 보이고 있다. 곧 기질을 그릇에 비유하고 성품을 물에 비유하면서, '성인'은 깨끗한 그릇 속에다 물을 담은 경우라면, '중인'은 그릇 속에 모래와 진흙이 있는 경우이고, '하등인'은 단지 진흙 속에 물이 있는 경우라 한다〈「論心性情」〉. 천지와 만물 사이에 놓인 인간으로서 성인은 하늘(天地) 쪽에 가까우며 하등인은 만물 쪽에 가깝게 배열되는 것으로 본다.

감정이 절도에 맞는지 여부도 '성인'·'군자'·'상인'(常人)이라는 인격의 차등을 분별하는 기준으로 논의되고 있다. '성인'은 감정이 절도에 맞지 않음이 없으며, '군자'는 감정이 간혹 절도에 맞지 않으나 의식은 절도에 맞지 않음이 없고, '상인'은 혹은 감정이 절도에 맞으나 의식이 맞지 않기도 하고 혹은 감정이 절도에 맞지 않으나 의식이 절도에 맞기도 한다고 대비시키고 있다. 율곡이 인격의 차등을 강조하는 것은 신분적 계급의 정당성을 뒷받침하기 위해서가 아니라, 기질의 자기혁신을 통한 인격의 향상을 추구하기 위한 관심에 근거하고 있는 것이다.

율곡은 짐승(禽獸)의 성품에 관한 주의깊은 관찰을 하고 있다. 그는 물과 그릇의 비유에 따라 짐승의 성품은 물과 결합된 진흙 덩어리로서 끝내 맑게할 수 없는 경우로 본다. 물에 비유된 짐승의 성품은 이미 습기가 말라버린 진흙 덩어리이기에 맑게 할 수가 없지만, 물이 보이지 않는다고 하여 그 속에 물기가 없다고 할 수는 없음을 지적한다. 짐승의 경우에서 성품은 마치 물기가 진흙으로 막혀있는 것처럼 기질에 막혀있지만 성품이 없는 것이 아님을 확인한다〈「論心性情」〉. 율곡은 만물의 성품은 온전한 덕을 부여받지 못하였고 그 마음도 모든 이치에 통할 수 없다고 지적한다. 만물 가운데서 초목의 경우는 전혀 막혀있는데 비하여 짐승은 혹 한가지 길에 통하기도 한다고 본다. 곧 "범이나 이리가 부모·자식의 친애함이 있고, 벌이나 개미가 임금·신하의 관계가 있으며, 기러기는 형제의 차례가 있고, 징경이(雎鳩)는 부부사이의 구별이 있으며, 둥지에 사는 새나 굴에 사는 짐승은 미리 아는 지혜가 있고, 철에 따라 나오는 벌레는 때를 기다리는 믿음이 있다. 그러나 모두 변하고 통할 수가 없다〈「答成浩原」〉"고 구체적인 예를 들어 짐승의 성품이 부분적으로 통하는 경우가 있지만 인간과 달리 기질과 그 성품을 변혁할 수 없음을 확인하고 있다. 18세기초에 기호학파 안에서 논의되었던 인물성동이론(人物性同異論)에서 보면 율곡은 기질 속의 성품에 관한 인식에서 일찍부터 선명하게 인물성상이론(人物性相異論)의 입장을 제시하였음을 알 수 있다.

'성인'·'중인'·'하등인'을 크게 '성인'과 '중서(衆庶)'으로 구분하였을 때, '성인'은 지극히 바르고 지극히 통하고 지극히 맑고 지극히 순수한 기질을 얻음으로써 천지와 더불어 덕이 합치할 수 있다고 본다. 이러한 '성인'은 천지와 같이 그 성품이 고정되어 있어서 변함이 없는 상태가 된다. 율곡은 인간이 이러한 성인의 기질을 성취한 것을 가리켜 하늘(천지)의 모습을 따르는 것으로, 곧 맹자가 말하는 바 '천형(踐形)'이라 하였다〈「答成浩原」〉. 여기서 성인은 저절로 이루어지는 것이 아니라 하늘을 본받아 자신의 기질과 성품을 변혁하는 인간수련의 실천과정을 요구한다.

인간은 천지나 만물과 달리 성품이 고정되어 있지 않기 때문에 자신의 성품을 변혁할 수 있는 가능성이 있다. 이처럼 인간의 성품을 변혁하는 주체는 그 자신의 마음이다. 마음은 그 본체가 비어서 오묘하며(虛靈) 작용은 환하게 알고(洞徹), 모든 이치를 갖추고 있기 때문에, 탁한 기질을 맑게 하고 잡박한 기질을 순수하게 할 수 있다고 본다. 율곡은 『성학집요(矯氣質章)』에서 기질의 차이에 따라서 인간에게 나타나는 다양한 양상을 분석하며, 이에 따른 기질의 변화방법을 제시한다.

기질이 맑고 형질이 순수한 자(氣淸而質粹者)는 알고 행함을 힘쓰지 않고도 할 수 있으니, 더 이상 보탤 바가 없다. 기질이 맑고 형질이 잡박한 자(氣淸而質駁者)는 알 수는 있지만 행할 수가 없으니, 몸소 행하는데 힘써서 반드시 정성스럽고 독실하게 하면 행함이 세워지고 약한 자도 강하게 될 것이다. 형질이 순수하나 기질이 혼탁한 자(質粹而氣濁者)는 할 수는 있으나 알 수가 없으니, 학문에 힘써서 반드시 정성스럽고 정밀하게 하면 앎을 통달하고 어리석은 자는 밝아질 것이다.

『聖學輯要』

여기서 율곡은 사람의 기질을 세가지 경우로 구분한다. 그 첫째는 '기가 맑고 질도 순수한 자(氣淸而質粹者)'로서 지(知)와 행(行)을 힘쓰지 않고도 할 수 있는 '성인'의 경지라 할 수 있다. 다음으로 '범인(凡人)'에게는 두가지 양상이 있다고 본다. 곧 '기는 맑은데 질이 잡박한 자(氣淸而質駁者)'는 지성이 뛰어나 알 수 있지만 의지가 박약하여 실천할 수 없는 경우로서, 이때는 정성스럽고 독실하게 실행함으로써 행(行)도 성취할 수 있고 유약한 의지도 강하게 바뀔 수 있다는 것이다. 또한 '질은 순수하나 기가 혼탁한 자(質粹而氣濁者)'는 의지가 강하여 실천은 할 수 있지만 지성이 혼미하여 알 수가 없는 경우로서, 이때는 묻고 배우기를 정성스럽고 정밀하게 하면 지(知)도 성취될 수 있고 어리석음을 지혜로움으로 변화시킬 수 있다는 것이다. 기질이 불완전한 부분에 더욱 힘써서 기질을 변화시켜가는 방법을 제시하고 있다.

인간은 선(善)을 지향하고 있지만, 혼탁하고 잡박한 기질이 인간의 마음을 안에서 속박하고, 물욕이 인간의 마음을 밖에서 어지럽히는 위기의 상황이 인간마음의 현실이다. 그렇지만 성품을 배양하며 기질을 교정하고 변혁하는 일은 인간에서만 가능한 일이다. 바로 이 자기변혁의 수양행위를 '수위(修爲)'라 한다. 인간은 이러한 수양행위의 극치로서 천지를 자리 잡게 하고 만물을 양육하는(位天地育萬物) 이상적 경지에까지 이르는 것으로 확인한다. 또한 인간의 인식이 정밀하게 살피는 '정찰(精察)'은 바로 인심을 도심으로 바꿀 수 있는 수양의 기본방법이다. '정찰'하여 의식을 참되게 하는 '성의(誠意)'는 자신의 수양에서 가장 중대한 기본과제로 강조된다. '수신(修身)'의 앞에 '정심(正心)'과 '성의(誠意)'가 선행하는 『대학』 8조목의 구조는 바로 인간의 수양을 위한 과제가 심성론의 근본적 요구임을 재인식할 수 있게 한다.

또 하나의 문제로서 인간이 수양하는 과정에서 제시되어야 할 현실적 표준은 '성인'의 경우 하늘(천지)을 준칙으로 하고, '중인(衆人)'은 '성인'을 준칙으로 삼는 것으로 밝히고 있다〈「答成浩原」〉. 곧 '중인'이 수양하는 방법은 '성인'이 이미 성취한 법도(規矩)를 증험하는 것으로 본다. '중인'으로서 인간의 수양에는 성인이라는 인격적 모범이 가야할 발자국을 남겨주었으므로 이를 따라 밟아가는 실천이 요구된다. 인간 마음의 주체적 인식은 기질과 성품의 변혁을 가능하게 하는 근거이다. 이에 비해 변혁의 실천과정에서는 인간이 하늘을 직접 마주 대하기 전에 자신보다 먼저 성취한 '성인'의 법도를 모범으로 삼고 존중하도록 요구함으로써 '중간 인도자'로서 '성인'의 역할을 확인한다는 점에 중요한 의미가 있다.

6) 율곡의 성리설과 사회의식

심성론을 중심으로 하는 성리학은 조선시대 유학의 중심과제이었으며, 이 성리학의 성격을 이해하는 것은 바로 조선조 유학의 성격을 규정하는 것이 될 수 있다. 율곡의 심성론은 매우 독특한 개성과 선명한 인식을 보여주는 성리학이다. 율곡의 심성론을 전반적으로 돌이켜보면 다음의 몇가지 인간학적 특성을 확인할 수 있다.

첫째, 그의 성리학은 결코 이기론으로 분해되는 추상적 관념론에 머무는 것이 아니다. 오히려 매우 구체적으로 인간의 주체성을 전체적으로 파악하는 인간이해의 성리학이었음을 확인할 수 있다. 율곡에 있어서 성리학이 인간이해를 위한 관심에 기초하여 전개되고 있음을 발견한다는 것은, 먼저 그의 성리학이 우리 자신의 현실적 존재와 긴밀한 관계를 지니는 것임을 의미하며, 나아가 조선시대의 성리학이 공허한 관념론에 떨어져 번쇄한 논쟁만 일삼던 중세적 사유의 유물로 버려질 수 없음을 의미한다.

둘째, 율곡의 성리학은 우리의 심성을 하나의 통합된 주체로서 현실의 전체적 존재로 파악하는데 관심을 기울인다. 이에따라 그의 성리학은 인간의 심성이 도식적인 이원론의 형식으로 분해되는 것을 막아준다. 또한 도덕적 당위성에 의해서 인간심성의 본질을 규정하는 것에도 반대한다. 그는 기본적으로 인간주체가 발동해 나오면서 어떻게 도덕성을 지향하는지에 주의를 기울인다. 곧 인간존재는 도덕적 가치에 앞서서 존재하는 독립적이고 통합적인 인격의 주체이다.

셋째, 그의 성리학에서는 기질의 차이에 따라 존재의 영역을 구별하

는데 주의하면서 특히 인간의 기질과 성품이 지닌 독특한 위치를 중요
시한다. 곧 인간이 천지나 만물의 다른 영역에 비교하여 기질과 성품
에서 근본적으로 다른 이유를 그 가변성에서 찾고 있다. 인간과 다른
존재영역사이의 차이를 강조하는 것은 성품과 이치의 보편성에 빠져
하늘과 인간을 일치시키고 인간과 만물을 일치시키는 혼동적 융합주
의와는 구별된다. 따라서 그는 인간존재의 특수성을 심성론적 깊이에
서 입증하는데까지 추구하고 있다.

넷째, 율곡의 심성론은 수양론의 근거와 방법의 탐색에로 연결되고
있다. 그의 심성론은 내면적 근원에로 소급되고 환원되는 추상화 과
정이 아니다. 율곡은 인간이 자신의 기질과 성품의 변혁을 통하여 추
구하는 인격형성의 이상이요 수양행위의 인도자로서 특히 성인(聖人)
을 주목한다. 율곡의 성리학에서 수양론의 문제는 그의 심성론과 도
덕적 실천론 사이에 중요한 연결계기를 제공해줄 수 있다. 율곡의 심
성론에서 특히 의식(意識)의 '정찰(精察)' 및 '성의(誠意)'는 그의 성리학
을 『대학』의 수양론적 체계와 연결시키고 있으며, 그 중요한 체계화
작업이 『성학집요』의 편찬체계에서 나타나고 있음을 본다.

조선시대 유교의 정통은 성리학을 그 철학적 기반으로 하였고, 이
성리학은 16세기 중엽 퇴계와 율곡을 통하여 절정을 이루었던 사실은
잘 알려져 있다. 물론 성리학을 중세적 관념철학의 한 양상으로 규정
하고 사회현실의 문제와 유리된 것으로 파악하려는 입장도 있다. 그러
나 한 시대사회의 이념을 규정하였던 철학이 그 사회적 관심과 연결될
수 없다면 올바른 해석의 태도라 보기 어렵다. 오히려 시대의 변화를
이끌어 가거나 억제해가며, 그 시대의 사회의식을 형성하였던 중추로

서 성리학을 해명할 필요가 있는 것으로 보인다. 따라서 조선사회에서 성리학은 단순히 송대(宋代)의 이기(理氣)철학을 되새김질한 것만이 아니라, 그 시대사회의 요구속에서 추구되었고 대답되어진 것이라 할 수 있다.

퇴계와 율곡은 성리설에서 입장의 차이를 뚜렷이 하여 두 봉우리를 이루고 있거니와, 그 성리설의 성격은 그들의 시대현실 속에서 자신의 고뇌와 사색을 통하여 발견하였던 해답이었다. 퇴계가 이기이원론(理氣二元論)의 입장에 서서 이기호발설(理氣互發說)을 주장하고 있는 것도 거듭된 사화(士禍)를 거치면서 시대사회 속에서 정의와 불의가 대립된 현실을 절실히 인식하였던 사실과 연관된 것이라 볼 수 있다〈이동준; 「16세기 한국성리학파의 역사의식에 관한 연구」, 1975〉. '선'과 대립된 '악'의 실재성을 외면할 수 없으면서도 악에 매몰될 수 없는 '선'의 근원성을 순수하게 확보하려는 의지가 그의 성리설에서 엿볼 수 있게 된다. 또한 퇴계보다 한 세대 뒤에 태어난 율곡은 이기일원론(理氣一元論)의 입장에서 기발이승일도설(氣發理乘一途說)을 주장하였다. 율곡은 자신의 시대사회가 지닌 모순과 불합리성을 통찰하였지만, 그는 명종(明宗) 말기와 선조(宣祖) 초기에 훈구(勳舊)세력의 몰락과 더불어 새로운 가능성을 찾는 시대적 분위기 속에서 적극적이고 참여적인 의지를 지녔던 것이다.

"선비가 뜻을 펼 수 없어 궁색할 때는 홀로 자신을 착하게 하고(獨善其身), 자신의 뜻을 펼 수 있을 때는 아울러 천하를 착하게 한다(兼善天下)〈『맹자』(盡心上)〉"라는 맹자의 언급에는 역사의 현실적 상황에 따른 유교적 삶의 태도와 결단을 규정짓고 있다. 여기서 퇴계의 이원론적 입장은 '홀로 자신을 착하게 하는 것'에 속한다면 율곡의 일원론적 입장은 '아울러 천하를 착하게 하는 것'에 속한다고 대조시켜 볼 수 있겠다. 계절에 비유한다면 퇴계는 겨울에 해당하고 율곡은 봄에 이르른 것으로 생각된다. 겨울철에 바깥 추위가 맹위를 떨치면 더욱 단단히 생명을 감싸고 지켜야 할 것이다. 그러나 봄이 와도 씨앗의 껍질만 지키고 있다면 생명은 위축되고 소멸될 위험이 있다. 오히려 껍질을 깨뜨리고 바깥세계에로 뻗어져 나가야 할 것이다. 이미 바깥세계는 생명의 적이 아니라 자기실현의 무대인 것이다. 그 바깥에서 햇볕과 물기와 영양소를 섭취해야만 생명이 성장할 수 있게 된다. 이렇게 본다면 유교의 근본정신이 이원론이거나 일원론으로 결정되어 있는 것은 아니다. 오히려 그 전개과정에서 이원론일 수도 일원론일 수도 있을 것이다.

  사회현실이나 시대상황이 철학적 입장에 영향을 주는 것이 사실이지만, 그렇다고 일방적으로 기계적인 결정을 한다고 볼 수는 없다. 율곡의 시대가 곧 율곡의 철학을 결정짓고 말았던 것만은 아니다. 오히려 율곡의 정신이 현실을 파악하고 이 현실과 그의 이상을 조화시키는 방법으로서 자신의 성리학적 입장을 제시하게 되었던 것이라 할 수 있다. '기발이승일도설'은 현실의 '기'가 '리'에 선행하는 것이라거나 '기'만이 작용하고 '리'는 무력하다는 것을 주장하려는 것은 아니다. 오히려 '기'의 현실을 떠나서는 '리'가 자기실현을 할 수 없다는 사실을 강조하는 것이며, 모든 '기'의 작용 속에는 그 근거로서 '리'를 내재시킴으로써 '리'를 벗어나지 않는 '기'의 현실을 확립하려는 신념을 엿볼 수 있다. 정약용은 퇴계의 성리설이 인성론적이라면 율곡의 성리설은 우주론적이라고 두 입장을 대조시켰다〈『與猶堂全書』[1], 「理發氣發辨(1)」〉. 그러나 퇴계의 이원론이 현실견제적이라면 율곡의 일원론이 현실개선적이라 대조시키는 것이 보다 시대적 맥락에서 양자의 입장을 연속적으로 파악할 수 있게 하는 것으로 생각된다.

율곡의 일원론은 존재구조의 형이상학적 규정이기도 하지만, 동시에 사회현실의 당위적 과제이기도 하다. '이치(理)'는 형체가 없고 '형기(氣)'는 형체가 있다는 개념에서 '이통기국설(理通氣局說)'을 제시한 것은 '이치'와 '형기'의 단순한 일원론이라 보기 어렵다. 그러나 '이치'는 작용이 없고(無爲) '기질'은 작용이 있다(有爲)는 개념에서 '기발이승일도설'을 제시한 것은 현실의 다양성 속에 '이치'의 근원적 내재성을 확립시키려는 것이요, 사회와 역사의 역동성 속으로 뛰어 들어가는 신념의 철학이다. 그는 사회현실의 격류를 벗어나 강언덕에 자리잡은 것이 아니라 그 격류 속으로 뛰어들어 물길을 바로잡음으로써 '이치'가 타고 있다는 '이승(理乘)'의 과제를 맡았던 것이다. 따라서 율곡은 '형기'에 빠지지 않고 '이치'를 확립함으로서 '이치'가 관통한다는 '이통(理通)'의 목표를 명백히 제시하고 있다.

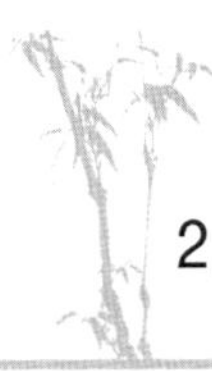

2. 경장론(更張論)의 현실인식과 개혁방책

1) 시대적 과제로서 '경장'의 인식

율곡은 성리설의 정밀한 해석과 더불어 현실의 당면문제를 해결하기 위한 경세론의 깊은 통찰에서 조선시대 도학을 대표하는 인물의 한 사람이다. 그가 벼슬길에 나가 활동하던 16세기 후반의 명종(明宗)말기와 선조(宣祖)때는 이미 사화기(士禍期)와 척족(戚族)의 세도(勢道)가 끝나고 사림(士林)이 정치의 중심세력이 되었던 '사림정치시대'가 열린 시기였다. 그러나 훈구(勳舊)·척족(戚族)이 집권하는 동안 누적된 폐단으로 국가의 기강이 무너지고 사회적 혼란이 심각하여 현실의 폐단을 해결하고 치도(治道)를 바로잡아야 하는 것이 당시 정치를 담당한 사림에게 절박한 당면과제로 주어졌다. 이러한 상황에서 율곡은 당시를 '경장(更張)'의 시기로 인식하고 개혁의 방책을 제시하는데 심혈을 기울였던 것이다.

한 왕조가 '창업(創業)'을 하면 그 다음단계는 창업의 이념을 제도적으로 정착하여 국가를 안정하게 운영하는 '수성(守成)'의 시대를 맞게 되고, 수성을 지속하다가 사회가 침체하여 혼란이 일어나면 다시 질서를 재정비해야하는 '경장'이 요구된다. '경장'은 거문고 줄이 풀어져 악곡을 제대로 연주할 수 없으면 줄을 풀어 다시 팽팽하게 매어서 연주할 수 있게 하는 것으로 개혁을 비유한 말이다〈『漢書』(董仲舒傳)〉. 이때 '경장'을 성공하면 다시 '수성'의 단계로 들어갈 수 있지만, '경장'에 실패하면 나라가 멸망하여 다시 새 왕조가 '창업'되는 순환과정을 겪게 되는 것이다. 율곡은 조선왕조가 태조의 '창업' 이후 세종—성종에서 '수성'을 이루었으나, 그 자신의 시대를 연산군이후 정치적 폐단이 누적되어 사회의 침체가 극심해진 상황으로 '경장'이 절박하게 요구되는 시기로 인식하였다. 따라서 그는 조정에서 당시의 폐단을 절실하게 지적하고 법제의 개혁을 요구함으로써, 조선사회를 도학이념에 기반하는 안정된 체제를 확립하기 위해 '경장론'을 적극적으로 제시하였던 것이다. 바로 이 점에서 율곡의 경세론(經世論)은 도학을 통치원리로 표방한 조선사회의 기존 체제를 수호하는 방어적 입장이 아니라, 체제의 모순을 개혁하여 질서를 확립함으로써 도학적 '치도(治道)'의 이상을 실현하고자 하는 '경장'의 논리를 천명하는데 그 특징이 있다.

따라서 조선후기의 도학전통에서는 강한 보수적 수구(守舊)의 논리로 주도되어 온 것이 역사적 사실이지만, 도학의 경세론에는 체제유지를 추구하는 수구론(守舊論)과 더불어 경장을 통해 체제개혁을 요구하는 변혁론(變革論)이 또 하나의 과제이었다는 사실을 율곡의 경우에서 극명하게 확인할 수 있다. 이처럼 도학의 경세론은 도학이념을 '치도'의 기준으로 확인하고 그 실현을 추구한다는 점에서는 공통적이지만,

그 시대상황과 현실인식의 차이에 따라 '수구'와 '변혁'의 상반된 양상으로 나타날 수 있다는 사실이 주목되어야 할 것이다. 바로 이 점에서 율곡의 경장론이 지닌 '치도'의 이상과 현실을 어떻게 인식하고, 그 실현의 방법을 어떻게 제시하고 있는지 해명함으로써, 도학의 경세론에 내재한 변혁의 논리를 확인할 수 있을 것이다.

　율곡의 경세론이 지닌 변혁의 논리는 먼저 경장이 요청되는 상황으로서 현실의 위기에 대한 인식 곧 시대인식을 전제로 한다. 이와 더불어 경장을 실현할 주체로서 임금과 그 사무를 담당할 선비라는 군·신(君臣)의 역할이 제시되고 있다. 또한 경장의 이론으로 '계승'과 '개혁'의 원칙에 대한 이해가 요구되고, 경장의 기준으로서 '국가의 기강'과 '민생의 안정'이 중시되고 있음을 주목할 필요가 있다. 나아가 경장의 구체적 과제로서 당시 사회의 모순과 폐단으로서 '시폐(時弊)'의 내용과 이를 개혁하기 위한 대책으로서 '시무(時務)'의 구체적 과제를 확인할 필요가 있다. 이러한 율곡의 경장론은 그가 명종·선조에게 거듭하여 올렸던 상소문의 중심 주제였던 만큼 그의 상소문을 중심으로 이해하고자 한다. 율곡이 절박한 당면과제로 경장을 주창하였던 사실을 통해, 도학이 결코 성리설의 추상적 관념체계에 안주하기만 하고, 예법의 형식적 절차에 집착하기만 하는 것이 아님을 가장 선명하게 확인할 수 있다. 그만큼 도학의 경세론은 도학적 가치질서에 근거하여 사회적 이상을 추구하기 위해 구체적 현실을 철저히 통찰하고 있었던 사실을 확인할 수 있다. 이러한 이념과 현실의 일관적 인식이 조선사회를 이끌어갔던 도학의 동력이었음을 확인할 수 있을 것으로 본다.

2) ‘경장’의 기반 – 지시(知時)와 시의(時宜)

율곡의 현실인식은 현실의 상황으로서 ‘시(時)’의 중요성을 철저히 인식하는데 기반하고 있다. 그는 1574년 선조에게 올린 「만언봉사(萬言封事)」에서 정이천(程伊川)이 “때를 알고 형세를 아는 것이 『역(易)』을 공부하는 중요한 방법이다(知時識勢, 學易之大方.〈『易傳』, ‘夫九二’〉)”라고 한 언급을 중시하여 인용하고 있다. 곧 현실은 융성한 때이거나 쇠퇴한 때라는 시기적 상황으로서 ‘시(時)’와 강성한 형세이거나 쇠약한 형세라는 세력의 상황으로서 ‘세(勢)’의 두가지 변동요인을 인식할 것이 요구된다. 여기서 정이천이 “때를 따라 바꾸는 것이 곧 항상한 도리이다〈『易傳』, ‘恒 象傳’〉”라는 말을 인용하고 있는 것도 불변하는 원리로서 ‘상도(常道)’가 변역(變易)을 통해 실현될 수 있으며, 변역해야하는 기준이 바로 끊임없이 변동하는 ‘시(時)’요, ‘시’의 현실상황에 따라 적합하게 변역함으로써 ‘상도’가 실현될 수 있음을 밝혔다.

또한 그는 “때에는 막힘(否)과 통함(泰)이 있고, 일에는 조짐(幾)과 이루어짐(會)이 있으며, 때가 막히면 다스려질 조짐이 있고, 때가 통하면 어지러워질 조짐이 있는 것이니, 임금된 자는 자세히 살펴서 그 조짐을 잘 타야할 뿐이다〈「應旨論事疏」〉”라는 말을 인용하였다. 곧 현실은 막힐 때이거나 통할 때라는 주어진 상황으로서 ‘시(時)’와 발생하는 계기로서 일의 조짐이거나 결과로서 초래하는 일의 이루어짐이라는 인간이 행하는 사무로서 ‘사(事)’의 두가지 작용요인을 주목하는 것이다. 여기서 그는 주어진 상황이 막힌 때이더라도 주체적 사무는 다스려짐의 조짐을 발견할 수 있고 통할 때이더라도 어지러워짐의 조짐을

경계해야 한다는 대응방법을 제시하고 있다. 따라서 주어진 시대현실
인 '시(時)'와 '세(勢)'를 인식하고 인간이 실행해야할 '사(事)'의 조짐에
따라 결단해야 한다는 것이 바로 '시'와 '세'에 따라 합당하게 변역하는
능동적 대응으로서 '사'가 된다. 이처럼 현실은 결코 원칙에 집착해야
할 것이 아니라 상황에 따라 역동적으로 대응해야 함을 강조하는 것이
바로 '시'를 중시하는 율곡의 입장이다.

　율곡은 인간의 행위를 결정하는 조건으로서 '시'의 현실상황적 중요
성을 인식하면서, "정치에는 '때를 아는 것(知時)'이 귀중하고, 일에는
'실지에 힘쓰는 것(務實)'이 요긴하다.　정치를 하면서 '때의 마땅함(時
宜)'을 알지 못하고, 일을 담당하면서 '실지의 공효(實功)'에 힘쓰지 않
으면, 비록 성왕(聖王)과 현신(賢臣)이 만나더라도 효과가 이루어지지
않을 것이다〈「萬言封事」〉"라고 강조하였다. 곧 그는 정치의 핵심적 조
건으로서 '때를 아는 것(知時)'이라 밝혀, 현실상황의 정확한 인식에 근
거하지 않고는 제대로 정치를 할 수 없음을 확인하고 있다.　따라서 그
는 정치한다는 것은 바로 때의 현실적 조건에 따라 적합하게 대응해야
한다는 '시의(時宜)'를 강조하였다.　여기서 '시의'란 한편으로 '때'를 따
라야한다는 현실상황의 조건을 의미하면서, 동시에 현실상황과 이념
적 원칙이 결합되어야 한다는 합리적 정당성의 조건을 의미하는 것으
로 확인할 수 있다. 그만큼 율곡에 있어서 '시의'는 현실성과 정당성이
일치되고 있는 기준이다.

3) '경장'의 기준 – 인혁(因革)

율곡은 시대의 변화에 따라 법률과 제도에 폐단이 생기면 이를 새롭게 개혁하는 '경장'의 단계를 맞게 되는 사실을 지적하면서, '경장'의 상황을 정의하였다.

> "이른바 경장이란 융성이 극진하면 그 속에서 쇠미함이 일어나며, 법이 오래되면 폐단이 생기고, 편안한데 젖으면 고루한 습관에 빠지며, 온갖 제도가 해이해지면 나날이 그릇되어 가서, 장차 나라를 유지할 수 없게 된다. 반드시 밝은 임금과 신하가 있어서 개탄하고 떨쳐 일어나 강령과 법도를 붙들어 올리며, 혼미하고 게으름에서 깨어나게 하며, 낡은 관습을 씻어내고, 묵은 폐단을 개혁하여, 선왕의 남긴 뜻을 잘 계승하여 한 시대의 규모를 빛나고 새롭게 하는 것이다."
>
> 『聖学輯要』(識時務)

이처럼 경장은 시대의 변화에 따라 필연적으로 발생하게 되는 모순과 폐단에 대응하여 개혁하는 것이다. 또한 이 개혁을 통해 창업과 수성으로 수립한 그 체제의 통치이념을 당시의 현실에 적합하게 다시 살려내어 계승하는 과업으로 파악하였다. 곧 율곡의 경장론은 한편으로 당시 사회에서 발생한 폐단을 고쳐야 한다는 '개혁'을 요구하는 것이면서, 동시에 선왕의 유지(遺志)로서 그 사회체제의 통치이념을 되살려야 한다는 '계승'을 요구하는 것이라는 두 가지 의미를 내포하고 있다. 그것은 지키고 살려내어야할 기준으로서 '강령과 법도(綱維)'가 있고,

씻어내고 고쳐야할 '낡은 관습과 묵은 폐단(舊習·宿弊)'이 있음을 분별하는 인식을 보여준다. 이러한 의미에서 율곡은 자신의 시대를 경장의 시기로 명확하게 인식함으로써, 경장의 당위성을 확인하고 방법을 제시하였던 것이다.

공자가 시대의 변천에 따라 덜어낼 것(所損)과 보텔 것(所益)이 있다고 말한 것처럼, 난세(亂世)를 치세(治世)로 이끌어가기 위해 경장을 하는데도 계승(因)과 개혁(革)을 어떻게 분별하여 판단해야 할 것인지가 중대한 과제가 된다. 이 문제에서 율곡은 진덕수(眞德秀)가 『중용』(19장)의 '계·술(繼述)'을 해석하여, "마땅히 지켜야 할 때, 지키는 것이 진실로 계승하는 것이요, 마땅히 변통해야 할때 변통하는 것도 계승하는 것이다"라고 언급한 말을 받아들이면서, "때가 지나면 일이 바뀌게 되고, 법은 오래되면 폐단이 생기는 것이니, 후대를 이은 자손으로 잘 계승하고 펼치는 자는 반드시 마땅함에 따라 고쳐서 변화시키며 옛 것에 집착하지 않습니다〈「應旨論事疏」〉"라 하여, 경장의 시기에서 개혁의 중요성을 주목하고 계혁이 동시에 계승의 올바른 방법이 될 수 있음을 제시하였다. 따라서 율곡은 옛 관습에 집착하는 것이 아니라 폐단을 개혁하는 것이 경장의 기본과제임을 강조하여, "재난을 당해 경계하고 두려워하여 그 정치를 고쳐서 바로잡으면 다스려지고 흥하지 않음이 없을 것이지만, 재난에 익숙하여 그대로 따르기만하고 그릇된 관습을 편안하게 여기면 어지러워지고 망하지 않음이 없을 것입니다〈「代白參贊仁傑論時事疏」〉"라고 하여, '고쳐서 바로잡는지(改紀)' '그대로 따르는지'(因循)에 따라 다스려지고 어지러워지는 것이 갈라지게 됨을 밝혀, 경장이 '치도'의 당면과제임을 역설하고 있다.

경장의 변혁논리는 『주역(繫辭下)』에서도 "궁색하게 되면 변혁해야 하고, 변혁하면 소통하게 되고, 소통하면 오래간다(窮則變, 變則通, 通則久)"라 하여, 변화과정에서 현실이 혼란에 빠진 '궁(窮)'의 상황에 처하면 제도를 '변(變)'함으로써 당시의 현실에 '통(通)'하게 할 수 있다는 변통(變通)의 논리를 제시하였다. 따라서 율곡은 "비록 성왕(聖王)이 세운 법이라 하더라도 현명한 자손이 있어서 변통하지 않는다면 끝내는 반드시 폐단이 있을 것입니다. …우리나라 조종(祖宗)께서 법을 세운 처음에는 진실로 지극히 빈틈없었지만, 2백년이 내려와 때가 변하고 일이 바뀌어 폐단이 없을 수 없으니 오히려 변통해야 할 것인데, 하물며 뒷날의 그릇된 법규는 서둘러 개혁하기를 마땅히 불에서 구해내고 물에서 건져내듯이 해야하지 않겠습니까〈「萬言封事」〉"라 하여, 성왕(聖王)의 법이나 조종(祖宗)의 법이라도 시대가 변하여 폐단이 생기면 변통시켜야 하는 것임을 역설하고 있다.

율곡은 폐법(弊法)의 변혁을 강력하게 요구하면서, "만약 오늘에 그릇된 전철을 고치지 않는다면 비록 성명(聖明)한 임금이 위에서 근심하며 부지런히 다스리고 현명한 재상이 아래에서 노고를 다한다 하더라도 역시 백성들의 곤경을 구제하지 못하고, 끝내 망하고야 말 것입니다〈「應旨論事疏」〉"라 하여, 경장의 주체로서 탁월한 임금과 신하가 역할을 다한다는 조건만으로 '치도'를 이룰 수 없고, 반드시 폐법의 개혁이 있어야 한다는 변통의 중요성을 강조하였다. 그는 "적을 정벌하지 않으면 왕업(王業)도 망하게 되니, 오직 앉아서 망하기를 기다리는 것보다 정벌하는 것이 낫다〈諸葛亮; 「後出師表」〉"는 제갈량의 말을 인용하면서, 이에 상응시켜 "경장하지 않으면 나라가 반드시 망하게 되니, 오직 앉아서 망하기를 기다리는 것보다 경장하는 것이 낫다〈「陳時弊疏」〉”고 언급하여, 망국의 위기에 놓인 현실에서 경장의 절박한 요구를 강조하고 있다.

그러나 그는 변통의 개혁이 어려운 현실의 사정을 충분히 인식하고 있었다. 당시의 정치적 현실에서는 관례를 그대로 따르자니 아무 대응도 못하고 망하기만 기다리는 꼴이 되고, 개혁하자니 많은 사람들이 놀라고 이상하게 여겨 저항이 심하여, ‘인순(因循)’하기도 ‘변통’하기도 쉽지 않았던 것이 사실이다. 여기서 그는 “오늘의 형세는 하루 아침에 분발하고 기운을 내어 고치고 바꿀 수 있는 것이 아닙니다. 급하게 서둘러 점진적 단계가 없으면 인심이 동요하여 도리어 재앙의 단서를 유발하게 되고, 느슨하게 하여 때를 놓지면 태만하게 그대로 따르다가 앉아서 망하기를 기다리게 되니, 바꾸고 진작시키는 게기는 다만 전하께서 시행할 일을 잘 미루어가고 완급을 알맞게 하는데 달려 있을 뿐입니다〈「司諫院請進德修政箚」〉”고 언급한다. 곧 경장은 변혁한다는 것으로 되는 것이 아니요, 변혁을 실행하는 속도에서 완(緩)·급(急)이 절도를 잃으면 실패하게 되는 사실을 지적하며, ‘시행할 일을 적절히 추진할 것’과 ‘완·급의 속도가 중용을 얻을 것’을 요구하고 있다.

율곡은 ‘법’이란 시대에 따라 변해야 한다는 인식에 따라 경장의 조건으로 그 시대의 상황에 적합하게 변혁해야 한다는 ‘시의(時宜)’를 강조하여, ‘때에 따라 변통할 것(隨時變通)’이나 ‘때에 따라 법을 베풀 것(因時設法)’을 제시하였다〈「萬言封事」〉. 이처럼 그 시대의 현실로서 ‘때’에 적합하게 법과 제도를 변통시켜야 할 것을 요구하면서, 이와 더불

어 바꿀 수 없는 불변의 원리로 왕도(王道)·인정(仁政)·삼강(三綱)·오
상(五常)을 지적하고 있다〈「萬言封事」〉. 곧 경장론의 변혁은 시대변화
에 따른 제도의 변혁이며, 그 근거로서 시대를 넘어선 불변의 기준이
지탱해주고 있어야 한다는 인식을 밝히고 있는 것이다. 또한 그는 경
장의 실현방법으로서 정이천이 말한 '근본에 따른 언급(從事而言)'과
'사무에 따른 언급(從事而言)'의 두가지 방법을 제시한다. 곧 '임금 마음
의 그릇됨을 바로잡고, 마음을 바르게 하여 조정을 바로잡고, 조정을
바르게 하여 백관을 바로잡는 것'이 근본에서부터 다스리는 방법이라
면, 사회는 기강이 무너지고 백성은 도탄에 빠진 현실에서, "구제하고
자 한다면 변혁해야 하며, 크게 변혁하면 크게 유익하고, 작게 변혁하
면 작게 유익하다〈『二程全書』(伊川語錄)〉"고 변혁을 주장한 정이천의
말을 구체적 사무에서 해결해가는 방법으로써 적극적으로 받아들이고
있다.

　경장의 실현에서 또하나의 중요한 문제는 실제의 성과를 거두는 것
이다. 율곡은 경장의 과제로 구체적 현실에서 '무실(務實)'과 '실공(實
功)'을 강조하며, "'실공'이란 일을 하는 데에 성의가 있고 헛된 말을 하
지 않는 것을 말한다〈「萬言封事」〉"고 하여, 진실하게 행하여 실제의
성과를 요구하였다. 따라서 그는 당시의 모든 폐단이 실지의 노력이
없어서 실지의 효과를 얻지 못하게 되는 문제점을 분석하여 조목별로
지적하고 있다.

4) '경장'의 과제 – 시무(時務)와 안민(安民)

(1) 시폐(時弊)와 시무(時務)의 인식

율곡은 당시 나라는 폐단이 누적되어 멸망의 위기에 놓여 있는데도 관료들이 이러한 위기에 대처할 아무런 대책이 없는 사실을 절실하게 지적하여, "비유하면 마치 만곡(斛: 10斗)을 실는 큰 배가 닻도 버리고 키도 잃은 채 바다에 떠 있는데, 풍랑이 몰아쳐 왔지만 한 사람도 배를 조종할 책임을 맡은 사람이 없는 것과 같습니다〈「辞大司諫疏」〉"고 하였다. 따라서 그가 상소문에서 보여준 관심은 당시의 절박한 사회적 폐단을 확인하는 것과 더불어, 이 폐단에 대응하는 대책을 제시하는데 집중되고 있었던 것이며, 「만언봉사」에서도 먼저 '깊이 고질이 된 폐단'을 진술하고 다음에 '떨쳐서 구제하기 위한 대책'을 언급하겠다고 밝혔다. 이처럼 그의 경장론은 바로 '시폐(時弊)'의 문제와 '시무(時務)'의 대책을 구체적으로 제시하고 있는 것이다.

율곡은 당시 기강이 무너져 나타나는 폐단의 양상으로, ① 모든 관료가 관직을 태만히 하여 사사로움을 앞세우고 공공함을 뒤로 미루며, ② 아침에 벼슬이 옮겨지고 저녁에 벼슬이 내려지니 오로지 먹고 마시는 것만 일삼으며, ③ 맡은 직분으로 해야할 일은 관심 바깥에 버려두며, ④ 옳은지 그른지에 대한 의견이 뒤섞여 정당함을 취할 곳이 없으며, ⑤ 큰 일이나 작은 일이나 흩어져 통괄함이 없으며, ⑥ 좋은 명령이 내려져도 단지 법령만 있을 뿐 실행되지 않으며, ⑦ 정무(政務)는 날로 문란해져 다스릴 수 있는 단서가 없다는 점을 열거하기도 한다〈「玉

堂陳戒箚」〉. 이러한 시폐(時弊)의 열거는 끝없이 이어질 수 있지만, 그는 특히 나라가 멸망의 위기에 빠지게 된 양상의 4가지 큰 조목을 들면서, ① 세상은 통속을 따르는데 오염되었고, ② 공적은 식록(食祿)의 뜻에 무너졌고, ③ 정무는 근거없는 의논에 어지러워지고, ④ 백성은 누적된 폐단에 곤궁해졌음을 제시하였다〈「陳時弊疏」〉. 그것은 사회의 기풍(世)과 관료의 행적(績)과 정부의 행정(政)과 백성의 생계(民)의 4가지 구성요소로 당시의 상황을 진단한 것이다.

따라서 그는 폐단의 개혁이 시급한 과제임을 강조하여, "지금 전하께서 누적된 폐단의 뒤를 이어 마땅히 경장의 대책을 강구해야 할터인데, 번번이 고쳐서 바로잡는 것을 어렵게 여기므로 변통의 이론은 거의 받아들이지 않으니, 비유하면 묵은 집에 재목이 썩어 아침이나 저녁에 무너지려 하는데 서까래 하나 바꾸지 않고 기둥 하나 고치지 않으면서 앉아서 무너지는 것을 기다리고 있는 것과 같습니다〈「陳時弊疏」〉"라 하여, 폐단을 고쳐서 '변통'하고 '경장'하는 일이 시급함을 역설하였다. 이렇게 고치고 변통하는 일이 바로 '경장'의 과제요 '시무'의 대책으로 제시되고 있는 것이다.

율곡은 폐단을 개혁해야 하는 주체로서 임금이 지켜야할 과제를 열거하여, ① 임금이 뜻을 정립하여 실효를 추구할 것, ② 도학을 숭상하여 인심을 바로잡을 것, ③ 기미를 살펴 사림(士林)을 보호할 것, ④ 대례(大禮)를 근엄하게 하여 배필을 소중히 할 것, ⑤ 기강을 떨쳐서 조정을 바로잡을 것, ⑥ 절약과 검소함을 높여서 나라의 비용을 여유롭게 할 것, ⑦ 언로(言路)를 넓혀 여러 사람의 계책을 모을 것, ⑧ 현명하고 재능있는 사람을 거두어 나라를 다스리는 일을 함께 할 것, ⑨ 폐법(弊

法)을 개정하여 민생을 구제할 것의 9가지로 제시하였다〈「玉堂陳時弊疏」〉. 이러한 조목은 폐단을 개혁하기 위한 일반적 원칙론에 가까운 조목들이라 할 수 있다.

이에비해 그는 '시폐'를 제거하기 위한 대책을 제시하면서, '전날의 법규를 바꾸어 재물을 생산하여 백성을 살려낼 것'과 '죽은 이들의 억울함을 씻어주어 대중의 감정을 위로하고 기쁘게 할 것'을 강조하고, 그 조목으로 ① 궁중의 비용을 줄여 백성의 힘을 펴도록 할 것, ② 제사의 법도를 바로잡아 번거롭고 모독된 것을 고칠 것, ③ 관청을 줄여 쓸데없는 관원을 없앨 것, ④ 쓸데없는 경비를 줄임으로써 나라의 비용에 도움되도록 할 것, ⑤ 지방관을 중시하여 백성을 사랑하는 목민관에게 맡길 것, ⑥ 억울한 죄의 누명을 씻어주어 대중의 마음을 기쁘게 해줄 것의 6가지를 제시하고 있는 것은 민생에 직접 연관되는 구체적인 과제라 할 수 있다〈「擬陳時弊疏」〉.

그는 당시의 사무를 근본(本)·지말(末)의 과제로 구분하면서, '조정을 화합하게 하여 폐단의 정무를 개혁할 것'을 근본의 과제라 하고, '군사를 훈련하고 식량을 조달하여 방비를 굳게 할 것'을 지말의 과제라 하며, 지말의 과제도 거행해야 하지만 근본의 과제를 먼저 시행할 것을 강조하였다〈「陳時事疏」〉. 이러한 '시무'의 본·말(本末)관계는 안으로 정무의 폐단을 근본으로 밖으로 외적의 침입에 대한 방어를 지말로 대비시킨 것이며, 그가 정무에서 폐단을 개혁할 내용으로 ① 공안(貢案: 조세제도)의 개혁, ② 군적(軍籍)의 개혁, ③ 주현(州県)의 통합, ④ 감사(監司)의 구임(久任)이라는 4가지 조목을 들고 있는 사실에서 근본의 과제도 일반적 원칙론이 아니라 구체적 현실문제로 인식하고 있음을 보여주고 있다. 여기서 그는 "이미 '공안'을 고치지 말라고 명령하셨으면, 비록 '군적'을 고쳐도 군사를 양성하는 계책으로 효과를 볼 수 없을 것입니다. …단지 경장한다는 공허한 명목만 있고 변통하는 실제의 이익을 얻을 수 없다면 차라리 옛날대로 둘 뿐입니다"고 밝혀, 조세제도인 '공안'을 개혁하여 백성의 힘을 펴게 하고 나라의 비용을 여유있게 하지 않으면 '군적'을 개혁한다는 것은 경장의 공허한 명목만 내세우는 것이라 하여, '시무'의 대책은 '경장'한다는 명목에 앞서서 현실에 효율적으로 변통하여 실제의 효과를 거두어야 한다는 실효성을 요구하였다.

이처럼 '시무'의 대책은 현실에 적합하게 적용되어야 한다는 전제에 따라, 율곡은 당시의 현실을 원기(元氣)가 쇠잔한 환자의 상태로 보았기 때문에, 질병을 치료하기 위해서는 병증을 다스리기에 앞서서 원기를 보양해야 하듯이, 바깥의 시급한 당면문제에 앞서서 안의 폐단을 변통함으로써 근본을 튼튼히 하는 일을 선행해야 할 것을 강조하였다. 곧 "지금 제가 반드시 변통할 것을 청하는 것은 원기를 보양하는 약제이고, 군사를 훈련하고 식량을 운반하기를 청하면서 변통할 것을 돌보지 않는다면 이것은 단지 (질병에 대한) 공격만 일삼는 약제입니다〈「陳時事疏」〉"라고 하여, 안으로 변통하여 근본을 다스리지 않고 밖으로 당면하는 지말의 문제를 다스리는 대처가 위험한 것임을 지적하고 있다.

율곡은 죽기 전해인 48세때(1583) 「육조계(六條啓)」를 올리면서 시폐와 시무의 대책을 6조목으로 규정하여 제시하고 있다. 여기서 그는 ① 현명하고 유능한 자를 임용할 것을 들면서, 관작이 자주 바뀌는 폐단으로 병을 칭탁하여 사직하는 폐단과 혐의를 피하여 사직하는 폐단을 바로잡는 대책을 제시하였다. ② 군사와 백성을 양성할 것을 들면서, 군사의 양성은 백성의 양성이 근본임을 강조하였다. ③ 재물을 넉넉히 할 것을 들면서, 국가의 비축이 줄고 있는 문제의 원인으로 '수입은 적고 지출이 많음'과 '20분지1로 세금을 거둠'과 '제사가 번거롭고 모독되었음'을 지적하여 그 개혁방안을 제시하고 있다. ④ 변방을 견고하게 할 것을 들면서, 사방의 군(郡)·읍(邑)이 쇠잔하고 감사(監司)가 자주 바뀌는 폐단을 중시하고 있다. ⑤ 전마(戰馬)를 갖출 것을 들어, 북쪽의 외적이 기병(騎兵)인데 보병(步兵)으로 대적할 수 없음을 지적하였다. ⑥ 교화를 밝힐 것을 들면서, 풍속과 의리를 깨우쳐야 나라를 지탱할 수 있음을 강조하고, 학교교육을 진흥시킬 것을 요구하였다. 여기서 그는 인재의 등용과 더불어 군사와 경제와 지방행정 및 교육문제의 전반에 걸쳐 이 시대에 당면한 시무(時務)의 대책을 체계화하여 제시한 사실을 확인할 수 있다.

(2) 민생(民生)의 현실과 안민(安民)의 대책

율곡은 "백성은 식량에 의존하고 국가는 백성에 의존하니, 식량이 없으면 백성이 없고, 백성이 없으면 국가가 없습니다〈「擬陳時弊疏」〉"고 선언하여, 백성이 국가의 근본이요, 백성의 생존을 보장하기 위해서는 식량이 확보되어야 하는 것이 근본과제임을 확인하고 있다. 그만큼 민생이 국가를 다스리는 목적이 되고 있음을 강조한다. 또한 그는 "진실로 나라에 편리하고 백성에 이로울 수 있다면 모두 할 수 있는 일이요, 진실로 나라를 안정시킬 수 없고 백성을 보호할 수 없다면 모두 해서는 안될 일입니다〈「時弊七條策」〉”라 하여, ‘치도’의 모든 일을 판단하는 기준으로서 국가와 백성을 두 축으로 제시하였다. 이러한 인식은 민본론(民本論)에 근거하는 것으로 지극히 당연한 견해이지만, 율곡은 당시 법과 제도의 변혁을 추구하는 경장론을 전개하면서, 그 경장의 정당성을 확인할 수 있는 근거로서 백성이 국가의 근본임을 재확인하였던 것이다. 이에따라 그는 “법이 오래되어 폐단이 생기면 해독이 백성에게 돌아가니, 대책을 설치하여 폐단을 바로잡는 것은 백성을 이롭게 하는 것입니다〈「萬言封事」〉”라 하여, 경장의 목표가 바로 백성을 이롭게 하는데 있음을 밝혔다. 이처럼 경장을 통해 폐단을 개혁하고 ‘치도’를 바로잡는 일이 모두 최종적으로는 백성에 근거를 두고 있으며 백성을 지향하고 있는 것임을 말해준다.

민생의 문제를 위한 대책을 제시하는 것은 먼저 당시의 현실에서 민생이 처한 현실을 인식하는데서 출발하지 않을 수 없다. 율곡은 당시 가뭄으로 극심한 빈곤에 처한 상황을 서술하여, “위로 호조(戶曹)에서 아래로 상농(上農)에 이르기 까지 저축이 고갈되었으며, 애처로운 백성들은 사방으로 흩어져 나무껍질을 벗겨먹고 풀을 뜯어먹어, 산은 헐벗고 들판도 붉은 흙바닥이 드러나니, 강한 자는 일어나 도적이 되고, 약한 자들은 죽어서 골짜기를 가득메워, 임금님의 나라는 백성이 없는데 가깝습니다〈「擬陳時弊疏」〉”라고 하여, 백성의 참혹함과 나라의 공허함을 지적하였다.

나아가 그는 당시 나라가 멸망의 위기에 놓인 조건의 하나로 ‘백성은 누적된 폐단에 곤궁해졌음’을 들면서, 그 실상으로 “오늘에 이르러

호구(戶口)의 수와 전야(田野)의 개간이 절반이나 줄어들었으나, 세금을 거두는 것은 도리어 전보다 심하므로, 백성은 곤궁해지고 재물은 다 없어져 이리저리 흩어지니, 백성은 더욱 적어지고 부역은 더욱 괴로워져 그 형세는 반드시 백성이 아무도 남지 않은 다음에 끝날 것입니다〈「陳時弊疏」〉"고 지적한다. 그것은 당시 민생이 극심한 빈곤에 빠져 임진왜란이 일어나기도 전에 이미 조선사회의 국가기반이 무너지고 있는 사실을 명확하게 밝히고 있는 것이다.

따라서 율곡은 민생을 안정시키는 '안민'의 대책을 경장론의 핵심적 과제로 제시하고 있다. 그는 국가의 명맥을 항구하게 지속하기 위한 기본강령으로 '수기(修己)'와 '안민(安民)'을 들고, '수기'에 4조목(奮聖志·勉聖学·去偏私·親賢士)과 '안민'에 5조목(開誠心·改貢案·崇節儉·変選上·改軍政)을 부여하여 '치도'의 '2강령9조목'을 제시하였다〈「萬言封事」〉.

여기서 그는 당시 군정(軍政)의 폐단과 대책을 제시하면서, 군관의 관직(兵使·水使·僉使·萬戶·権管 등)만 마련하고 봉급을 주지 않아 사졸에게 의존하게 하는 폐단에 대해 변방 장수에게 봉급을 주어 군졸을 착취하지 못하게 하도록 제안하며, 수군과 육군이 거주지 밖으로 멀리 나가 방어하게 하는 폐단에 대해 여러 가지 부역을 면제해주어 그 고을의 병졸들이 방어하게 할 것을 제안하였다. 또한, 병적을 재조사하면서 숫자를 채우는데 급급하여 절반이 빈 장부가 된 폐단에 대해 실제의 병적을 확인하고 억지로 숫자를 채우지 못하게 할 것을 제안하며, 양민의 부역에 명목이 많고 부담이 많은 폐단에 대해 병조에서 면포를 받아 분배하는 일을 통괄하게 할 것을 제안하였다.

민생을 위한 대책을 다양하게 제시하면서 율곡은 특히 '공안(貢案)'의 개혁을 중시하여 조세행정이 형평을 잃고 문란해져 착취가 심해져 백성이 고통에 빠진 현실을 지적하며, 백성의 부담을 줄이고 나라의 재정을 충실하게 하기 위한 조세제도의 개혁방안을 구체적으로 제시하는데 깊은 관심을 기울였다. 이와 더불어 그는 "백성이 하늘로 삼는 바(식량)를 잃고 나라는 의지할 바(백성)가 없으니, 재물을 생산하고 백성을 살리는 것이 당장의 가장 급한 임무다〈「司諫院乞變通弊法箚」〉"라 하였다. 이에 따라 도탄에 빠진 백성을 구제하고 붕괴의 위기에 놓인 나라를 구출하기 위한 당면과제로서, '재물의 생산'과 '백성을 살려냄'이 긴급함을 강조하였다. 그것은 바로 폐단을 개혁함으로써 백성이 생산에 종사할 수 있는 기반의 확보가 중요함을 역설하는 것이다.

율곡은 자신의 시대를 누적된 폐단으로 국가가 흙담이 무너지듯 붕괴의 위기에 놓인 절박한 상황으로 인식하여, 잇달아 상소를 올려 법과 제도의 개혁을 통한 변통이 시급함을 강조하고 경장을 위한 대책을 구체적으로 제시하였다. 여기서 그는 "만약 전하께서 저의 계책을 모두 써서 굳게 지키고 바꾸지 않으시며, 3년을 시행했는데도 백성의 생활이 안정되지 않고 나라의 비용이 부족하며 군사의 양성이 여의치 않으면, 비록 저를 도끼로 찍어 죽이더라도 저는 진실로 마음에 달게 여기겠습니다〈「陳時事疏」〉"라 절규하고 있다. 그만큼 그 자신이 제시한 경장의 대책에 확고한 신념으로 생명을 걸고 주장하였음을 보여준다.

그의 경장론이 지닌 특성은 먼저 도학자로서 그의 사상체계와 연관하여 음미해볼 필요가 있다. 그의 경장론은 철저한 현실인식과 실질적 성과를 추구하는 대응책을 제시하면서도, 판단의 기준으로서 '이치'(理)의 확립을 요구하였다. 곧 그는 "임금으로서 긴급한 일이 이치를 밝히는 것보다 더 앞서는 것은 없으니, 이치가 진실로 밝아진다면 시비(是非)와 호오(好惡)가 모두 그 정당함을 얻어서 마치 촛불로 비쳐보고 저울로 달아보듯 할 것입니다〈「四十一箚」〉”고 언급하였다. 그것은 바로 그가 제시한 현실 속에서 이치를 밝히는 ‘격물궁리(格物窮理)’의 과제와 이치를 밝혀 현실 속에서 올바른 판단을 제시하는 ‘명리선단(明理善斷)’의 과제가 바로 현실문제에 대한 대책이 정당성의 기준과 결합한 것이다. 또한 이념적 원리로서 이치가 현실의 상황으로서 ‘형기(氣)’와 서로 떠나지 않음(理氣不相離)을 확인해주는 것이며, 언제나 현실의 형기를 개혁하는데는 원리의 이치가 전제되어야 한다(氣發理乘一途)는 인식을 내포하고 있는 것이라 할 수 있다.

율곡의 경장론은 현실의 당면과제로서 법과 제도의 개혁을 추구하면서도 언제나 치도의 근본으로서 임금(君·君心)과 나라의 근본으로서 백성(民·安民)을 전제로 인식하여, 근본의 확립을 개혁의 전제로 제시하였다. 그것은 제도개혁의 효율성에 집중하는 것이 아니라 근본의 배양을 중시하는 선본후말(先本後末)의 논리를 확인하는 것이다. 따라서 그는 현실의 폐단에 관심의 눈을 크게 뜰수록 그 해결의 근본에 ‘기강’을 정립하고 ‘공론’을 확장시켜야 할 것을 더욱 선명하게 제기하였다. 이처럼 그는 도덕을 근본으로 삼는 관점과 실무를 긴급한 과제로 인식하는 관점 사이에서 어느 한 쪽에 기울어지기 보다는 양자의 긴장된 통합을 추구하였던 것이다.

다음으로 경장론에서 실제의 개혁방책이 지닌 특성을 보면, 율곡은 나라의 근본으로 백성의 안정을 경장론의 목적이요 전제로 확인하고 있음을 주목할 필요가 있다. 그는 백성의 안정을 근본으로 확립할 것을 요구하고, 그 기반 위에서 당면의 현실적 폐단을 개혁하기 위한 구체적 대책을 제시하였던 것이다. 곧 공납(貢納)의 조세제도를 합리적으로 개혁하고 과대한 행정기구를 조정하며 왕실의 경비를 절감하도록 요구하여, 위에서 들어내고 아래에다 보태주는 '손상익하(損上益下)'의 원칙을 제시한 것은 이 시대의 국가운영체계와 분배구조를 개혁하기 위한 제안으로서 중요한 의미가 있다. 그것은 백성을 사랑하고 민생을 안정시켜야 한다는 '민본(民本)'의 원칙을 제도적으로 정착시키기 위한 대책이다. 곧 그의 경장론은 '치도'의 주체로서 임금과 신하(臣·士)의 책임을 강조하면서 궁극적으로 국가와 백성을 '치도'의 목적으로 확인하는 것이라 하겠다.

또한 그는 당시 국력이 극심하게 위축된 현실에서 외세의 침략위험에 대한 위기의식을 명확하게 제기함으로써, 부패와 혼란에 빠진 군정(軍政)의 개혁방법에 깊은 관심을 기울였으며, 그 해결방법을 구체적으로 지적하였던 사실이 주목된다. 특히 그는 군사가 민생에 기반하는 사실을 강조하여, 민생의 안정 위에 군사를 배양하는 방책을 제시하였던 것도, 모든 실무적 대책에서 근본의 확립을 요구하는 그의 경장론이 지닌 일관된 논리를 보여주고 있다.

3. 이단(異端)에 대한 비판과 열린 자세

　율곡은 당시 도학자의 공통된 태도로서 이단배척론을 엄격하게 주장했던 인물이다. 그는 선비의 기개(士氣)를 진작하기 위한 방법으로서 "이단의 교설과 세상을 미혹시키는 술법에 이르러서는 일체 금지하여 끊어야 합니다〈「諫院陳時事疏」〉"라 하여, 이단의 금지를 단호하게 요구하였다. 나아가 그는 독서에서는 "성인의 글이 아니면 읽지 말아야 한다〈「學校模範」〉"고 경계할만큼 이단에 대해 엄격한 배척태도를 밝히고 있다.

　율곡은 이단의 양상을 역사적으로 검토하여, ① 상고(上古)시대에도 사흉(四凶) 등의 이단이 세상을 어지럽혔으나 성왕이 물리쳤고, 주(周)나라 말기에 노자(老子)·장자(莊子)와 양주(楊朱)·묵적(墨翟)의 이단이 일어나자 맹자가 배척하여 그 사특함을 드러내었지만 그치게 하지는 못하였음을 지적한다. ② 중고(中古)시대인 한(漢)나라 이후의 이단으로서 불교와 선학은 이욕(利欲)을 떨쳐 벗어나 사특하면서도 바른 것 같으니 현명한 자도 미혹되기 시작하였다고 지적한다. 이에 정자와 주자가 일어나서 불교와 선학의 이단을 꺾고 깨끗이 쓸어내니 선학과 불교가 쇠퇴하였다고 언급한다. ③ 근고(近古)시대로 정자·주자가 죽은 뒤에 겉으로 유학을 하면서 속으로 선학을 하는 자가 꺼진 불씨에서 다시 불길을 살려내어 세상에 성행하고 있음을 주목하였다. 이것은 육상산과 왕양명의 학풍을 가리켜 말한 것이다. 율곡은 이처럼 어느 시대에나 이단이 끊임없이 새롭게 등장하는 역사적 사실을 돌아보면서, 이단을 소멸시키기 어려움을 탄식하였다. 그만큼 정통의 확립은 이단을 어떻게 통제하고 관리해야 할 것인가의 문제를 외면할 수 없는 과제로 안고 있음을 말해준다.

(1)불교(佛敎)에 대한 양면적 태도

율곡은 자신이 젊어서 불교에 빠져 불교를 깊이 연구한 경험이 있었음에도 불구하고, "양종(敎宗과 禪宗)과 선과(禪科)는 나라를 다스리고 천하를 균평하게 하는데는 정치에 결함이 되며, 임금의 성스럽고 밝음에는 덕에 허물이 된다〈「請革兩宗禪科啓」〉"고 언급함으로써, 불교를 이단으로 규정하고 정치와 군왕의 덕에 해독이 되는 것으로 배척할 것을 요구하였다. 명종의 모후(母后)인 문정왕후(文定王后)가 불교를 보호하기 위해 양종(兩宗)을 부활시키고 선과(禪科)제도를 시행한 것을 폐지하자고 요구하는데 대해, 명종은 쉽게 허락을 하지 않았다. 이에 대해 율곡은 "만일 공론을 거역하고 인심을 거슬려서 국가를 위란(危亂)의 지경에 빠뜨리고 사교(邪敎: 불교)만을 보호한다면 이것은 필시 문정왕후의 본의가 아닐 것입니다.…옳은 줄 알면서도 따르려 하지 않고 그른 줄 알면서도 고치려 하지 않는다면 우리의 '도'는 끝나는 것인데, 나라의 명맥이 어디에 의지하겠습니까〈「請革兩宗禪科啓」〉"라 하여, 불교가 나라를 다스리는데 유해함을 강조하며 억제해야 할 것을 주장하였던 것이다.

그러나 율곡 자신은 20세때 금강산에서 하산한 이후로도 불교 승려들과 교유를 폭넓게 유지해 왔다. 유교적 통치체제 속에서 불교의 해독을 주장하면서 승려들과는 정답게 만나며 시를 지어주기도 하는 또다른 면모를 보여준다. 25세때(1560) 강복사(降福寺)의 돌부처를 보고 읊은 시가 있다.

진부한 것과 신기한 것이 본시 딴 물건 아니요,	臭腐神奇非異物,
단청 전각 황폐한 풀밭 어느 게 참이요 거짓인가.	畵殿荒草孰爲眞,
저 길 가의 한 조각 돌이,	那知路傍一片石,
복 비는 수많은 사람들을 끌어들일 줄이야.	却引無窮祈福人.
	「降福寺石佛」

불교의 세계에서 보아도 극단적으로 대립된 모든 사물이 평등한 것인데, 어찌 길가의 돌부처에 복을 빌러 오는 사람들이 모여드는지 의심스럽다는 말이다. 그는 불교의 오묘한 진리를 탐구하여 '살아있는 부처(生佛)'이라 칭송을 받기도 했지만, 대중의 삶이 요구하는 기복(祈福)의 신앙을 이해하기는 쉽지 않았던 것 같다. 또 영희(靈熙)스님에게 지어준 시가 있다.

석장(錫杖) 하나로 몇 군데나 날아다녔던가,　　一錫飄然幾處飛,
흰 구름도 옷자락 끌어 산을 나서게 하네.　　白雲猶惹出山衣,
안개낀 촌락 찾아드는 나그네 정다움이 많아,　　烟邨訪客情多少,
보슬비 내리는 솔문으로 홀로 돌아온다네.　　細雨松門獨自歸.

「次靈熙軸韻」

아마 영희스님이라는 분은 산중에서 좌선하기 보다는 석장 하나 짚고 사방으로 구름따라 떠돌며 행각(行脚)하기를 좋아하였던가 보다. 율곡의 집으로도 자주 찾아와 정이 넘치는 대화를 나누었고, 보슬비를 맞으면서도 절로 돌아가는 모습을 그려보이고 있다. 시를 잘 지어 율곡이 그의 시축(詩軸)에 차운(次韻)하여 시를 지어주었던 것이다.

28세때(1563) 만나 시를 지어준 참요(參寥)스님은 선과(禪科)에 장원하여 회암사(檜岩寺) 주지(住持)로 임명되었으나 명예에 구애되기를 싫어하여 부임하지 않고 평생을 구름따라 떠도는 행각승(行脚僧)이 되었던 승려이다.

…영 너머 다니는 구름이라 자취 찾기 어렵고,　　…雲行嶺外難尋迹,
물 속에 비치는 달이라 어찌 그 빛을 붙잡으랴.　　月印波心豈捉光,
어이 우리 유가(儒家)의 참된 낙지(樂地)처럼,　　何似吾家眞樂地,
공허하고 먼 것 찾지 않고 일상의 실천함만 하랴.　　不求虛遠履平常.

「贈參寥上人」

그는 참요스님이 40년을 운수행각(雲水行脚)하며 '불도'를 닦아 외모만 보아도 '도승(道僧)'임을 알 수 있는 인물임을 인정하면서도, 불교의 진리란 구름처럼 떠돌아 자취가 없거나 물에 비친 달빛처럼 붙잡을 수 없는 세계를 추구하는 것이라 하고, 이에 비해 유교의 진리는 일상의 현실에서 실천하는 진실한 즐거움라 하여, 유교와 불교를 비교하면서 유교의 우월성을 내세우기도 하였다. 율곡의 불교에 대한 태도는 불교가 국가의 경영에 무익한 것으로 억제해야 한다고 판단하여 배척의 입장을 확고히 하였지만, 불교와 유교의 진리가 다름에도 불구하고 그 차이를 나름대로 인정하는 포용적 입장을 보여주기도 하였던 것이다.

(2) 도교(道敎)에 대한 거부태도

조선사회에서 도교는 국가의례 체계 속에는 매우 미미하고 오직 소격서(昭格署)가 조선초기에 유지되었으며, 강화도의 마니산(摩尼山)에서 초제(醮祭)를 올리는 정도였다. 율곡은 홍문관 교리로 있던 34세때(1569) 마니산 초제의 제문인 청사(靑詞)를 지어올리라는 왕명을 받았는데, 그는 간관(諫官)의 직책이 정치의 득실(得失)을 법도대로 바로잡는 것이고, 강관(講官)의 직책이 임금의 덕을 보필하여 이루어지게 하는 것임을 지적하면서, "지금 마니산 참성단(塹城壇) 초제(醮祭)의 삼헌 청사(三獻靑詞)는 전하께서도 그것이 사도(邪道)에 속하는 것임을 이미 알고 계시어 감히 간관(諫官)에게 지어 바치라고 강요하지는 못하고 (강관인) 소신(小臣)에게 명하셨습니다. 이것은 간관은 사도(邪道)로써 임금을 섬기면 안되지만 강관은 사도로써 임금을 섬겨도 괜찮다는 결론이 됩니다. …이와 같이 사도에 속하는 초제(醮祭)를 아직도 인습을 따라 그대로 지내면서 개혁할 것을 명하지 않으신다면 그 밖에 다시 무엇을 더 바랄 수가 있겠습니까⟨「辭命製摩尼山醮青詞箚」⟩”라 하여, ‘사도(邪道)’인 도교 제사로 임금의 덕을 이루게 하는 직책을 수행할 수 없다는 점과 ‘사도’를 폐지함으로써 왕도를 실현할 것을 강경하게 요구하였다.

장생술(長生術)·연단술(煉丹術) 등 온갖 도교의 술법을 포함한 ‘신선술(神仙術)’에 관한 책문(策問)에 대답하는 「신선책(神仙策)」에서, 율곡은 “천지의 이치는 실지의 이치(實理)일 뿐이다. 사람과 만물이 생겨남은 실지의 이치에 의하지 않음이 없으니, 이치를 벗어난 이론은 사물의 이치를 궁구하는 군자가 믿을 수 있는 것이 아니다”라 하여, ‘도학’의 대전제에 따라 이치를 정학(正學)의 기준으로 삼고 이치에서 벗어나는 사설(邪說)을 배척하는 입장을 명확히 밝히고 있다. 그는 신선술에 관련된 온갖 신기한 설화들에 대해 이치에 맞지 않는 속임수라 지적하여, “사설(邪說)이 유행하자면 반드시 해괴한 자취가 있은 다음에 사람들을 선동할 수 있다. 그러므로 방술(方術: 도교의 煉丹術)하는 도사(道士)는 반드시 허무의 이론으로 뒷 사람의 실마리를 삼는다. 만약 이치를 궁구함이 지극하지 않다면 현혹되지 않기가 어려운 일이다”라 하여, 유교가 근거하는 ‘실지의 이치(實理)’와 도교가 근거하는 ‘허무의 이론(虛無之說)’을 대비시키면서, ‘허무의 이론’은 이치에서 벗어난 온갖 기이한 자취의 속임수가 발생하는 것임을 지적하였다.

율곡은 죽음과 삶의 도리란 낮과 밤이 바뀌는 것처럼 하늘이 하는 자연의 현상으로 인간이 조작할 수 없는 것임을 강조하면서, “지혜로운

사람은 인간이 해야 할 것만을 닦고 하늘이 하는 것은 맡겨 두며, 어리
석은 사람은 하늘이 하는 것만을 구하고 인간이 해야 할 것은 소홀히
한다〈「神仙策」〉” 하여, 인간으로서 해야 할 도리를 행하는 유교의 입
장과 달리 도교에서는 하늘이 행하는 생사(生死)의 문제를 조작하려는
어리석음을 저지르고 있는 것이라 비판하였다.

홍미로운 점은 율곡이 유교의 ‘장생술’을 제시한다는 것이다. 곧 ‘천
지만물은 본래 나와 한 몸(天地萬物, 本吾一體)’이라는 것이요, 인간이
자신의 마음을 바르게 하고 자신의 기질을 화평하게 함으로서, 천지의
바른 마음과 천지의 화평한 기운에 참여할 수 있다는 것이다. 따라서
“천지의 조화와 양육에 참여하고 협찬하여 천지와 더불어 영원하게 존
재할 것인데, 어찌 일찍 죽거나 오래 사는 것으로 그 삶과 죽음을 논할
수 있겠는가? 우리 ‘도(유교)’의 ‘장생불사’는 이와 같은 것에 불과할 뿐
이다. …성스러운 제왕이 백성을 장수하게 하는 신령한 단약(靈丹)이
저들(도교)에 있지 않고 여기(유교)에 있는 것이다〈「神仙策」〉”라 하여,
진정한 ‘장수’의 방법은 유교에서 인간이 천지와 조화라는데 있는 것임
을 강조하였다.

(3) 노자(老子)

율곡은 도학–주자학의 정통성에 대한 신념이 확고하여 도교의 신
앙에 대해서는 엄격히 비판하였지만, 그가 『노자(老子: 道德經)』를 긍
정적으로 해석하여 주석한 『순언(醇言)』을 저술하였다는 사실은 매우
중요한 의미가 있다. 『순언』은 현재 알려진 조선시대 유학자의 『노자

』주석서 가운데 최초의 저술이다.

율곡의『순언』은 도학자로서『노자』에 대한 이해태도가 어떠한 성격인지를 확인할 수 있다는 점에서 중요한 의미가 있다. 도학 정통성에서 벗어나는 지식체계나 신념을 이단으로 엄격하게 배척하는 상황에서,『노자』가 이단임을 인식하면서도 배척하는 것이 아니라 유교이념의 체계 속에 받아들였다는 것은 그의 도학정신이 단순한 정통주의에 폐쇄되어 있었던 것이 아니라,『노자』라는 이질적 사상전통에 대해 포용적 태도를 보여주었다는 사실을 말한다.

『순언』은『율곡전서』의 어디에도 수록되지 않았다.『율곡전서』를 편찬하던 후학들은『율곡전서』에 수록하기에는 너무 파격적인 저술로 도학자로서 율곡의 명망에 허물이 될 수 있다고 판단했던 것으로 보인다. 사실상 율곡의 학맥에서도『순언』에 관해 아무도 논의하지 않아 거의 외면당한 형편이었다. 이런 분위기에도 불구하고 도학자로서 율곡이『순언』을 저술하였던 것은 율곡의 독자적인『노자』이해의 입장을 보여주는 것으로 주목된다.『순언』은 홍계희(洪啓禧)가『순언』끝에 붙인 발문(1750)에서 밝힌 것처럼, 그가 충청도 관찰사로 연산(連山: 충남 논산군 연산면)을 지나다가 김집(愼獨齋 金集)의 후손에게서 김집이 필사한『순언』을 우연히 구해보고 소멸될 것을 염려하여 몇 권을 활자로 인쇄함으로써 세상에 알려지게 되었다.

또한『순언』을 통해 율곡이 구체적으로『노자』의 중심개념을 어떻게 해석하고 있는지 유의할 필요가 있다. 그가『노자』를 이단배척의 정통론적 입장에서 비판하였던 것이 아니라,『노자』의 중심개념을 유교이념의 사유구조 속에서 해석하는『노자』해석의 독특한 시야를 열어주었다. 당시 율곡의 친우 송익필은 "노자의 본래 취지가 아니요, 구차하게 일치시키는 혐의가 있다"고 하여 저술을 만류하였다고 한다〈홍계희;「醇言跋」〉. 그렇다면 율곡은 송익필의 비판적 충고에도 불구하고 『노자』를 유교사상과 상응시켜 해석하였던 것이 과연 『노자』의 본래 취지와 어떤 점에서 어긋나는 것인지, 그렇지 않다면 『노자』에 대한 해석에서 어떤 중요한 관점을 드러내주는 것인지 음미해볼 문제이다.

율곡이 『순언』을 저술한 것은 『노자』를 유교의 사유체계로 끌어들여 『노자』를 이단에서 해방시켜 정당화 하려고 의도한 것이라 보기는 어렵다. 그렇다고 『순언』을 통해 『노자』를 억지로 유교사상에 일치시켜 왜곡해놓았다고 하기도 곤란하다. 오히려 율곡은 열린 마음으로 『노자』를 읽음으로써, 『노자』에서 유교사상과 소통할 수 있는 길을 발견하였기 때문에 『노자』에 깊은 관심을 가졌던 것으로 보인다. 따라서 그는 『노자』의 중심개념이나 중요한 언급들 가운데서 유교사상과 충돌되는 부분은 제외하고 유교사상의 체계 안에서 『노자』와 대화하였던 것이라 할 수 있다. 바로 이 점에서 율곡의 학문자세는 정통주의에 폐쇄되어 획일적으로 비판하는 것이 아니라, 거부할 부분과 수용할 부분을 양면으로 볼 수 있는 사유의 폭을 드러내 주는 것이다. 따라서 『순언』은 유교사상의 빛으로 조명된 『노자』의 새로운 모습을 드러내주는 것이라 하겠다.

율곡은 『노자』에 대해 독특한 평가를 하고 있는 사실이 매우 흥미롭다. 그는 『성학집요(聖學輯要)』에서 "노자를 배우는 자는 유학을 배척하고 유학에서도 노자를 배척한다. '도'가 같지 않으니 서로 상의할 수 없다"라는 『사기(史記)』의 언급을 인용하면서, 노자와 유학이 서로 대립되고 있는 사실을 확인한다. 그러나 동시에 그는 송나라의 진덕수(眞德秀)가 "그 이치에 가까운 것으로 말하면 진실로 취할 바가 있으나, 모두 우리 성인이 소유한 것이요, 그 아래는 한쪽으로 치우치고 한쪽으로 왜곡된 학문은 그 폐단을 이루 말할 수 없다.…비록 노자·장자의 학문이 처음에는 이에 이르지 않았겠지만, 근본에서 털끝만큼의 어긋남에 따라 그 유폐는 반드시 심하다. 이로써 말한다면 어찌 요·순·주공·공자의 도에 말미암아 폐단이 없는 것만 하겠는가〈『성학집요』(辨異端之害)〉"라고 한 말을 인용하고 있다. 그것은 『노자』에서 취할 만한 부분과 취할 수 없는 폐단의 부분을 엄격히 구분하는 태도를 주목하고 있는 것이라 하겠다. 그 자신이 『노자』를 정밀하게 읽고 독자적인 체제로 재편하여 주석할 수 있었던 근거는 바로 『노자』에서 이치에 가까운 말이라 취할 만한 부분이 있음을 전제로 한 것이다.

율곡은 『순언』의 끝에 붙인 결론적 언급에서, "무릇 이 책(『노자』)은 '행함이 없음(無爲)'을 종지로 삼으며, 그 활용은 '하지 않음이 없음(無不爲)'이니, 또한 허무에 빠진 것은 아니다. 단지 이 말은 현묘함이 많고, 걸핏하면 성인을 칭하며, 궁극적인 자리를 논한 것이 많고 현실에서 공부하는 것을 논함이 적어, 마땅히 근본바탕이 고매한 선비가 접할 것이요, 중등 이하의 인물은 착수하기 어렵다"고 하였다. 곧 『노자』의 종지를 '행함이 없음(無爲)'으로 제시하면서도, '행함이 없음'을 본체로 하여 그 활용에서는 '행하지 않음이 없음(無不爲)'으로 확인함으로써, 『노자』의 '행함이 없음'이 허무에 빠진 것이 아님을 적극적으로 해명하고 있다. 또한 『노자』의 말씀이 초월적이고 현묘한 도리의 궁극적 자리를 주로 논하고 비근한 현실에서 공부함을 논하는 것이 적어서 보통사람이 착수하기는 어렵지만 식견이 높은 선비들이 접할 수 있는 것이라 하여,『노자』가 형이상학적 도리를 논의하는데 치중된 것임을 인정하였다.

여기서 그는『노자』의 교설을 구체적으로 평가하여, "다만 자신을 극복하고 인욕을 막음이나, 고요하고 신중함으로 자신을 지킴이나, 겸허함으로 자신을 기르는 것이나, 자애롭고 간략함으로 백성을 다스림의 의리는 모두 친절하고 맛이 있어서 배우는 자에게 유익하니, 성인의 글이 아니라 하여 살펴보지 않아서는 안된다"고 언급하였다. 이처럼 그는『노자』의 교설에서 수양과 치도에 친절하고 유익한 점이 있음을 적극적으로 인정하고, 성인의 글이 아니지만 읽어야할 중요한 글임을 강조하고 있다. 이러한 율곡의『노자』에 대한 관점은 그 가르침에 유익한 점이 있음을 인정하고 이를 수용하려는 열린 자세를 보여주고 있는 것이다.

율곡이『순언』을 저술한 것은 45세때(1580)로 보인다. 곧 송익필은 1580년 율곡에게 보낸 편지에서 성혼과『순언』을 읽어보고 느낀 소감을 밝히면서, "형이 새로 편찬한『순언』한질을 보았는데, 재능이 시켜 한 것 같아서, 형을 위해 의문을 가졌습니다. …거듭 세상의 도리를 위해 탄식이 일어납니다. 차이를 억누르고 동일시 하고자 하는 것은『노자』의 본래 취지를 잃는 것이고, 우리 '도(유학)'에도 구차스럽게 동일시하는 혐의가 있으며, 주석도 또한 억지로 끌어다 합치시킨 것입니다. 형은 끊어진 (도를) 이어갈 것을 기약하여 마땅히 겨를이 없어야 할터인데, 여유에 글짓기를 희롱하는 것은 내가 형에게 바라는 바가 아닙니다〈송익필; 「與叔獻書」〉”라고 하였다. 여기에 『노자』를 보는 송익필의 시각은 『노자』와 유교사상이 다르다는 차이를 중시한 것으로 당시 도학자의 일반적인 입장이라면, 율곡의 시각은 『순언』을 통해 『노자』와 유교사상이 소통할 수 있다는 일치를 중시하는 견해를 제시하여 한걸음 나아간 열린 입장이다. 물론 율곡은 『노자』와 유교경전이 그대로 일치할 수 있다고 판단하지 않았다. 그래서 홍계희의 지적처럼 경전에 상반되고 이치에 어긋나는 것을 제거하고 성인의 가르침에 해롭지 않을 것을 추려내어 책의 제목을 ‘순수한 말씀’이라는 뜻의 ‘순언(醇言)’이라 붙였을 수도 있다. 율곡은 『순언』에서 『노자』와 유교의 ‘도’가 근원적으로 소통하는 폭넓은 기반이 있다는 사실을 설득력 있게 제시하였다. 그렇다면 『노자』에서 차이를 발견하려는 것이 아니라 일치를 찾으려는 율곡의 관점이 사상사에서 중요한 의미를 지니는 것으로 음미되어야 할 것이다.

　정통을 높이고 이단을 배척하면서 ‘차이’를 강조하는 것이 당시 도학자의 공통된 입장인데도 불구하고, 율곡이 『노자』에서 유교사상과의 ‘일치’를 확인하는데 진지한 관심을 보여주었던 것이 사실이다. 『순언』의 체제는 5년 앞서 1575년 저술된 율곡의 대표적 저술이라 할 수 있는 『성학집요』의 체제와 매우 많은 유사성을 보여준다. 『성학집요』가 첫머리에 통설(統說)로서 『중용』 제1장과 『대학』 경1장을 제시한 것은 『순언』의 첫머리에 도체를 제시한 것에 상응한다고 할 수 있으며, 『성학집요』가 중심의 골격을 수기(修己)·정가(正家)·위정(爲政)으로 이루어진 것과 『순언』이 수기와 치인으로 이루어진 것은 기본적으로 상응하는 것이다. 다만 유교전통에서 중시되는 ‘정가’의 문제가 『노자』

에서는 독립시켜 표출하기 어려움이 있었을 것으로 보인다. 『성학집요』의 끝에는 성현도통(聖賢道統)을 제시하였는데, 『순언』에서는 행도(行道)의 문제를 제시하여 그 내용은 다르지만 긴밀한 대응구조를 이루고 있는 것은 사실이다. 그렇다면 율곡은 머리의 '도체'와 몸통의 '수기·치인'과 꼬리의 '행도'라는 유교이념을 이해하는 기본구조 위에서 『성학집요』와 『순언』을 저술한 것이라 할 수 있다. 그것은 율곡이 『노자』를 철저히 유교이념체제와 일치성의 시각에서 수용하고 재해석한 사실을 말해준다. 여기서 율곡의 『노자』이해는 한편으로 유교와의 조화와 일치의 관점에서 수행되었던 것이요, 동시에 『노자』의 본래 의미를 상당부분에서 왜곡했을 가능성을 쉽게 확인할 수 있다. 이처럼 유교이념의 체계 위에서 포용적 이해를 관철하기 위해서는 『노자』의 체제를 상당부분 변형하지 않을 수 없었던 것이다. 이에따라 『순언』 40장은 더 이상 『노자』의 독자적 이념체계를 잃어버리고 유교이념체계에 순치되어 재창조된 것이라 할 수 있다.

(4) 양명학(陽明學)

'도학'은 정자·주자의 '이학(理學: 性卽理說)'을 '도통(道統)'으로 삼고, 이에 어긋나는 육상산(陸象山)·왕양명(王陽明)의 '심학(心學: 心卽理說)'을 같은 유교 안에서도 정통에서 벗어나는 '이학(異學)'으로 규정하고 있다. 퇴계는 일찍이 왕양명을 선학(禪學)에 가까운 것으로 비판하는 「전습록논변(傳習錄論辯)」을 저술하였던 일이 있다. 이에 비해 율곡은 육상산과 왕양명을 비판하였던 명나라 주자학자 진건(陳建)의 『학부통변(學

蔀通辨)』에 붙인 발문에서, "우리나라 선비는 주자를 배우지도 않고 육상산을 배우지도 않으며 오로지 통속적 관습에 힘쓰는 자가 많으니, 이것은 품팔이나 장사꾼과 어찌 다를 것이며, 이로써 (육상산·왕양명의 학풍에 젖은) 중국 보다 낫기를 구한다면 무슨 도움이 있겠는가〈「學蔀通辨跋」〉"라 하여, 우리나라 학풍이 사실상 주자와 육상산을 모두 폐지하고 이욕(利欲)과 속습(俗習)에 젖어있는 점을 비판하고 있다.

명나라의 학자로서 나흠순(羅欽順)·설선(薛瑄)·왕수인(王守仁)의 학풍에 대한 질문에 대답하면서, 율곡은 "나흠순은 뛰어난 인물이지만 보는 바가 조금 틀렸고, 설선은 비록 독자적인 견해는 없지만 현자(賢者)라 말할 수 있다. 왕수인은 '주자(朱子)의 해독이 홍수나 맹수의 재앙보다 심하다'고 말하였으니, 그의 학문을 알 수 있다. 그런데 중국의 조정에서는 마침내 그를 성묘(聖廟: 文廟, 孔子를 제향하는 사당)에 종사(從祀)하기에 이르렀다고 하니, 중국의 학문을 알 만하다〈「어록」〉"고 하여, 왕양명이 주자학을 거부한데 대해서는 비판적 입장을 밝히고 있다.

그러나 율곡은 '이단'개념을 종파적 대립개념에서 벗어나 새롭게 정의하고 있다. 곧 "'이단'의 말이란 어찌 반드시 '불교'와 '노자'와 '선학'과 '육학(陸學)'만이 그러한 것이겠는가. 세상에서 선왕(先王)의 '도'를 그르다 하고 자기 욕심을 따르는 것은 '이단'이 아님이 없다. 만약 통속적 관습을 옳게 여겨 부지런히 이욕을 추구하면서 육상산의 학문을 비난하고 비웃는 것은 어찌 사흉(四凶)을 숭상하면서 양주(楊朱)·묵적(墨翟)을 꾸짖는 것과 무엇이 다르겠는가〈「學蔀通辨跋」〉"라고 하여, 선왕의 도에 상반하여 이기적 욕심을 따르는 것을 이단의 조건으로 규정하였다. 이처럼 그는 이기적 욕심의 추구를 '도학'에 상반되는 '이단'의 조건으로 분명하게 제시함으로써, 당시 '이단'으로 지적되고 있는 학설 가운데서도 선왕의 '도'에 상반하지 않고 이기적 욕심을 벗어난 측면을 찾을 수 있는 길을 열어주고 있다. 이와 반대로 '도학'을 정통으로서 내세우는 자들 가운데도 실지로는 선왕의 '도'를 소홀히 하고 이기적 욕심에 매몰되어 있는 현실을 엄격하게 성찰해야 할 것으로 제시하였던 것이다. 곧 율곡은 '이단'을 유교정통과 다른 사상체계에 대한 명칭으로 보는 '교파적 이단'의 관점과 달리, 정통의 본질적 가치를 기준으로 판단하는 '가치관에 따른 이단'을 제시하고 있는 사실이 주목된다.

　나아가 그는 "기(氣)에는 홀로 양(陽)만 있고 음(陰)이 없을 수 없으며, 학문에는 홀로 정(正)만 있고 사(邪)가 없을 수 없으니, 이치와 형세가 그러한 것이다〈「學蔀通辨跋」〉"라 하여, 현실에서는 음·양이나 선·악이 항상 병행하듯이 정학(正學)과 사설(邪說) 내지 정통과 이단도 병존할 수 밖에 없다는 사실을 받아들이는 입장을 보여준다. 그만큼 그는 '이단'을 종파적으로 규정하여 배척하는 입장이 아니라, 마치 빛을 밝히면 어둠이 사라지듯 '정학'을 밝힘으로써 '이단'이 해소되기를 추구하는 입장이다. 그것은 '배타적 정통주의'에서 한 걸음 나아가 진리의 실현을 추구하는 '진실성의 정통주의'라 할 수 있을 것이다.

7부
율곡학파의 전개와
율곡사상의 의미

栗谷評傳

1. 율곡문하와 율곡학파의 전개

율곡의 「문인록(門人錄)」에는 85명의 제자들 명단이 수록되어 있다. 이들 가운데는 어린 학동도 있었지만, 스승인 율곡 보다 나이가 많은 제자들도 있었다. 안전(安瑻)은 젊어서 퇴계에게 수학하고 남명(南溟 曹植)과도 친분이 있는 인물로 율곡보다 23세가 많았다고 한다. 대부분 가까이 해주나 서울 근처에서 온 제자들이지만 멀리 호남에서 해주 석담까지 와서 배운 제자들도 있고 아비와 아들이 함께 나와 배운 경우도 있었다. 율곡이 강학한 기간은 길지 않았고 또 조정에서 벼슬하는 동안 강학이 중단되기도 하였으나, 그의 학덕을 추종하는 제자들이 많았음을 말해준다.

제자들 가운데는 임진왜란 동안 의병을 일으키는데 참여한 인물들도 많아 조헌(趙憲)은 대표적인 의병장 가운데 한 사람이었고, 강종윤(姜宗胤)·강덕윤(姜德胤) 형제나 박여룡(朴汝龍)·조광현(趙光玹)·이벽(李璧)·윤담(尹聃) 등이 의병을 일으켰던 경우이다. 제자들 가운데 많은 사람이 관직에 나갔는데 그 가운데 1품관으로 윤방(尹昉)은 영의정에 올랐고, 인조반정(仁祖反正)의 중심인물이었던 이귀(李貴)는 좌찬성에 올랐다. 2품관으로 황신(黃愼)은 판서를 지내고 정엽(鄭曄)은 의정부 참찬(參贊)을 지냈으며, 김장생(金長生)·이정립(李廷立)·신경진(辛慶晋)은 참판을 지내고 윤동로(尹東老)는 동지중추(同知中樞)를 지냈다. 많은 제자들이 조정에서 고위관직에 올랐던 것을 알 수 있다.

율곡의 제자들 사이에는 성리학의 토론이 매우 활발하였으며, 스승의 학풍을 계승하여 저술을 남긴 인물들이 상당수 있다. 김장생(沙溪 金長生)은 문집(『沙溪集』)과 더불어 경학저술인 『경서변의(經書辨疑)』와 예학저술인 『가례집람(家禮輯覽)』·『상례비요(喪禮備要)』·『의례문해(疑禮問解)』가 있다. 조헌(重峯 趙憲)은 문집(『重峯集』)과 더불어 명나라에 질정관으로 다녀와서 임금에게 올린 『동환봉사(東還封事)』 등이 있다. 정엽(守夢 鄭曄)은 문집(『守夢集』)과 『근사석의(近思釋疑)』·『주역석의(周易釋義)』·『국조보감속록(國朝寶鑑續錄)』 등이 있다. 한교(東潭 韓嶠)는 『소학속편(小學續編)』·『홍범연의(洪範衍義)』·『가례보주(家禮補註)』·『사칠도설변의(四七圖說辨疑』)·『심의고증(深衣考證)』 등이 있다. 또한 이귀(默齋 李貴)의 『묵재일기(默齋日記)』, 오결(吳潔)의 『사서변의(四書辨疑)』, 윤기헌(尹耆獻)의 『장빈호찬(長賓胡撰)』, 최준(崔濬)의 『창해우언(滄海寓言)』이 있으며, 황신(秋浦 黃愼)과 윤방(穉川 尹昉)도 문집을 남겼다. 그만큼 율곡 문하에 많은 학자들이 배출되어 경학·예학·성리학·경세론의 저술을 통한 학문적 업적을 이루었던 것이라 하겠다.

율곡의 제자들 가운데 상당수는 성혼(牛溪 成渾)과 송익필(龜峯 宋翼弼)의 제자이기도 하다. 어떤 면에서 당시 친우 사이인 율곡·성혼·송익필은 제자를 공유하는 하나의 학단(學團)을 이루었던 것으로 볼 수 있다. 그럼에도 불구하고 이들의 대부분이 율곡의 제자로 알려진 것은 율곡의 학문적 비중과 사회적 영향력이 압도적으로 높았기 때문에 사실상 성혼·송익필과 공유되었던 제자들이 율곡문하로 흡수되어 알려졌던 면이 있다. 김장생의 경우처럼 17세기초 예학을 대표하는 인물은 예학에 밝았던 송익필의 문하에서 받은 학문적 영향력이 컸던 것으로 보이나, 송익필이 신분적 제한을 받았던 처지라 율곡의 학맥을 계승한 것으로만 부각되었던 면이 있는 것이 사실이다.

율곡의 후학들이 학풍을 계승하면서 율곡학파로 자리잡게 된 것은 퇴계문하의 퇴계학파와 경쟁적 의식이 상당히 작용하였던 것으로 보인다. 여기에 퇴계후학의 영남인들이 당파적으로 동인 내지 남인에 속하게 되고, 율곡후학의 기호인물들이 서인에 속하게 되면서 당쟁적 의식도 학파의 분화를 심화시키는 요인이 되었을 것이라 짐작된다. 특히 성리설에서 퇴계와 율곡의 입장 사이에 뚜렷한 차이가 부감됨에 따라, 17세기에 들어와 율곡학맥과 퇴계학맥의 학자들 사이에 서로 스승의 학설을 옹호하고 상대편의 학설을 비판하는 주장들이 제기되면서 퇴계학파와 율곡학파의 분화가 굳어지고 당쟁적 대립에 따라 서로 공격하는데 빠져들어 학문적 교류도 단절에 가까운 상황이 고착되고 말았던 것이 사실이다.

율곡학파의 학맥은 여러 제자 가운데 김장생을 통해 계승되고 있다. 뒷날 율곡 제자 가운데 김장생과 조헌은 문묘(文廟)에 배향되었지만, 조헌은 임진왜란에 의병장으로 순절하면서 학맥을 이루지는 못하였다. 율곡학파의 학맥이 계승되는 과정에 대해 비록 매우 불완전하지만 중요한 인물들을 중심으로 도표를 만들어 보면 다음과 같다. 이 도표에서 보이는 기호지역 유학의 학맥은 율곡의 학맥 이외에 윤근수의 학맥이 독립적으로 표시되나, 사실상 조선후기에서 이들은 모두 율곡학파(기호학파)로 흡수되고 있다.

```
율곡→ 김장생 → 김집┌ 송시열┌ 권상하 → 한원진 → 송능상 → 송환기 …
                  │      └ 정   호 → 김위재 → 김정묵 → 송치규 … 송병선 →
                  ├ 송준길 → 남구만 …
                  └ 윤선거 → 윤   증 …
        └ 조   헌 → 안방준


윤근수┌ 김상헌 → 박세채 → 정제두 …
     └ 조   익 → 이단상┌ 김창협 → 이   재 → 김원행 … 홍직필 → 임헌회 → 전우 …
                     └ 김창흡 → 김신겸 → 김량행 … 이항로 → 김평묵 …
```

〈참고〉:『朝鮮儒敎淵源圖』 및 『東國儒賢淵源錄』

율곡학파의 계승과정에서 드러나는 몇가지 특징을 들어볼 수 있다. 먼저 17세기에 김장생과 김집을 중심으로 예학이 활발하게 일어났고, 이를 계승한 송시열은 17세기 중반에 벌어졌던 예송(禮訟)에서 허목(許穆)·윤휴(尹鑴) 등 남인예설(南人禮說)에 맞서는 서인예설(西人禮說)로서 예설논쟁을 주도하였다. 다음으로 병자호란이후 만주족의 청나라와 화친을 거부한 김상헌(淸陰 金尙憲)의 척화(斥和)의리를 계승하면서 송시열을 중심으로 숭명배청(崇明排淸)의리를 표방함으로써, 사실상 조선후기 사회이념을 이끌어가는 역할을 하였던 것이다.

이와 더불어 17세기말 율곡학파 안에서 송시열계열의 노론(老論)과

윤증(尹拯)계열의 소론으로 당파적 분열이 일어나면서, 학풍에도 상당한 차이가 드러나기 시작하여, 소론계열의 인물들 속에 정제두(霞谷 鄭齊斗)의 경우 양명학을 주창하면서 사실상 주자학에서 이탈하는 양상도 나타나고 있는 사실이 주목된다. 그것은 단순히 주자학에서 이탈이라기 보다, 율곡이 추구하던 진실성을 학문의 기준으로 추구하는 학문정신이 이 시대에서 발현되었던 하나의 경우라 할 수도 있을 것이다.

나아가 18세기초에는 권상하의 문인들을 중심으로 성리설의 인성(人性)과 물성(物性)이 같은지 다른지를 따지는 인물성동이론(人物性同異論)의 논쟁이 일어나면서 율곡학파는 서울근처 학자들의 인물성동론(人物性同論) 곧 낙론(洛論)과 호서지역 학자들의 인물성이론(人物性異論) 곧 호론(湖論)으로 갈라져 '호락논쟁(湖洛論爭)'이 일어나면서 성리설의 인식이 한 차원 심화되는 양상을 보여주었다.

또한 19세기 말 조선말기 사회에서는 율곡학파 안에서 당시 외세의 침략에 저항하는 위정척사(衛正斥邪)의 의리를 강경하게 주창하였던 이항로(華西 李恒老)는 율곡의 성리설에서 기본명제인 마음이 기질이라는 '심즉기설(心卽氣說)'에서 벗어나 마음은 이치가 주장한다는 '심주리설(心主理說)'을 내세우면서, 이항로의 제자인 김평묵(金平黙)과 유중교(柳重敎) 사이에 마음은 기질이 주장하는지 이치가 주장하는지의 견해가 갈라져 '심주리주기(心主理主氣)'논쟁이 활발하게 벌어짐에 따라 성리설의 새로운 단계로 전개하였다.

이처럼 율곡학파는 조선후기 유교이념으로서 의리론과 성리설의 문제에 집중적인 토론을 하면서 조선후기 유교사상을 이끌어갔다. 그러나 율곡의 학문적 중심주제의 하나였던 경세론의 문제는 오히려 율곡 학파 안에서는 성리설과 의리론의 이념적 쟁점에 몰입하면서 매우 소홀하게 다루어졌던 면이 있는 것도 사실이다.

2. 율곡사상이 조선후기 실학에 미친 영향

율곡의 사상체계는 성리학과 경세학을 두 축으로 삼고 있으며, 사실상 그의 성리학도 경세론의 실현을 위한 기초라 할 수 있다. 그렇다면 율곡의 성리설은 조선후기 율곡학파의 후학들에 의해 계승되고 심화되어 갔지만, 그가 조정에 나가서 열정과 정성을 다해 조선사회의 제도적 모순을 개혁하여 합리적이고 효율적인 질서를 실현하고자 추구하며 '경장'을 주장하였던 경세론은 상대적으로 관심 바깥에 밀려났던 것으로 보인다.

그러나 조선후기 사회의 현실은 임진왜란과 병자호란을 겪으면서 경제기반이 붕괴되고 사회기강이 무너져 더욱 극심한 빈곤과 혼란에 허덕이고 있었던 것이 현실이다. 율곡이 그렇게도 강조했던 국가존망의 위기가 더욱 심각한 상황으로 치달리고 있을 때, 율곡학파 도학자들의 대응논리는 예학을 정립하여 사회질서를 유지하고 의리론을 강화하여 이념적 통합을 유지하려는 방향으로 관심을 기울였다. 곧 '도학'의 기본원리인 도덕적 내지 정신적 근본을 튼튼히 하여 사회체제를 유지하자는 것이라 할 수 있다. 그러나 사회현실의 모순이 갈수록 심화되면서 도학이념의 대응논리가 한계를 드러내었을 때, 비록 소수이지만 조선후기 유교지식인들의 일부는 '도학'의 성리설이나 의리론에서 관심을 돌려 사회제도의 새로운 질서를 찾는데로 나아갔으며, 이들이 이른바 '조선후기 실학'의 학풍을 형성하였던 것이다.

공교롭게도 조선후기 실학을 주창하였던 초기 인물들은 서인계열의 율곡학파가 아니라 기호지역에서 활동하던 남인계열의 인물에서 나타나기 시작하였고, 그 초기의 대표적 인물로 17세기 중반기의 유형원(磻溪 柳馨遠)과 18세기 전반기의 이익(星湖 李瀷)을 들 수 있다. 유형원의 대표적 저술인 『반계수록(磻溪隨錄)』은 행정조직과 경제제도의 구체적 개혁론을 체계화한 중요한 업적이다. 그는 『반계수록』에서 인용하고 있는 학자들 가운데 율곡을 가장 많이 인용하고 있는 사실에서도 율곡의 시무론(時務論)에서 큰 영향을 받았던 사실을 확인할 수 있으며, 율곡의 제자인 조헌의 경세문제에 대한 논의도 자주 인용하고 있음을 보여준다. 다만 율곡과 유형원의 경세론이 지닌 특징적 차이점은 천관우씨의 지적처럼, "(율곡의 경우) 시사(時事)·시폐(時弊) 등 당면한 문제의 중심적인 개혁으로서 점진적인 정책에 치중한 감이 있어, 국가체계의 전면적 근본적인 개혁을 주장하는 반계(유형원)와 저절로 다른 바가 있다〈천관우; 「실학의 선구─유형원」(『조선실학의 개척자 10인』)〉"고 볼 수 있다.

이익(李瀷)은 한편으로 퇴계학파의 학풍을 계승하면서 다른 한편으로 실학의 사회제도개혁론을 전개하였던 인물이다. 그는 토지·수리(水利)·전폐(錢幣)·조세(租稅)제도의 경제적 문제뿐만 아니라 붕당(朋黨)·학제(學制)·과거(科擧)·노비(奴婢)제도의 사회제도 전반과 경장

(更張)의 문제 등에 걸쳐 구체적인 개혁방책을 제시하면서, 율곡과 유형원을 경세론의 탁월한 선배로서 존중하여 그 영향을 깊이 받고 있음을 보여준다. 이익은 사회제도의 전반적 개혁방안을 탐색하면서, 율곡의 '경장론'과 유형원의 개혁방책을 자신이 추구하는 사회개혁론의 선구로 받아들이고 있다〈李瀷;「論更張」〉. 여기서 이익은 '경장'을 미루고 있다가 마침내 절망적인 사태에 이르러서야 비로소 잘못되었다는 것을 깨닫는 어리석음을 경계하면서, "작게 경장하면 작게 이로움이 있고 크게 경장하면 크게 이로움이 있다"고 하여, 과감하고 적극적인 경장을 요구함으로써, 율곡의 '경장론'을 철저히 계승하고 있음을 보여준다. 이익은 율곡이 많은 반대를 무릅쓰고 '경장론'을 전개함으로써 사회적 폐단의 개혁을 도모했던 사실을 들어, 율곡을 '조선왕조가 세워진 이래 시무(時務)를 인식하는 데 가장 뛰어난 인물'이라 극찬하면서, 당시 율곡을 숭배한다는 사람들에 대해, "그 사람만 높일 뿐이고 그 실질을 높이지 않으니, 국가의 폐단을 고칠 수 있는 그의 이론은 묻혀버리고 시행되지 못하였다"고 개탄하기도 하였다.

율곡학파에서 파생되어 나온 북학파(北學派) 실학자인 홍대용(湛軒 洪大容)은 "우라나라 사람의 저서 가운데서는 율곡의『성학집요』와 유형원의『반계수록』이 경세에 유용한 학문이다〈洪大應;「從兄湛軒先生 遺事」〉"라 언급하여, 율곡과 유형원이 경세론에서 가장 탁월한 업적을 이룬 것으로 평가하고 있다. 이처럼 율곡의 경세론은 역설적으로 율곡학파 안에서가 아니라 남인계열의 유형원과 이익을 통해 그 정신이 계승되었고, 이런 의미에서 율곡은 도학자이지만 조선후기 실학사상의 한 원류가 되고 있는 것이라 하겠다.

3. 우리시대에서 율곡정신의 의미

율곡은 천재성을 유감없이 드러낸 조선시대 도학-주자학을 대표하는 탁월한 학자의 한 사람이다. 그러나 16세기를 살았던 율곡이 드러낸 도학자로서의 학문과 사상은 한국사상사의 한 장을 장식하고만 있는 것이 아니라, 21세기를 살아가고 있는 우리들에게도 소중한 교훈과 의미를 남겨주는 사실을 음미해볼 필요가 있다.

율곡의 학문은 성리학의 형이상학적 세계에 독자적이고 명석한 통찰을 발휘하였던 것으로 높이 평가되어 왔다. 그렇지만 율곡은 결코 성리설의 예리한 분석에 사로잡혀 있었던 것이 아니다. 그는 인간 심성의 근원과 현상에 대한 정밀한 성리학적 이해를 기반으로 인격형성의 방법을 정립하고 인격의 이상형을 확인하고 있다. 그는 인격적 역량의 확보를 바탕으로 여기서 나아가 사회가 지향해야할 방향을 제시하고 사회현실 속에서 구체적인 당면 문제를 해결하는 지혜와 방법을 밝히는데 초점을 맞추고 있었던 것이다. 바로 이 점에서 그의 학문은 '관념적 도학'이 아니라 '실학적 도학'이라 볼 수도 있을 것이다.

　　사회를 이끌어가는 주체로서 인격의 역할을 중시하면서, 율곡은 무엇보다 먼저 인격의 모범형을 추구하여, '선비'의 이념이 실현된 '참된 선비'(眞儒)를 확인하고 있다. 곧 그는 '참된 선비'를 "세상에 나아가면 한 시대에 '도'를 행하고, 물러나면 만세에 가르침을 베풀 수 있는〈「東湖問答」〉" 인격으로 제시하였다. 율곡은 그 자신 '성인'을 이루겠다는 입지에서 출발하여 '도'를 밝히는 학문에 진력하였고, 이 학문의 기반 위에서 당시의 조선사회를 '도'가 실현된 이상사회로까지 끌어올려 보겠다는 꿈을 꾸었던 것이다. 그가 피를 토하듯 열정적으로 경연강의나 상소문을 통해 명종과 선조에게 이상사회에 대한 신념을 불어넣으려 하였고, 현실사회의 모순을 해결하기 위해 노심초사하며 대책을 모색하여 제시하였던 사실을 주목할 필요가 있다. 율곡은 그의 시대에서 '참된 선비'의 인격이 지닌 의미를 밝혔을 뿐만 아니라, 그 자신 바로 이 '참된 선비'의 한 모범을 이루었다고 하겠다.

　　혼란과 부패에 빠져있는 나라의 기강을 세우고 원기(元氣)을 살려내야 한다는 근본과제를 위해 먼저 나라의 근본인 백성이 빈곤과 착취에서 벗어나 안정된 생활기반을 확보하게 해야한다는 과제를 제기하였다. 이를 위해 그가 추구한 개혁정책은 추상적 원칙론이 아니라 구체적 현실의 폐단(時弊)를 확인하고 시급한 개혁과제(時務)를 제시하는 것이며, 동시에 법률과 제도의 수정이나 보완의 차원이 아니라 근본적 개혁을 추구하는 '경장(更張)'의 논리였음을 확인할 수 있다. 그는 언제나 이러한 개혁의 과제와 현실을 역사적 사실을 통해 실증하고 경전의 이념을 통해 이상을 확인해갔던 것이다. 계승과 개혁이라는 두가지 과제는 어떤 사회 어떤 시대에서나 요구되는 두 주제이지만, 무엇을 계승할 것인지와 어떻게 개혁할 것인지를 판단하는 명확한 통찰력을 보여주고 있다는 점이 바로 율곡정신의 빛나는 대목이라 생각된다.

율곡은 앞선 시대에 사회개혁을 통해 이상정치를 실현하고자 시도하다 좌절당한 조광조를 '참된 선비'의 모범으로 확인하고, 이른바 선비들이 정치의 주도적 역할을 하는 '사림정치'시대에서 그 자신이 다시 한번 정치적 개혁을 위해 심혈을 기울였다. 그러나 현실과 관습에 안주하려는 임금과 신료들의 대세에 밀려 율곡도 또 다시 좌절을 겪지 않을 수 없었다. 그가 자신의 시대에 '도'를 행할 수 없다는 한계를 인식하면서 물러나 후학을 가르쳐 교육을 통해 만세에 가르침을 제시하고자 하였던 것이 해주 석담을 중심으로 강학활동을 벌였던 것이다. 그는 직접 제자들을 가르치는 강학활동만 하였던 것이 아니라, 교육의 이념을 밝히고 학교제도의 기준을 제시하며 교육내용을 제시한『격몽요결』을 저술하기도 하였다. 『성학집요』는 사실상 임금에게 '왕도'정치의 이상을 실현하는 방법의 체계를 제시한 것이지만 동시에 모든 선비가 학문하는 방향과 과제를 제시한 가르침이라 할 수 있다. 율곡은 바로 교육이 '백년을 위한 대계(百年大計)'일 뿐만 아니라 만세를 위한 기반임을 제시해주었던 것이라 하겠다.

선비들이 분열되어 '당쟁'이 일어났을 때 율곡이 보여준 화합과 조정을 위한 '양시양비(兩是兩非)'의 논리는 대립과 갈등이 끊이지 않는 우리시대에서도 훌륭한 처방이 될 수 있을 것이다. 그는 '도학'을 정통으로 확인하여 이단배척에 엄격한 입장을 보여주었지만, 그러나 배타적 비판이 아니라, 이해와 포용의 정신을 잃지 않았다. 『노자』를 유교이념 속에 포용하여 해석한 경우도 바로 그의 포용정신을 잘 보여준다.

그는 정통을 내세우는 인물들이 실상 이욕에 빠져있는 현실에 대해 이 단의 진실함에도 못미치는 것임을 지적하였다. 이처럼 그는 '도'의 진실성을 확보하기 위해 자아성찰의 엄격함을 잃지 않고 있음을 잘 드러내 보여 주었다. 끊임없이 독선과 폐쇄에 빠져드는 이기적 욕심을 깨뜨리고 화합과 소통을 위한 열린 정신을 일깨워주고 있다는 점에서 율곡정신은 우리시대에서 요구되는 소중한 의미와 아름다움을 지니고 있는 것이다.

栗谷評傳

율곡 연보(年譜)

1536(중종 31 병신)   1세   12월26일(음)-강릉 북평촌(北坪村) 외가에서 출생.

1541(중종 36 신축)   6세   모친 사임당을 따라 강릉에서 서울 수진방(壽進坊)
                          본댁으로 올라옴.

1542(중종 37 임인)   7세   「진복창전」(陳復昌傳)을 지음.

1543(중종 38 계묘)   8세   화석정(花石亭)에 올라 시를 지음.

1548(명종 3 무신) 13세   진사초시(進士初試)에 합격.

1551(명종 6 신해) 16세   모친상(母喪).

1553(명종 8 계축) 18세   가을-심상(心喪)까지 마치고 관례(冠禮)를 행함.

1554(명종 9 갑인) 19세   3월-금강산(金剛山)에 들어가 불도(佛道)를 닦음.

1555(명종 10 을묘) 20세   봄 -금강산에서 하산. 강릉 외가에 머뭄.
                          「자경문」(自警文)을 지음.

1556(명종 11 병진) 21세   봄 -서울로 돌아옴. 한성시(漢城試)에 장원.

1557(명종 12 정사) 22세   9월-성수복사(星州牧使) 노경린(盧慶麟)의 딸과
                          혼인.

1558(명종 13 무오) 23세   봄 -예안(禮安)으로 퇴계선생을 찾아 뵘.

1560(명종 15 경신) 25세   「지야서회」(至夜書懷)를 지음.

1561(명종 16 신유) 26세   5월-부친상(父喪).

1563(명종 18 계해) 28세   가을-탈상.

1564(명종 18 갑자) 29세   8월-문과(文科) 장원급제.
                          호조 좌랑(戶曹佐郎)에 임명.

1565(명종 19 을축) 30세

　봄－예조 좌랑(禮曹左郎)으로 옮김.

　8월－보우(普雨)를 논박하는 상소. 윤원형(尹元衡)을 논박하는 상소.

　9월－황장목(黃腸木) 경차관(敬差官)으로 관서(關西)에 다녀옴.

　11월－사간원 정언(司諫院正言)에 임명.

1567(명종 21 정묘) 32세

　6월－명종 승하(昇遐). 퇴계선생께 글을 올려 국장(國葬)을 의논.

　9월－육조 낭관(六曹郎官)과 함께 상소하여 심통원(沈通源)을 논박.

　10월－기대승(高峯 奇大升)의『대학』해석에 관한 편지에 답함.

1568(선조 1 무진) 33세

　2월－사헌부 지평(司憲府持平)에 임명.

　5월－천추사 서장관(千秋使書狀官)으로 연경(燕京)에 다녀옴.

　　　홍문관 부교리(弘文館副敎理). 사가독서(賜暇讀書).

　11월－이조 좌랑(吏曹佐郎)에 임명. 외조모 병환소식 듣자 강릉으로 감.

1569(선조 2 기사) 34세

　6월－홍문관 교리(校理)에 임명.

　9월－「동호문답」(東湖問答)저술. 동료와 시무(時務九事) 상소.

1570(선조 3 경오) 35세

　4월－동료와 위훈(僞勳)을 깎아내도록 청하는 상소를 올림.

　10월－병으로 사직하고 해주(海州) 야두촌(野頭村) 처가로 돌아가 강학을 시작.

　12월－퇴계의 부고(訃告)가 이르자, 위(位)를 만들고 곡함.

1571(선조 4 신미) 36세

    1월-이조 정랑(吏曹正郎)에 제수. 나가지 않음.

    여름-홍문관 교리.

        의정부 검상사인(檢詳舍人)·홍문관 부응교(副應敎) 사직.

        해주로 돌아와 고산(高山) 석담구곡(石潭九曲) 유람.

    6월-청주목사(淸州牧使)로 부임.

1572(선조 5 임신) 37세

    3월-병으로 체직되어 서울로 들어옴.

    여름-홍문관 부응교(副應敎) 사직. 율곡으로 귀향. 성혼과 성리설 토론.

    8월-원접사 종사관(遠接使從事官)에 차임되었으나 병으로 사퇴.

    9월-사간원 사간(司諫) 제수, 나아가지 않음.

    12월-홍문관 응교(應敎) 제수, 사직.

1573(선조 6 계유) 38세

    7월-홍문관 직제학(直提學) 제수, 사직. 8월에 율곡으로 돌아감.

    겨울-차자(箚子)를 올려 재앙 없앨 방법을 논함.

1574(선조 7 갑술) 39세

    1월-우부승지(右副承旨)에 승진. 만언봉사(萬言封事)를 올림.

    2월-병조 참지(兵曹參知).

    3월-사간원 대사간(大司諫).

    10월-황해도 관찰사(黃海道觀察使)로 부임.

1575(선조 8 을해) 40세

    3월-병으로 체직 율곡으로 돌아감.

    4월-홍문관 부제학(副提學) 부임.

    6월-『사서』(四書) 소주(小註)산정(刪正). 『사서언해』(四書諺解).

    9월-『성학집요』(聖學輯要)저술 선조께 올림.

1576(선조 9 병자) 41세

  2월-율곡으로 돌아감.

  10월-해주 석담(石潭)으로 돌아감.

  12월-서울로 들어옴. 병조 참지(兵曹參知)에 임명. 사직.

1577(선조 10 정축) 42세

  정월-석담(石潭)으로 돌아감.

  12월-「격몽요결」(擊蒙要訣)저술.

1578(선조11 무인) 43세

  석담 5곡에 은병정사(隱屛精舍)세움. 문헌서원학규(文獻書院學規)지음

  3월-사간원 대사간(大司諫)에 임명.

  4월-율곡(栗谷)으로 돌아감.

  5월-다시 대사간에 임명. 사직. 「만언소」(萬言疏) 올림.

  6월-이조 참의(吏曹參議)에 임명. 나가지 않음.

  겨울-석담으로 돌아감.

1579(선조12 기묘) 44세

  3월-「도봉서원기」(道峯書院記)지음. 『소학집주』(小學集註)완성.

  7월-성수침(聽松 成守琛)의 「구용첩」(九容帖)에 발문을 지음.

1580(선조13 경진) 45세

  5월-「기자실기」(箕子實記)편찬.

  12월-사간원 대사간(大司諫). 조광조(靜菴 趙光祖)의 묘지(墓誌)를 지음.

1581(선조14 신사) 46세

　　5월-윤의중(尹毅中)·박근원(朴謹元) 탄핵. 「변무주문」(辨誣奏文)지음.

　　6월-사헌부 대사헌(大司憲).

　　8월-동지중추부사(同知中樞府事).

　　9월-대사간 병으로 사면.

　　10월-호조판서(戶曹判書). 조광조(趙光祖)·이황(李滉)의 문묘배향을 간청.

　　11월-홍문관대제학·예문관대제학·지경연춘추관성균관사 겸임.

1582(선조 15 임오) 47세

　　1월-이조 판서(吏曹判書)에 임명

　　7월-「인심도심설」·「김시습전」·「학교모범급사목」(學校模範及事目)을 지음.

　　8월-형조 판서(刑曹判書).

　　9월-의정부 우참찬(右參贊). 의정부 우찬성(右贊成). 「만언소」(萬言疏) 올림.

　　10월-원접사(遠接使)로 의주에 가서 명나라 사신(黃洪憲·王敬民)을 영접.
　　　　「극기복례설」(克己復禮說)지음.

　　11월-의주에서 사신을 전송.

　　12월-복명(復命).병조판서(兵曹判書)에 임명. 서도(西道)의 민폐를 진달.

1583(선조 16 계미) 48세

　　2월-시무(時務)6조 상소.

　　4월-봉사(封事)를 올림. 입대(入對)하여 '10만 양병설' 진언.

　　6월-삼사(三司)의 탄핵을 받자 물러나기를 청하여 율곡으로 돌아감.

　　9월-판돈녕부사(判敦寧府事). 이조판서(吏曹判書).

1584(선조 17 갑신) 49세

　　1월16일 병환으로 경성(京城) 대사동(大寺洞) 집에서 죽음.

| 死後 |

1611(광해 3 신해) 문집(文集) 간행.

1623(인조 1 계해) 3월—의정부 영의정(議政)에 추증(追贈).

1624(인조 2 갑자) 8월—문성(文成)으로 시호(諡號)가 내려옴.

1682(숙종 8 임술) 5월—문묘(文廟)에 배향.

1744(영조 20 갑자)『율곡전서』(原集·續集·外集·別集 총38권. 拾遺6권) 편찬.

인명색인

ㅈ

ㅊ

 저자소개

금장태 (琴章泰)

1943년 부산 생
서울대 종교학과 졸업
성균관대 대학원 동양철학과 수료(철학박사)
동덕여대 · 성균관대 · 서울대 교수역임
현 서울대 종교학과 명예교수

• 주요저서
『비판과 포용—한국실학의 정신』
『귀신과 제사—유교의 종교적 세계』
『한국유교와 타종교』
『이념과 실현—한국유교의 과제와 쟁점』 외

율곡평전: 나라를 걱정한 철인

초판 인쇄 | 2011년 5월 18일
초판 발행 | 2011년 5월 18일

지 은 이　금장태

책임편집　윤예미

발 행 처　도시출판 지식과교양
등록번호　제 2010-19호
주　　소　서울시 도봉구 창5동 320번지 행정지원센터 B104
전　　화　(02) 900-4520 (대표)/ 편집부 (02) 900-4521
팩　　스　(02) 900-1541
전자우편　kncbook@hanmail.net

ⓒ 금장태 2011 All rights reserved. Printed in KOREA

ISBN　978-89-94955-17-9　93150　　　　**정가**　22,000원

* 저자 및 출판사의 허락 없이 이 책의 일부 또는 전부를 무단복제·전재·발췌할 수 없습니다.
** 잘못된 책은 교환해 드립니다.

이 도서의 국립중앙도서관 출판도서목록(CIP)은 e-CIP홈페이지(http://www.nl.go.kr/ecip)에서 이용하실 수 있습니다. (CIP제어번호: CIP2011001958)